中国建设年鉴

Architecture Design Volome

建筑设计篇

上 册

江 西 科 学 技 术 出 版 社

中华人民共和国建设部办公厅

建办办函[2002]173 号

关于认真做好《中国建设年鉴》编辑出版发行工作的通知

各省、自治区建设厅，直辖市建委及有关部门，国务院有关部门，部机关各司局：

由建设部办公厅组织按年度编辑出版的《中国建设年鉴》，是综合反映我国建设事业改革与发展进程的大型年刊。全面记载了我国工程建设、城市建设、村镇建设、建筑业、工程勘察设计咨询业、住宅与房地产业、城市市政公用事业和城乡规划、标准定额、科技教育等专业领域每年的发展状况和达到的水平，具有重要的史料价值、实用价值、研究价值和收藏价值。为了认真做好《中国建设年鉴》的编辑出版和发行工作，现将有关事项通知如下：

一、认真做好《中国建设年鉴》（2002）卷的组稿和编辑工作

（一）2001年是新世纪第一年，我国进入了全面建设小康社会，加快推进社会主义现代化的新的发展的阶段。各级建设主管部门以迎接新千年、新世纪为契机，振奋精神，开拓进取，努力开创建设事业新局面。《中国建设年鉴》（2002）卷，将全面记载2001年各地区、各部门建设事业改革与发展的总体状况和主要成就、出台的政策法规和重大改革举措及其取得的成效。加强城乡规划管理，加快城镇住宅建设和基础设施建设，国家重点工程质量与安全管理，加强城市生态环境建设和风景名胜区保护等，要重点加以记载。

（二）《中国建设年鉴》采用纪实性文体，文稿要简明扼要，重点突出，实事求是，数字准确无误。地方稿件一般在2万字左右；国务院有关部门和单位、部机关各司的稿件，在1万字左右。文稿可选配4~6幅工程建设和重大活动照片。具有重要史料价值的珍贵照片，包括中央领导同志出席重大建设活动、视察重大建设项目或具有典型意义与史料价值的建筑工程照片，将作为"特载"刊登《中国建设年鉴》。文稿体例可参照《中国建设年鉴》（2001）卷撰写。

（三）《中国建设年鉴》（2002）卷文稿于2002年9月30日前完成。文稿（光盘）连同照片寄建设部办公厅《中国建设年鉴》编辑部。《中国建设年鉴》（2002）卷年内出版。

二、试编中国建设年鉴工程勘察设计分卷和住宅与房地产分卷

近几年来，工程勘察设计行业和住宅与房地产业发展很快，改革的力度很大，建设行业内部和社会各界广泛关注。为重点宣传近几年来的工作成就，拟试编这两个行业的分卷。有关编撰的具体要求，由《中国建设年鉴》编辑部另行安排。

三、认真做好《中国建设年鉴》（2000）卷、（2001）卷的发行工作

《中国建设年鉴》（2000）卷、《中国建设年鉴》（2001）卷的编纂工作，在各地区、各部门和部机关各单位的大力支持和积极参与下顺利完成，并由中国城市出版社出版发行。发行工作是整个《年鉴》工作的重要组成部分，发行工作做好了才能真正发挥《年鉴》的作用与效益，实现《中国建设年鉴》编辑出版工作的良性循环。《中国建设年鉴》编辑部和各地建设主管部门，一定要重视和做好《中国建设年鉴》（2000）卷和（2001）卷的发行工作，加强组织领导，拓宽发行渠道，切实把发行工作做好（具体办法详见《中国建设年鉴》发行办法）。

二OO二年四月二十九日

《中国建设年鉴●建筑设计篇》编辑委员会名单

主　编

刘志峰　建设部副部长

副主编

齐　骥　建设部办公厅主任
张鲁风　建设部建筑市场管理司司长
李逢春　中国建筑文化中心主任
张国印　建设部办公厅副主任
郝圣锟　建设部原办公厅副主任、巡视员

编　委

金德钧　建设部总工程师
谢家瑾　建设部总经济师兼住宅与房地产业司司长
陈晓丽　建设部总规划师
朱中一　建设部办公厅副主任、巡视员
张允宽　建设部综合财务司司长
冯　俊　建设部政策法规司司长
赖　明　建设部科学技术司司长
杨鲁豫　建设部标准定额司司长
王素卿　建设部工程质量安全监督与行业发展司副司长
唐　凯　建设部城乡规划司司长
李东序　建设部城市建设司司长
李先逵　建设部外事司司长
阜柏楠　北京市原市政管理委员会主任
姚　莹　北京市城乡规划委员会副主任
王家瑜　天津市建设管理委员会主任
张惠民　上海市城市建设和管理委员会主任
王根芳　重庆市建设委员会主任
邓洪泽　河北省建设厅厅长
马　骏　山西省建设厅厅长
王富祥　内蒙古自治区原建设厅厅长
周淑萍　黑龙江省原建设委员会主任
朱廷士　吉林省建设厅厅长
郎业丕　辽宁省建设厅副厅长
王军民　山东省原建设厅厅长
黄　卫　江苏省建设厅厅长
谢志平　安徽省建设厅厅长
卢联灿　江西省建设厅厅长
陈继松　浙江省建设厅厅长
林坚飞　福建省建设厅厅长
蒋书铭　河南省建设厅厅长
张发懋　湖北省建设厅厅长
匡彦博　湖南省建设厅厅长
房庆方　广东省建设厅副厅长
郑应炯　广西壮族自治区建设厅厅长
夏恩树　海南省建设厅厅长
程政宁　云南省建设厅厅长
江厥中　贵州省建设厅厅长
唐　宁　四川省建设厅厅长
刘志昌　西藏自治区建设厅厅长
高　峰　陕西省建设厅厅长
屠锦敏　甘肃省建设厅厅长
田　明　宁夏回族自治区建设厅厅长
王西明　青海省建设厅厅长
张国文　新疆维吾尔自治区建设厅副厅长
高迎祥　大连市城乡建委主任
罗永明　青岛市建委主任
张鸿兴　宁波市城乡建设委员会主任
陈永欣　厦门市建设委员会主任
丁明佳　深圳市建设局局长
王　路　世界建筑杂志社总编
沈火生　江西科技出版社社长

《中国建设年鉴●建筑设计篇》工作执行委员会名单

执行主编: 李兴建 中国建筑文化中心副主任

郝圣锟 建设部原办公厅副主任、巡视员

执行副主编: 刘士杰 建设部办公厅出版信息处处长

陈 悦 中国建筑文化中心文化事业部副主任

执行委员

田秀增 建设部原办公厅综合处处长
张志新 建设部办公厅秘书处处长
刘士杰 建设部办公厅宣传处处长
李 锦 建设部政策法规司调研员
金一平 建设部综合财务司处处长
杨力群 建设部标准定额司处长
林 涛 建设部工程质量安全监督与行业发展司主任科员
张红梅 建设部城市建设司主任科员
于国久 建设部住宅与房地产业司处长
李燕秋 北京市城乡建委机关党委副书记
周阴如 北京市城乡规划委员会处长
陈灵生 上海市建委法规处副处长
王明浩 天津市建设管理委员会副总工程师
廖建邦 重庆市建委办公室副主任
程才实 河北省建设厅办公室主任
路长青 山西省建设厅办公室副主任
巴 根 内蒙古自治区建设厅原办公室主任
何永良 辽宁省建设厅办公室副主任
徐 春 黑龙江省建设厅办公室主任
李凤甲 吉林省建设厅处长
纪 迅 江苏省建设厅办公室主任
卜建民 安徽省建设厅办公室主任
耿庆海 山东省建设厅办公室主任
钱锦镛 江西省建设厅写志办负责人
曲建新 湖南省建设厅办公室主任
涂永礼 湖北省建设厅办公室主任
张代民 河南省建设厅办公室主任
陈天翼 广东省建设厅法规处处长
吴伟全 广西壮族自治区建设厅办公室副主任
史贵友 海南省建设厅处长
闫 安 甘肃省建设厅办公室主任
宋红斌 宁夏回族自治区建设厅办公室副主任
周贤德 云南省建设厅办公室主任
李进忠 西藏自治区建设厅办公室副主任
韩继程 陕西省建设厅调研员
阮文易 甘肃省建设厅办公室主任
张沁元 宁夏回族自治区建设厅副主任
赵国声 甘肃省建设厅主任科员
闫海山 贵州省建设厅办公室主任
陈福忠 四川省建设厅法规处处长
左树祥 新疆维吾尔自治区建设厅城建档案馆副馆长
孙晓明 深圳市建设局办公室主任
吴乌皮 厦门市建设委员会办公室主任
金文庆 宁波市城乡建设委员会办公室副主任
刘建平 西藏自治区建设厅城建规划设计处处长
尹宗军 安徽省建设厅设计处主任科员
毛力夫 北京市建委勘察设计管理处主任
林 敏 福建省建设厅勘察设计处副处长
徐 凯 广东省建设厅设计处副科长
黄克明 广西壮族自治区建设厅勘察设计管理处工程师
李卫民 贵州省建设厅设计处高级工程师
陈孝京 海南省建设厅设计处处长
郭凤辉 河北省建设厅勘察设计处主任科员
王学林 河北省建设厅勘察设计协会副会长
张 建 河南省建设厅勘察设计与标准定额处副处长
高立志 黑龙江省建设委员会设计处处长
付海彬 吉林省建设厅设计处主任科员
刘邦文 湖南省建设厅勘察设计处
熊根水 江西省建设厅勘察设计与标准定额处处长
张 祥 宁夏回族自治区建设厅勘察设计处处长
刘 军 宁夏回族自治区建设厅勘察设计处工程师
张象勇 山东省城乡建设委员会设计处处长
沈 珉 上海市勘察设计市场管理办公室工程师
黄兴华 四川省建设厅勘察设计处处长
郝恩海 天津市城乡建设委员会设计处处长
赛 斌 新疆维吾尔自治区建设厅勘察设计处副处长
徐 虹 浙江省建设厅设计处主任科员
梁汉之 重庆市建设委员会设计处处长
吴海燕 浙江省义乌市城市规划设计研究院院长
姚建中 江西科学技术出版社社长助理

《中国建设年鉴●建筑设计篇》通讯编辑名单

刘建平 西藏自治区建设厅城建规划设计处处长
尹宗军 安徽省建设厅设计处主任科员
毛力夫 北京市建委勘察设计管理处主任
林 敏 福建省建设厅勘察设计处副处长
徐 凯 广东省建设委员会设计处副科长
黄克明 广西壮族自治区建设厅勘察设计管理处工程师
李卫民 贵州省建设厅设计处高级工程师
张利辉 海南省建设厅设计处调研员
韩俊民 山西省建设厅科技设计管理处主任科员
郭凤辉 河北省建设厅勘察设计处主任科员
张秉伦 黑龙江省建设委员会设计处主任科员
付海彬 吉林省建设厅设计处主任科员
石超刚 湖南省建设厅勘察设计处处长
张晓娟 青海省建设厅设计处主任科员
刘 军 宁夏回族自治区建设厅勘察设计处工程师
沈 珉 上海市勘察设计市场管理办公室工程师
杨 光 四川省建设厅勘察设计处处长
赛 斌 新疆维吾尔自治区建设厅勘察设计处副处长
徐 虹 浙江省建设厅设计处主任科员
崔世家 重庆市勘察设计协会副秘书长

总 监 制: 张小卫
策 划: 李华东
市场推广: 世建图书

序 Preface

在各方面的大力支持和积极配合下，经过一年多的紧张工作和刻苦努力，《中国建设年鉴·勘察设计卷》的《建筑设计篇》(2002)终于问世了。值此之际，我们特向所有关心、支持、配合、参与编辑工作的单位和个人，表示最真挚的谢意。

《中国建设年鉴·勘察设计卷》之《建筑设计篇》是建设部办公厅和中国建筑文化中心组织、按年度编辑出版的、综合反映我国建设事业改革与发展的大型年刊。《建筑设计篇》是在中国的建设事业跃上一个新台阶、面临巨大的时代机遇和加入WTO等市场竞争挑战的时代背景下编辑出版的。作为《中国建设年鉴》组成部分之一，《建筑设计篇》以收录全国勘察设计单位及其年度代表性作品为主要内容，以形象化的资料与以文字为主的总卷相配合，从不同侧面总结和记录我国的年度建设成就。

《勘察设计卷》将包括《建筑设计篇》、《室内设计篇》、《城规景观篇》、《中国建筑服务行业索引》各篇。现在呈现给大家的是《建筑设计篇》。《建筑设计篇》的主要目的在于通过定期的编辑出版工作，集中收集和整理每年度我国的建筑设计行业动态和成果，以便使用者对行业总体状况有整体的把握；同时刊载每年度设计成果中的优秀作品加以宣传，促进行业内外、国内外的建筑文化交流。《建筑设计篇》作为建筑设计领域一个全面而集中的信息整合平台，将促进国内外建筑设计师、城市规划师、景观设计师、室内设计师等业内人士的相互了解与交流也是各有关单位、机构、公司宣传自身的高效途径。

《建筑设计篇》(2002)作为21世纪首次出版的中国建筑设计行业的大型年鉴，在一年的时间内完成了资料整理、稿件征集以及编辑出版工作，其中必然存在疏漏或不足之处，请各位使用者提出批评和建议。

《建筑设计篇》及其后续各篇的编辑是一项系统工程。如果没有各设计单位的积极参与和热情支持，要完成编辑任务是非常困难的，所反映的优秀设计作品也将是不全面的。我们希望各设计单位能够积极支持和参与《中国建设年鉴》勘察设计卷各篇的编辑工作，并在参与过程中实现各单位自身的价值。

《勘察设计卷》将在日趋复杂和丰富的行业资源中提取和整合出重要实用的信息，并以清晰简明的方式提交给所有需要它的人们，为广大使用者提供全面、便捷的信息服务，从而促进建设事业更好地发展。我们将持之以恒地努力。

《中国建设年鉴》编辑委员会
2002年11月

With the great and active support from every concerned units and individuals and after nearly one year's hard work, the Architecture Design Book 2002 finally came out. On this we would like to show our great appreciation to those who had ever paid attention to, taken part in and helped this work.

The Architecture Design Book is one component of the Design Volume of China Construction Annual which is organized by the Ministry of Construction of China and Chinese Architectural Culture Center. It is a annually published big-size yearbook recording the development and works of China's construction industry. The Architecture Design Book is edited and published at the time when China's construction has stepped up a new stage and is facing the great challenge as well as chance of entering WTO. As an important part of China Construction Annual, it mainly contains design institutes and their works throughout China, summing up China's construction accomplishment by visual materials.

The Design Volume will be composed of the Architecture Design Book, the Interior Design Book, the Urban Planning and Landscape Book, the Index of Chinese Building Industry. Due to some reason in the year of 2002 we first published the Architecture Design Book only. The main editorial purpose of every year's Architecture Design Book is to collect and make up the material on China's yearly architecture design status and works for whom may need them. Further more, to publicize excellent design institutes, architects and their design works then promote multi-industrial and international communication. As the only platform of this field, the Architecture Design Book will be helpful for national and international architects, urban planners, interior designers, landscape architects etc to exchange information; at the same time this platform will be a highly efficient way for related institutes, companies, organizations to propagandize themselves.

The Architecture Design Book 2002 is the first publication among big-size year s on China's construction industry, and the work, including material collecting, manuscript calling, editing and publishing, has been finished in no more than one year. Thus there may exist some careless omission or shortcomings. We look forward to your comments and suggestions.

From this year The Architecture Design Book of Design Volume will be published yearly, this work is a kind of systems engineering. Without support from kinds of institutes, it would be very difficult to accomplish and even though it had been published, it could not present all the excellent works of that year. We hope every design institute would anticipate this work actively, and would promote the institute itself while supporting our work.

The Design Volume of China Construction Annual aims to collect and abstract those important and fruitful ones from the explosion of information for all who may need them in a sententious way. We expect the Design Volume would contribute to the progress of China's construction industry, and we will make endless effort.

Editorial Committee of China Construction Annual
November, 2002

编辑说明

Editor's Statement

1．《建筑设计篇》是《中国建设年鉴·勘察设计卷》中的一篇。《勘察设计卷》将包括《建筑设计篇》、《室内设计篇》、《城规景观篇》、《中国建筑服务行业索引》等。2002年《勘察设计卷》只编辑和出版《建筑设计篇》。

2．按照《勘察设计卷》编辑大纲的要求，每年度《建筑设计篇》原则上只收录上一年度完成设计和竣工的建筑设计作品。但作为初始阶段的成果，《建筑设计篇》(2002)也适当收录了若干2001年以前各设计单位设计和建成的作品，以期能对各单位历年的设计成果有一个较为全面的反映。

3．按照《勘察设计卷》编辑大纲的要求，《建筑设计篇》原则上只收录民用建筑设计作品。因《室内设计篇》、《城规景观篇》等2002年暂不出版，为照顾同时递交了城市规划设计、室内设计等作品的设计单位，《建筑设计篇》也酌情收录了部分城市规划、室内设计、景观园林等方面的作品。

4．《建筑设计篇》(2002)的编辑体例为：对各设计单位的介绍包括该单位基本概况、历年（含本年度）主要设计作品、本年度代表性作品。各单位基本概况包括单位中英文名称、法人代表（或联系人）、联系方法、单位徽标、单位简介、主要设计作品，以上诸项皆为中英双语。

5．考虑到中外合作设计在中国日趋发展，许多国外建筑设计事务所在国内开展设计业务，《建筑设计篇》(2002)在各省、自治区、直辖市之外特设“境外设计事务所”这一部分。

6．考虑到膜结构在国内正逐渐得到越来越广的应用，《建筑设计篇》(2002)特设“膜结构”这一部分。

7．《勘察设计卷》与《国际建筑设计名录》（DID）建立了资料交换关系，因此《建筑设计篇》(2002)附加了DID第7卷（2002）提供的中国部分的内容。

8．按照《建筑设计篇》的编辑体例，全篇以中文名称的拼音顺序排列各省、自治区和直辖市及特别行政区，在各省、自治区和直辖市及特别行政区内再按各设计单位中文名称的拼音顺序排序。

9．对于设计单位未能提供或不具备的条目信息，如设计单位电子邮件地址、项目所在地、某项技术经济指标等等，《建筑设计篇》(2002)以留空处理。

10．编辑部严格按照设计单位提供的原始资料核对刊载的内容。在某些个别情况下，改正了原始资料中的明显错误（如错别字等）并经设计单位确认；对地名、人名、项目名称等无法判明正误的内容，在某些设计单位未在截止日期前予以确认的情况下，以原始资料为准。

11．《建筑设计篇》(2002)在稿件征集过程中因各种因素导致某些省份被收录的设计单位数量较少，不足以全面反映该省勘察设计单位的实际状况；有些省份未能刊载该省勘察设计行业综述；澳门地区今年暂无设计单位和作品参加。这些问题将随资料整理和稿件征集工作的深入得以改善。

《中国建设年鉴》编辑委员会

2002年11月

1. The Architecture Design Book is a part of China Construction Annua, Design Volume. Other books of the Design Volume are Interior Design Book, City Planning & Landscape Book, Index of China Construction Industry. In the year of 2002, only the Architecture Design Book came out for readers.

2. According to the original editorial direction, every year's Architecture Design Book only record design schemes and finished constructions of the last year. Because 2002 is the first year to edit and publish,the Architrcture Design Book 2002 also included those projects designed or constructed in past years.

3. According to the original editorial direction, the Architecture Design Book only record civil architectural works. But because in the first year's lack of the books of interior design, urban planning, landscape, the Architecture Design Book also included some interior design,urban planning or landscape design works.

4.The design institutes & intruduction, including the names, contact address, brief introduction etc were published in both Chinese and English for convenience of readers. Because of time-limitation, other contents were published only in Chinese.

5. Considering that more and more foreign design institutes become active in China, we specially made the part of “foreign Design Institutes” to record their works in China.

6. Considering that membrane structure has become popular in China recent years, we specially added the part of “Membrane Structures” in the Architecture Design Book 2002.

7. We had reached an agreement of material exchange with DID. Under this agreeement we added those contents relevant with China of DID Volumn 7.

8. We arranged the provinces and the design institutes within them by the alphabetic sequence according to their Chinese pronunciation.The index of design institutes or design works also adopted the same principle.

9. We tried to collect and record the full information on the design institutes and projects. But if they lack from original material we could only leave some items blank,

10. Although the final outcomings were confirmed by most of the design institutes included in this book, for those items such as peole's name, projects & name and location we could only proofhead them from material provided by design institutes and could not guarantee they are all correct.

11 Because it is the frist year to edit and publish the Architecture Design Book, in some provinces or regions only several design institutes were included in the book of 2002. We hope we can make a collection as extensive as possilbe in the following years.

Editorial Committee of China Construction Annual

November, 2002

我们的目标是使CCA成为一部实用的、理想的指南。对各行业的读者而言，CCA都能提供极有价值的信息:对政府决策机构、投资者、地产开发商，

对行业内的各设计单位和设计者：受众广泛的CCA的各种形式（纸介媒体、互联网络、巡回展览等）将是您宣传和展现自己实力的重要舞台；也是您与其他优秀设计者进行交流的重要手段。

CCA已全面建立起CCA终端用户数据库，无论是政府建设决策者、建筑开发商、大型企事业单位基建部门还是国内大型图书资料馆，我们都将尽可能使他们拥有CCA，此外，我们与《DID》建立了终端用户交互协议。

建筑业
资讯整合平台

表格为CCA终端用户数据，并不断扩展中。加入到CCA的服务体系中来，最大限度地实现您自己的价值，既是我们的希望，也是我们的承诺。

政府有关部门	地级市以上的规划／建设／国土等厅／局机构等	约 1600 个单位
大型企事业单位	银行、知名企业如海尔公司等	约 2300 家
地产开发商	全国知名地产投资／开发企业等	约 300 家
建筑业从业者	全国建筑设计院／所等	约 1200 家
学术机构	全国各建筑院校／学术研究机构／大型图书馆等	约 1000 家
专业发行系统	全国 300 余家建筑书店及图书进出口公司等	同时推出

总 目 录

上册目录

CONTENTS

O 境外建筑设计事务所

M 膜结构

A 安徽省

B 北京市

C 重庆市

F 福建省

G-1 广东省

G-2 广西省

G-3 贵州省

H-1 海南省设计概述

H-2 河北省

全国勘察设计咨询业综述

一、勘察设计咨询行业企业概况

[结构状况] 2001年全国勘察设计咨询企业11338个。其中:甲级企业1398个、乙级企业2610个、丙级企业5078个、丁级企业1276个、持有专项证书的企业976个。国有经济企业占企业总数的71.2%,集体经济企业占企业总数的8%,其他类型企业占企业总数的20%。其中各种有限责任公司数量增长较快。

[人员状况] 2001年勘察设计咨询行业年末从业人员73.72万人,其中主要从事勘察生产人员12.56万人,占年末从业人员总数的17%;设计生产人员37.65万人,占年末从业人员总数的51%;工程总承包人员1.6万人,占年末从业人员总数的2.2%;工程监理人员、技术咨询人员占年末从业人员总数的3.5%。

2001年勘察设计咨询行业年末取得注册执业资格共有66289人次,约占年末从业人员总数的9%,其中一级注册建筑师10146人,为上年的137%;二级注册建筑师20145人,为上年的113%;一级注册结构师18855人,为上年的122%;二级注册结构师4429人,为上年的130%。

[完成业务情况] 全行业初步设计完成投资额13189亿元,为上年的137%,初步设计建筑面积23569万平方米,为上年的134%;施工图完成投资额16003亿元,为上年的116%;承揽国外工程合同总额3.96亿元,为上年的82%。

工程勘察完成合同额84.87亿元,为上年的61%;工程测量30.7万平方公里,为上年的61%;完成工程地质26342800自然米,为上年的89%;水文地质1232276自然米,为上年的91%;工程物探完成合同额2.44亿元,为上年的35%;岩土工程治理完成合同额26亿元,为上年的105%。

[财务状况] 2001年全国勘察设计咨询企业全年营业收入总计718.75亿元,与上年相比增长45%(其中工程总承包收入为上年的221%,绝对值增加91亿元;工程咨询收入为上年的169%,绝对值增加8亿元。这两项的增加值占总增加值的20%);境内收入708.62亿元,占总营业收入的98.59;境外收入10.13亿元,只占总营业收入的1.4%。说明目前国内勘察设计企业开拓国际市场的能力亟待提高。全年利润总额50.54亿元,与上年相比增长41%;上交所得税11.36亿元,与上年相比增长52%;交纳营业税和附加税共计28.23亿元,与上年相比增长26%;人均收入9.75万元,与上年相比增长25%;全年资产总计1098亿元,比上年增长29%。较好地完成了各项勘察设计任务,保持了行业的稳步发展,并取得了良好的经济效益。

[质量事故状况] 2001年全国工程因勘察设计质量问题发生事故两起,共损失金额23万元,无人员伤亡。

二、继续推进勘察设计单位体制改革

为了帮助解决勘察设计单位体制改革中遇到的国有资产管理、社会保险统筹、收入分配制度改革及资质证书等有关问题,建设部、财政部、社会和劳动保障部、国土资源部于5月份联合颁发了《关于工程勘察设计单位体制改革中有关问题的通知》,对上述问题作了具体规定。

[完成勘察设计的收费标准的修编工作] 建设部与国家计委会同国务院有关部门进行了大量的、认真的测算和反复的调研、论证,以《国家计委、建设部关于发布<工程勘察设计收费管理规定>的通知》公布从2002年1月1日施行新的收费标准。

[税制改革] 建设部会同国家税务总局,对勘察设计单位改制后由于名称的变化、重组成立的控股子公司、异地公司如何享受减免税收的政策等问题进行了专题调研,共同组织起草了《关于工程勘察设计单位体制改革企业所得税问题的通知》,国家税务总局于6月份以国税发[2001]60号颁发。为了使勘察设计单位在改企建制中准确掌握财政部、国家税务总局《关于工程勘察设计单位体制改革若干税收政策的通知》(财税字[2000]38号)、《国家税务总局关于工程勘察设计单位体制改革企业所得税问题的通知》(国税发[2001]60号)和新的会计制度,应许多勘察设计单位的要求,建设部联合国家税务总局对工程勘察设计单位做了体制改革有关税收政策和新会计制度培训。

[设计管理体制改革] 组织完成了中央所属178家勘察设计单位的管理体制调整工作,大部分中央所属勘察设计单位按照《国务院办公厅转发建设部等部门关于中央所属工程勘察设计单位体制改革实施方案的通知》精神,进行了管理体制改革,完成了改企工作。

[地方所属勘察设计单位体制改革] 到目前为止,已有北京、河北、内蒙、吉林、安徽、浙江、山东、湖北、湖南、贵州、陕西、青海、新疆、云南、江西、甘肃、福建、广东、江苏、上海等20个省市相继出台了地方所属勘察设计单位的体制改革实施方案。

[社会保障制度改革] 积极配合劳动保障等部门,全面落实勘察设计单位职工社会养老保险制度等政策,在《关于工程勘察设计单位体制改革中有关问题的通知》中规定各地劳动保障部门原则上应在2001年12月31日之前,办理完178家勘察设计单位的职工基本养老保险手续。

[出台了工程咨询设计行业"十五"计划] 明确勘察设计咨询业属于第三产业——科学研究和综合技术服务业;在"九五"统计数字的基础上,按7%的增长率,科学预测"十五"目标,确定行业发展指标;在企业制度上,按"公司制"进行改制,使企业体制与国际惯例接轨,与市场经济接轨。

三、整顿规范勘察设计市场

按照改革整顿和规范建筑市场的精神,在完善资质管理办法和标准、加强设计企业市场行为监管,推进个人执业资格制度和涉外市场准入管理等方面主要做了以下几项的工作。

[政策法规] 重新修订了原《勘察设计单位资质管理办法》(建设部第60号部令),已颁发了《建设工程勘察设计企业资质管理规定》(建设部93号部令),进一步明确了市场准入与清出制度相结合的勘察设计资质管理办法。同时对换证工作的有关政策和具体换证工作进度要求以《关于印发<工程勘察、工程设计资质分级标准补充规定>的通知》、《关于工程勘察、工程设计资质换证的补充通知》两个文件进一步加以明确。

[市场管理] 结合全国整顿规范建筑市场的检查,对反映勘察设计违反市场规定,乱挂靠、卖图签、虚报资质等问题及时督促有关部门查处,并结合换证进一步整顿勘察设计市场。

[结构调整] 组织审查公布了第一批24家建筑工程专业事务所,对推动建筑设计单位组织结构的调整和产权结构的调整,促进竞争机制形成和专业化方向的发展起到一定的促进作用。

[涉外管理] 加强了对入关后外国勘察设计机构进入中国建筑市场的调研,目前已基本形成《外资投资工程设计机构与中外合作项目工程设计管理规定》和《外国建筑师、工程师进入中国设计市场的管理规定》的草稿,加强了对涉外设计市场的管理。

四、建立工程勘察设计质量管理体系

[政策法规] 为了贯彻实施《建设工程勘察设计管理条例》,组织了条例释义的编写与培训工作。

针对当前勘察设计工作存在的主要问题,特别是勘察工作存在的质量问题,结合整顿和规范建筑市场工作秩序要求,及时制定并颁发了《关于进一步加强勘察设计质量管理的紧急通知》,布置了勘察单位要对近三年完成的不良地质条件场地的勘察文件进行全面检查和复核,对查出的问题,要采取切实措施加以解决,以消除隐患,确保工程的质量和安全。

[成立专家委员会] 为了进一步贯彻《建设工程质量管理条例》和《勘察设计管理条例》,更有效地依靠专家解决勘察设计行业的技术质量问题,颁发了《关于成立建设部建筑工程勘察设计技术质量专家委员会的通知》,专家委员会已开始工作。

[质量检查] 组织了2001年全国整顿规范建筑市场质量检查,制定勘察设计部分方案并具体组织检查。主要是制定工程勘察、工程设计检查的内容、方式和评分标准以及选调专家检查,保证检查工作顺利进行。

[经验交流] 组织召开了全国施工图审查工作经验交流会,各地交流了审查工作进展情况和研究了存在的问题,布置了下一步审查制度建设的重点工作。

[地方开展施工图审查工作] 目前已有30个省、自治区及直辖市建立了施工图审查制度,审查批准了4批甲级施工图审查机构,共183家。

[规范质量管理] 组织制定了《质量管理体系专业应用指南——建设工程勘察》、《质量管理体系专业应用指南——建设工程设计》、《质量管理体系专业应用指南——工程总承包或交钥匙工程》。

五、继续促进技术进步和行业信息系统建设

[开发了《全国工程咨询设计业信息系统》] 初步建立了勘察设计全行业的动态数据库,为全面提高勘察设计行业的管理水平和技术水平奠定了基础。目前已通过该系统完成了2000年勘察设计行业年报统计工作,现正在通过该系统进行勘察设计单位换证、年检、质量监督等工作。

[内地与香港斜坡学术交流会] 交流了内地、香港在斜坡治理及斜坡上的建筑安全等方面的经验和教训,对斜坡上建筑安全这一问题引起政府和有关专业技术人员的重视起到了很大的促进作用。

六、注册执业制度工作有了较大的进展

[规范注册执业管理] 在充分调查、研究、论证的基础上,与国家人事部共同颁发了《勘察设计注册工程师制度总体框架及实施规划》、《建立注册工程师制度工作领导小组》等文件,明确了勘察设计注册工程师的17个专业的划分、名称及执业范围的界定。制定有关配套法规及工作实施计划,成立了注册工程师管理组织;指导和协调各部门的相关工作,部署了岩土工程师的考试、考核工作和下一步塔架、桥梁结构工程师执业制度启动的安排。

[注册执业人员的管理] 针对注册执业人员执业管理中的一些问题,制定了《加强注册执业人员管理等有关问题的通知》,进一步规范了执业人员的流动、变更;改进和完善注册建筑师、注册结构师考试大纲、考试与评分、注册管理、执业实践中存在的问题,保证这一制度的健康发展;加快了与国外注册建筑师、结构工程师的互认工作,目前已与英国注册结构工程师达成资格互认,与美国建筑师、香港工程师的互认工作取得阶段性成果。

七、加强工程抗震防灾工作

出台了"十五"计划抗震防灾部分与地下空间开发利用部分。

出台了《建筑抗震设计规范》,并请有关单位组织了培训。

召开了全国抗震工作会议,总结了工作,提出今后工作的任务和要求。

英国汉维建筑设计有限公司
Henry & Wilson Consultant & Design Ltd.

B+H 国际建筑师事务所
B+H Architects International Inc

加拿大 WZMH 建筑设计事务所
WZMH Architects

美国 JWDA 建筑设计事务所
Joseph Wong Design Associates

美国 WY 国际设计顾问公司
WY Design International

帕金斯威尔
Perkins & Will

五合国际建筑设计集团
Woodhead International

株式会社安井建筑设计事务所
YASUI Architects & Engineers Inc.

境外建筑设计事务所

众所周知，中国是当今世界经济发展最快、也是基本建设量最大的国家。随着中国改革的深化和开放的扩大，以及中国加入WTO和即将举办2008年奥运会，中国将迎来新一轮的建设高潮。而在这一进程中，中国的建筑设计市场将进一步放开，建筑设计行业的竞争还会进一步加剧。

早在1980年代末期，就有一些境外事务所开始以不同形式涉足中国的建筑设计市场，而今天，大规模参与国内建设项目招投标的国外建筑设计事务所更是多得数以百计。近几年国内比较重要的标志性的建设项目的设计投标大多被国外的设计公司赢得，如：上海金茂大厦（美国SOM事务所）、浦东机场（法国巴黎机场公司）、中国国家大剧院（法国巴黎机场公司）、中国银行总行（美国贝聿铭及合伙人事务所）、北京中央商务区（CBD）规划（德国GMP设计公司）、北京2008年奥运会总体规划（美国SASAKI设计公司），等等。从这一点可以看出，我国在建筑设计领域和国外同行相比还存在着不小的差距，但这些并不可怕，我们应该做的是正视这种差距，虚心向国际先进水平学习，加强交流与协作，利用各种机会和手段，取长补短，尽快地缩小这种差距。

在这个意义上，加强对国外高水平建筑设计事务所的学习和研究就显得十分必要，尤其是要研究他们的设计过程和思考方法，特别要注意的是外国人是如何观察、分析和解决中国的建设问题的，他们所应用的理论，以及他们的思想方法和工作方法应该值得我们特别关注。因此，《建筑设计篇2002》特设“境外建筑设计事务所”这一部分，以使读者了解境外建筑师们在中国的工作和设计作品。

英国汉维建筑设计有限公司

Henry & Wilson Consultant & Design Ltd

HWCD
法人代表/President:林宏俊/LIN Hongjun
地址/Add:上海办事处:上海市武宁南路518号智慧广场1608室/Room 1608, Intellect Plaza, No.518, South Wuning Road, Shanghai
邮编/ZIP:200042
电话/Tel:(+86) 21 52987230
传真/FAX:(+86) 21 32104386
电邮/E-mail:hwcdcn@yahoo.com.cn

英国HWCD建筑设计有限公司，由合伙人Mr. Henry Bogradus和Mr. Wilson Morris创办。主要从事工程项目的建筑设计，专业于城市规划，商业建筑及住宅发展的研究。近年来，HWCD将业务扩展到亚洲，积极地参与到中国的城市发展中来。1999年，HWCD与宝名机构合作在上海成立上海汉维建筑合计有限公司，经营在中国的业务。自上海成立经营机构以来，事务所已完成许多重要的商业、办公及住宅项目，以自己独特的设计理念，诠释建筑设计的定义。

Henry & Wilson Consultant & Design Ltd (Abbreviated as HWCD) is a British Architect Company founded by Mr. Henry Bogradus and Mr. Wilson Morris. It mainly engaged in the designing of engineering projects, and specialized in city planning, commercial building designing and residential development researching. These years, HWCD extended its business from UK to Asia, and anticipated the city development of China actively. In 1999, HWCD cooperated with Browman and founded their Shanghai Han Wei Architect Design Company Ltd to manage the business in China. Since the foundation of Shanghai representative office, it has finished many important commercial office and residential projects. And, it explains the architect design concept by its special ideas.

1

2

1. 东南花苑
建设地点：上海市
建筑性质：酒店式服务公寓
建筑面积：60 000m²
占地面积：20 000m²

2. 博利苑
建设地点：上海市
建筑性质：酒店式服务公寓
建筑面积：9 800m²

3. 景瑞花苑
建设地点：上海市
建筑性质：住宅
建筑面积：110 000m²
占地面积：70 000m²

3

主要设计作品

- Club & Environment Design of Land of Dream, VANKE
- Bao Steel Command Center Reconstruction
- Shanghai Old City Park ERDOS Commenrcial Pedestrian Street
- East South Garden Hotel Service Apartment
- Shanghai Bo Li Garden Hotel Apartment
- Shanghai Jin Ting Garden Residential Development
- Shanghai Xin Cheng Garden (2nd Phrase) & North Site Development
- Nanjing Egret Lake Hoilday & Travel District and Superior quality Holiday Villa
- Nanjing Yu Jing Garden Residential
- Nanjing Jiangning Chen Xi OFFICE Building

4

5

6

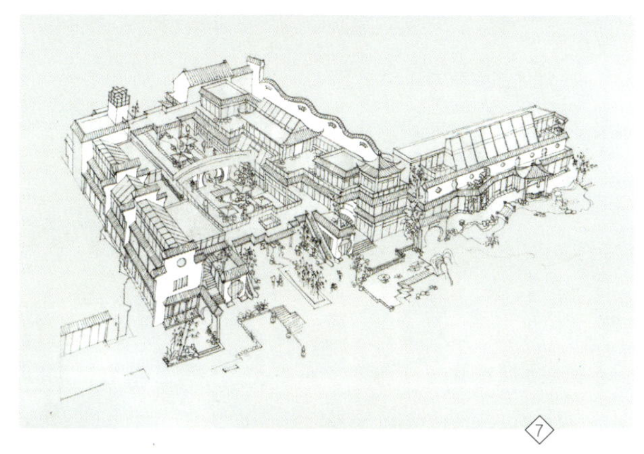

7

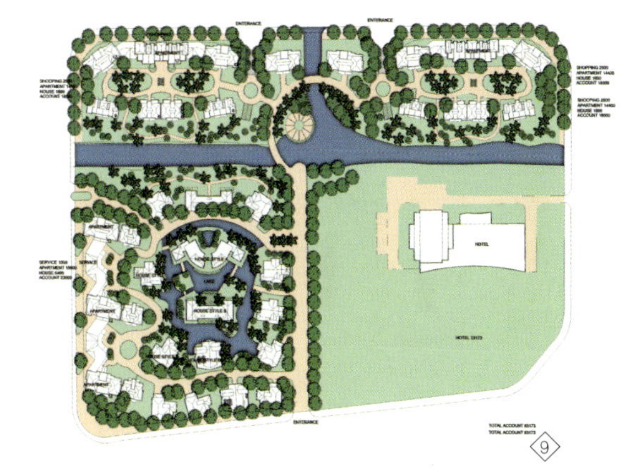

9

8

4. 宝名大厦
建设地点：上海市
建筑性质：办公
建筑面积：5 000m²
占地面积：6 000m²

5. 宝山指挥中心
建设地点：上海市
建筑性质：办公
建筑面积：10 000m²
占地面积：10 000m²

6. 上海华宝花苑
建设地点：上海市
建筑性质：联排别墅
建筑面积：70 000m²
占地面积：55 000m²

7. 上海古城公园商业步行街
建设地点：上海市
建筑性质：商业
建筑面积：20 000m²
占地面积：25 000m²

8. 上海华中办公楼
建设地点：上海市
建筑性质：办公
建筑面积：20 000m²
占地面积：10 000m²

9. 象山宏润花园
建筑性质：住宅
建筑面积：80 000m²
占地面积：50 000m²

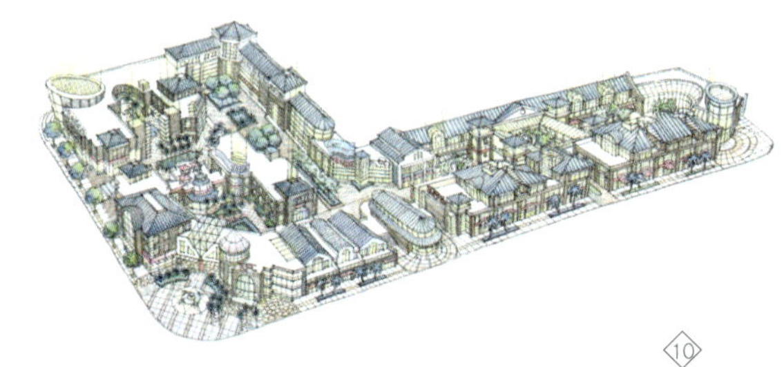

⑩

⑪

⑫

⑬

⑭

⑮

10. 句容市商业中心

建筑性质：商业

建筑面积：20 000m²

占地面积：15 000m²

11. 南京建筑局大楼

建设地点：江苏省南京市

建筑性质：办公

建筑面积：10 000m²

占地面积：20 000m²

12. 南京百鹭湖旅游区

建设地点：江苏省南京市

建筑性质：旅游休闲度假区

建筑面积：60 000m²

占地面积：147ha

13. 南京南方花园

建设地点：江苏省南京市

建筑性质：住宅办公

建筑面积：50 000m²

占地面积：15 000m²

14/15. 南京东方花苑

建设地点：江苏省南京市

建筑性质：住宅小区

建筑面积：12 000m²

占地面积：10 000m²

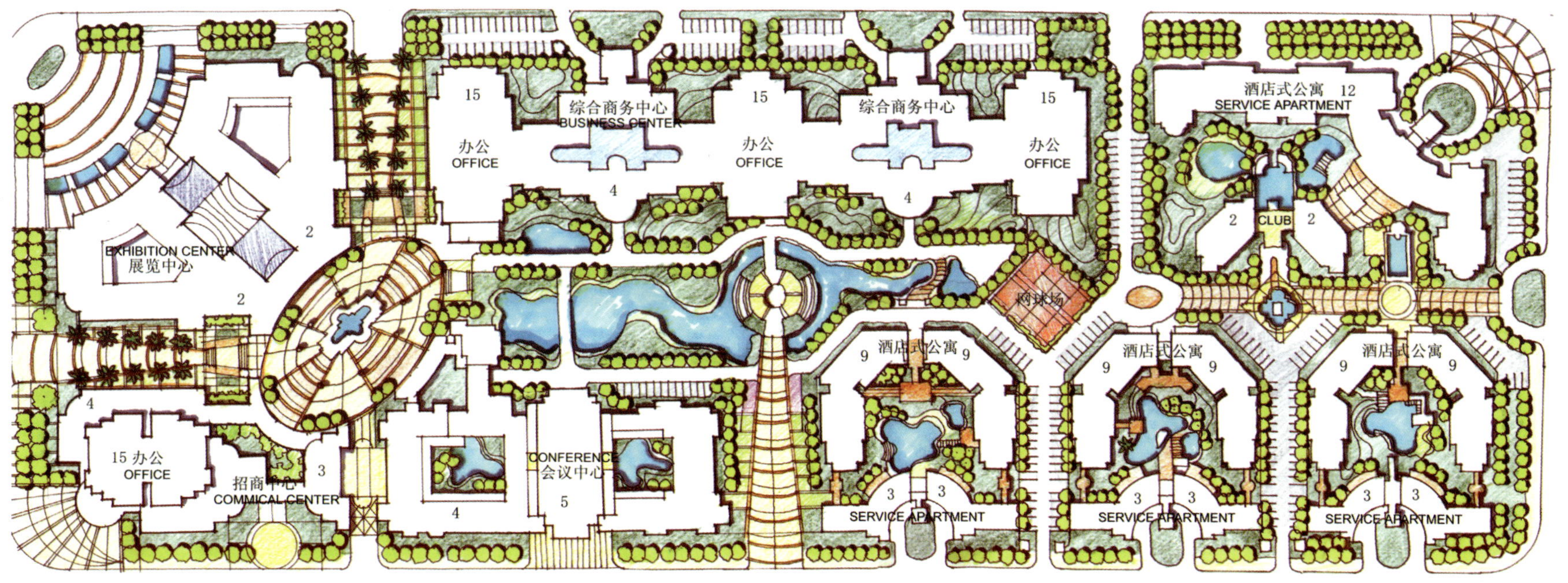

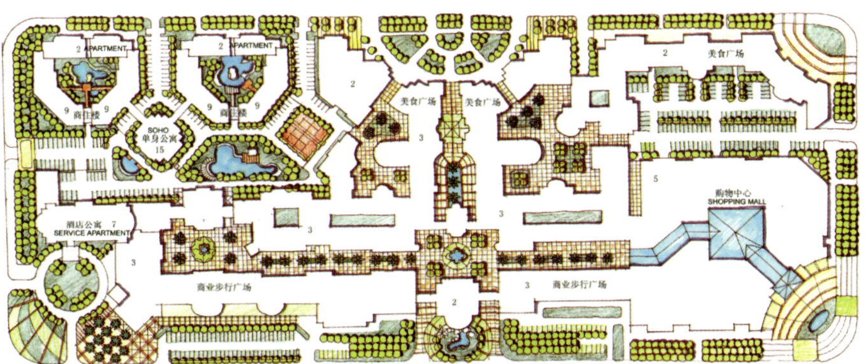

南块

上海松江新城23.31地块规划

建设地点：上海市
建筑性质：展览、商贸、商业、办公、综合大楼
建筑面积：35000m^2
建筑层数：2—15层
设计时间：2002.8

松江23.31地块为40万平方米。集会展、办公、商住、商贸、百货、商业步行街、美食广场、SOHO公寓及大型多功能建筑群。规划将不同功能建筑与室内合理划分，又根据功能的分类，来界定建筑的风格去向与空间类型。南块是西班牙、南欧风情的商业和百货步行街。北块为新古典风格的高档商住公寓、办公、会展中心。南块以线型步行空间、聚分型百货空间、以及导入型的广场空间组成商业步行街活泼趣味的商业格局。北块以带状绿化空间、会展平台、组合会议、办公、展览各自的功能。酒店和服务公寓为内聚型组合，与其他办公空间可分可合，功能上具有联系，空间上各自独立。不光从规划控制的角度来进行设计规划，同时又从商业营运的角度，考量其修建的可行性。

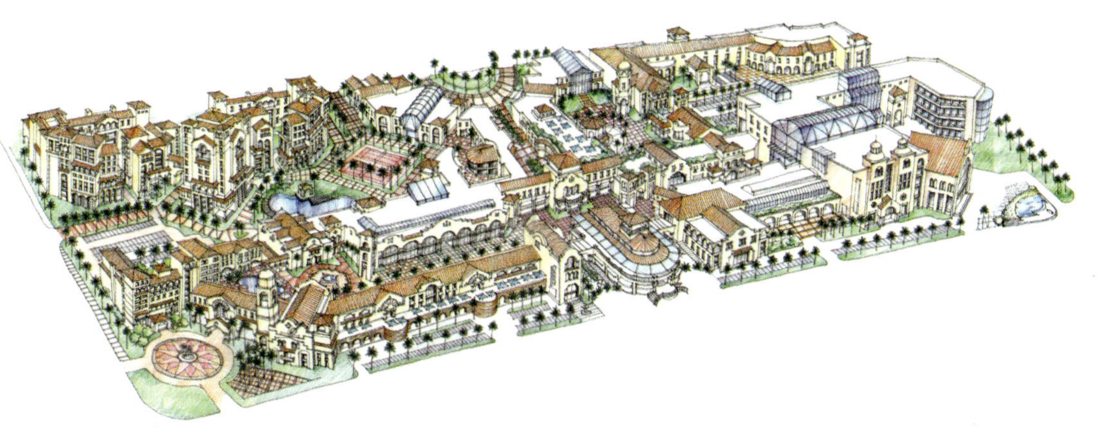

上海宏润花苑

建设地点：上海市
建筑性质：高档住宅区
建筑面积：170 000m²
建筑高度：100m
建筑层数：30 层

宏润花园位于上海徐汇区由许多幢20多层和30多板式高层组成，主要建筑沿基地景观排列，使所有的住户均能获得开敞的视觉。外立面设计具有明显的北美建筑风格，简洁挺拔。立面有节奏的分段处理，与顶部弧形天际线的处理，使社区建筑获得丰富的天际线与立面韵律。户户均采用大面积落地玻璃，底层部分强调室内与室外绿化环境的交融。高层部分将城市景观一览无余。整体表现出现代住宅的轻盈、简练。

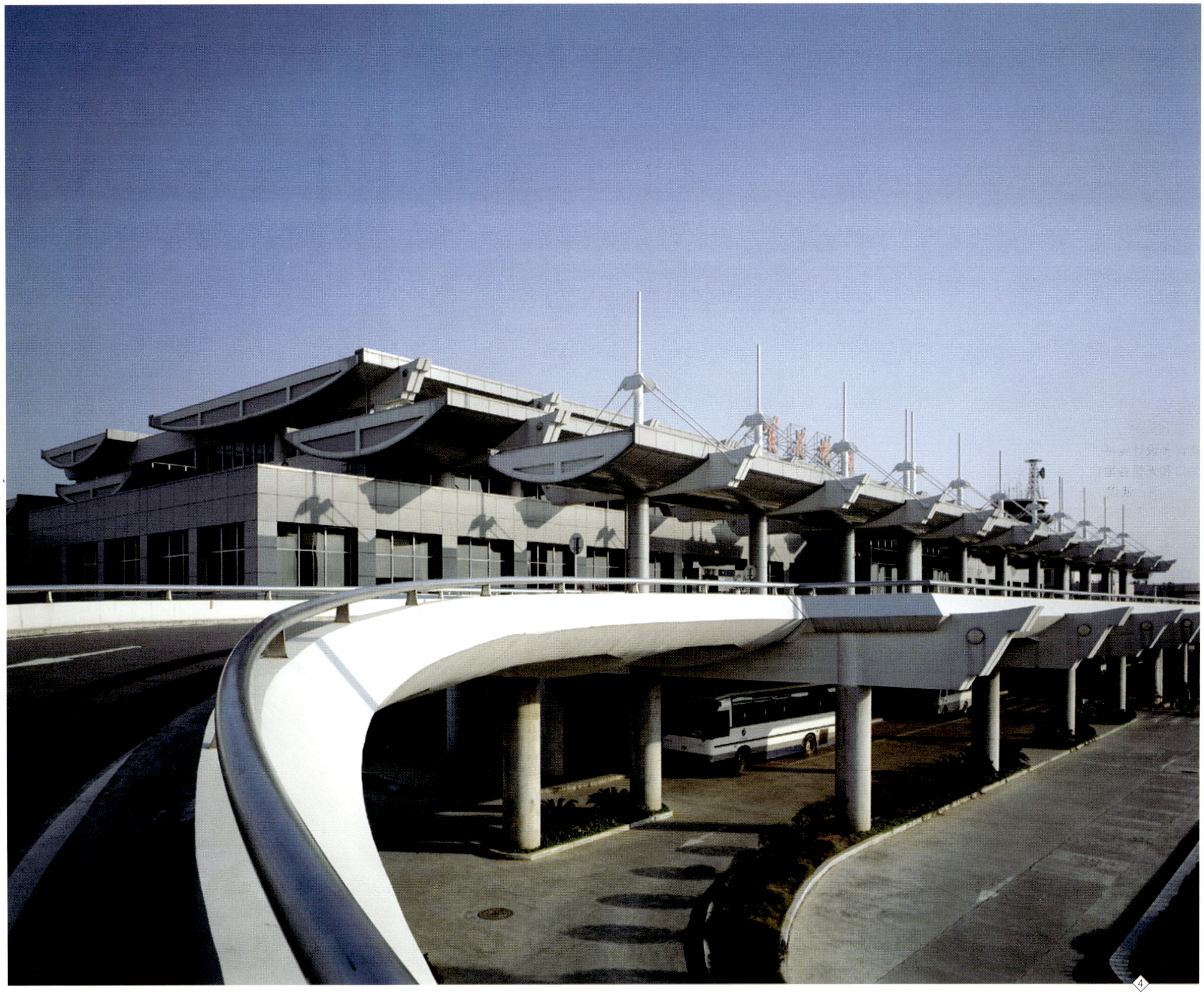

4

6. 厦门高崎国际机场

建筑面积：66 100m²

占地面积：142 803m²

设计时间：1996

5

6

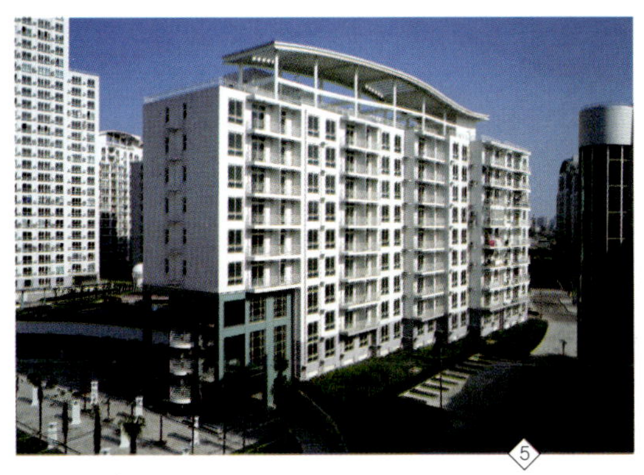

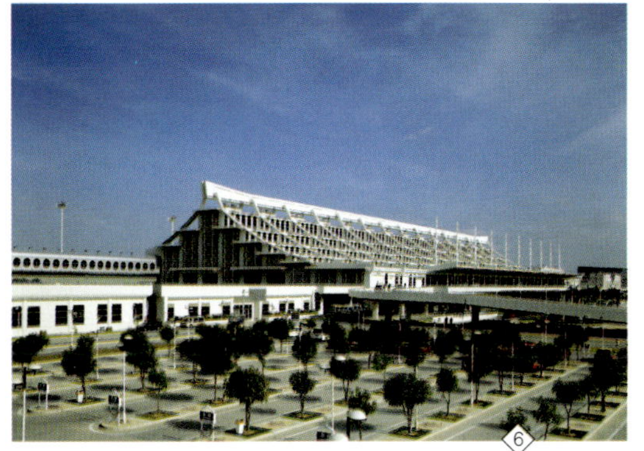

7

8

7. 中凯城市之光
建设地点：上海市
建筑性质：高级居住区
占地面积：61 000m²
建筑面积：232 000m²

8. 杭州萧山机场候机楼
建设地点：浙江省杭州市
建筑面积：67 560m²
设计时间：1997

9. 上海达安花园
建设地点：上海市
建筑性质：小高层、高层建筑
建筑面积：82 000m²
占地面积：330 000m²
设计时间：1998

10/11. 厦门会计学院
建设地点：福建省厦门市
占地面积：335 528m²
建筑面积：56 265m²

12. 苏州玉山
建设地点：江苏省苏州市
建设性质：住宅
占地面积：191 566m²
建筑面积：200 000m²

10

11

12

9

13. 海南兴隆酒店

14. 青岛馥香谷

15. 新上海国际大厦
建设地点：上海市
建筑面积：80 000m^2
设计时间：1992

16. 厦门国际会展中心
建设地点：福建省厦门市
建筑面积：119 256m^2

13

15

14

16

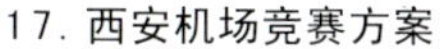

17. 西安机场竞赛方案

18. 海口美兰国际机场
建设地点：海南省海口市
设计时间：1997

19. 上海长宁区中心医院
建设地点：上海市
设计时间：1996

20. 上海徐汇龙兆苑
建设地点：上海市
建筑性质：小高层花园住宅
建筑面积：60 000m²
占地面积：145 000m²
设计时间：2000

21. 上海美国学校
建设地点：上海市
建筑面积：58 469m²

22. 北京天鸿东润枫景住宅小区
建设地点：北京市
建筑性质：中高层住宅
占地面积：250 000m²
建筑面积：150 000m²
设计时间：1998

23. 上海香港新世界大厦
建设地点：上海市
设计时间：1995

24. 山东鲁能中心
建筑面积：36 000m²
设计时间：1999

25. 北京嘉铭苑
建设地点：北京市
建筑性质：小高层板式住宅及配套公建等
建筑面积：680 000m²
占地面积：280 000m²
设计时间：1999

26. 武汉丽岛花园
建设地点：湖北省武汉市
建筑性质：分区的小别墅及高层花园式住宅
建筑面积：30 000m²
占地面积：45 000m²

27. 海口海航花苑
建设地点：海南省海口市
建筑性质：别墅及多层花园住宅区
占地面积：60 000m²
建筑面积：71 000m²

24

25

26

27

加拿大 WZMH 建筑设计事务所
WZMH Architects

中国地区总经理／General Manager of China Branch：吴奇峰／WU Qifeng
地址／Add：上海市南京西路 1376 号上海商城东楼 561 室／Room 561，East Building，Shanghai Commercial Plazza，No.1376，Nan Jing Xi Rd，Shanghai
邮编／Zip：200040
电话／Tel：(+86) 21 62797136
传真／FAX：(+86) 21 62797137
网址／URL：www.wzmh.com

加拿大 WZMH 建筑设计事务所 1961 年创建于加拿大，是北美最优秀的建筑设计公司之一，在全球已完成了总面积超过 1000 万平方米的项目设计。公司设计技术一流，在弱电专业设计领域为世界最高水平。

公司拥有丰富的中国市场设计经验，于 1992 年始在中国设立代表处，公司在中国的精品住宅设计领域享有很好的口碑，在酒店设计方面也有令人信赖的设计实力和经验。在中国同样还成功完成过一些大型室内设计项目。

WZMH Architects founded in 1991 in Canada is one of the best designing companies in North America. It has completed more than 10 millions square meters of projects all around the world. The company is accomplished in its design in the field of ebb electric.

The company is also familiar with the Chinese designing market and has accumulated much experience in China. The first China office is set up in 1992, which has gained public praise for its residential design and planning as well as hotel design.It has successfully completed large-scale projects of Interior decoration in China.

主要设计作品

上海证券大厦
杭州利群大厦
中国保险大厦
浦东发展银行大厦
上海国际大厦
上海第一中级人民法院审判楼

1

2

1. 浦东发展银行大厦
建筑高度：148.5m
灯塔高度：185m
建筑面积：71 000m²
建筑层数：地上 36 层、地下 3 层

2. 中国保险大厦
建设地点：上海市
建筑高度：166.7m
地块面积：7 263m²
建筑面积：73 032m²
建筑层数：地上 41 层、地下 3 层

3. 上海金帆大厦
建设性质：办公
建筑高度：158.6m
建筑面积：73 428m²

4. 上海证券大厦
建设地点：上海市
占地面积：11 871m²
建筑高度：130m
建筑面积：104 876m²
建筑层数：地上 30 层、地下 3 层

5. 上海通利大厦
建设地点：上海市
建设性质：办公
建筑高度：66m
建筑面积：22 931m²
建筑层数：15 层

6. 兆丰嘉园－玫瑰坊
建筑性质：商场
建筑面积：15 550m²

4

5

8

6

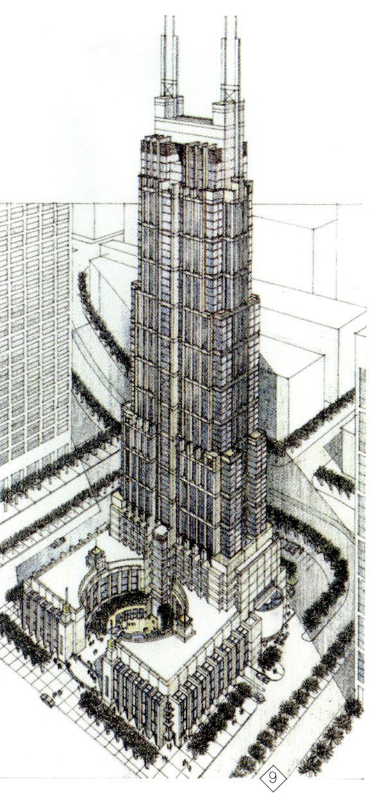

9

7

7. 上海市第一中级人民法院审判楼
建设性质：政府办公
建筑高度：85m
建筑面积：14 800m²

8. 上海国际航运大厦
建设地点：上海市
建筑面积：121 000m²
建筑层数：地上51层、地下3层
建筑高度：203m

9. 上海新世界广场概念设计
建设地点：上海市
建筑性质：办公

杭州利群大厦

建设地点：浙江省杭州市
地块面积：72 630m^2
建筑面积：640 777m^2
建筑层数：地上 36 层、地下 3 层
建筑高度：141m

在总图设计上大楼沿西湖大道退后 20 米以留出充足的绿化空间。32 层的塔楼靠基地南侧布局，7 层高的裙房面向西湖大道的绿化空间，塔楼及裙房由 9 层高的玻璃中庭连接。

塔楼东西对称，窄面朝向西湖，使对湖心亭景观控制点的景观影响减小到最小。建筑造型由椭圆形塔楼和长方形塔楼相扣而成。建筑群的焦点为 9 层高的玻璃中庭，中庭框为涂漆钢构架，形状呈椭圆形，落成后将成为本项目的一个标志。

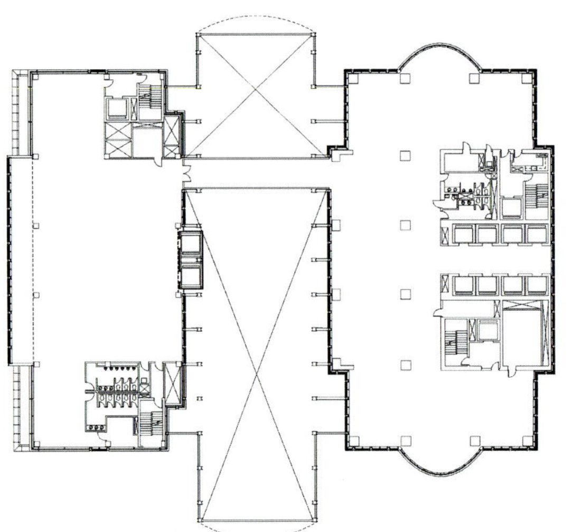

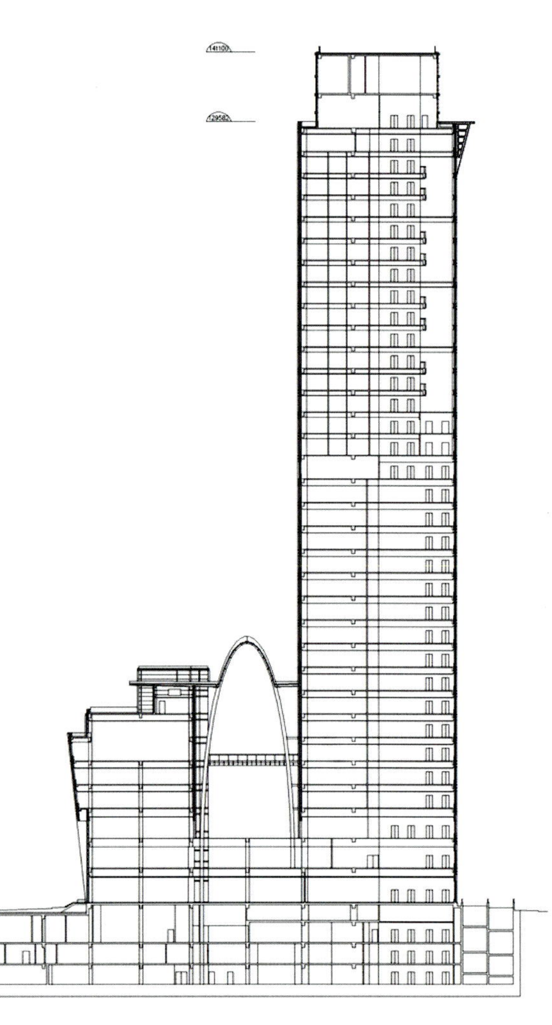

北京城科中心方案

建设地点：北京市
建筑性质：办公、酒店及商业综合楼
占地面积：17 500m²
建筑面积：160 885m²
建筑高度：80m

4层裙房四分之三为商业用途，四分之一为酒店配套设施。不同功能的裙房在第3层由连廊相连。连廊下部为车辆出入口。

总体布局及建筑造型呈长方形，与横平竖直的城市文脉相得益彰，与周围的环境有机结合。双层幕墙和空中花园式中庭构成一个生态技术型建筑。

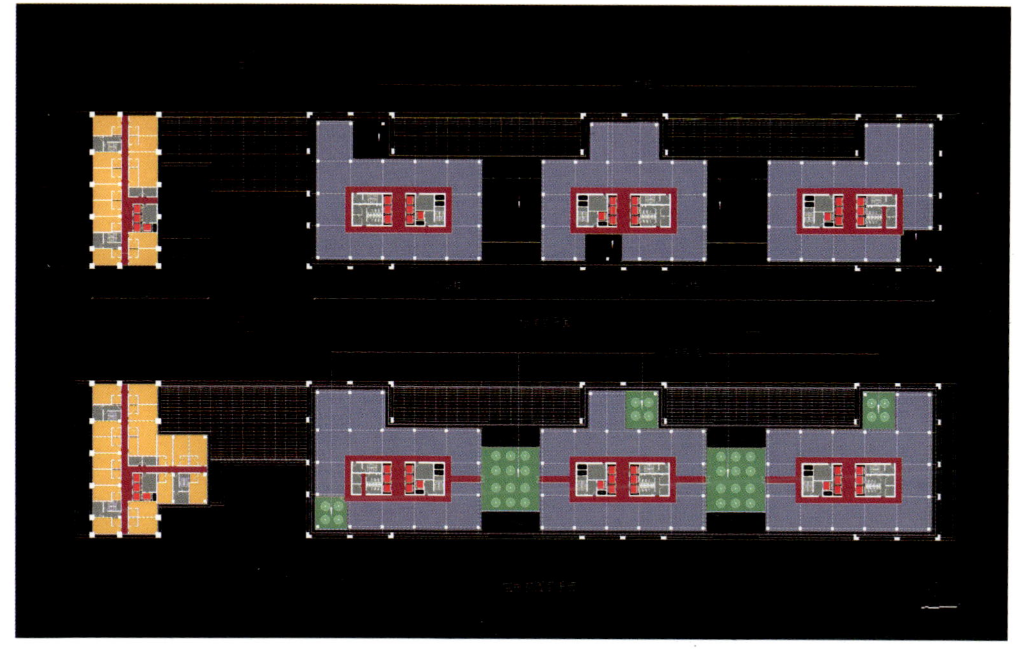

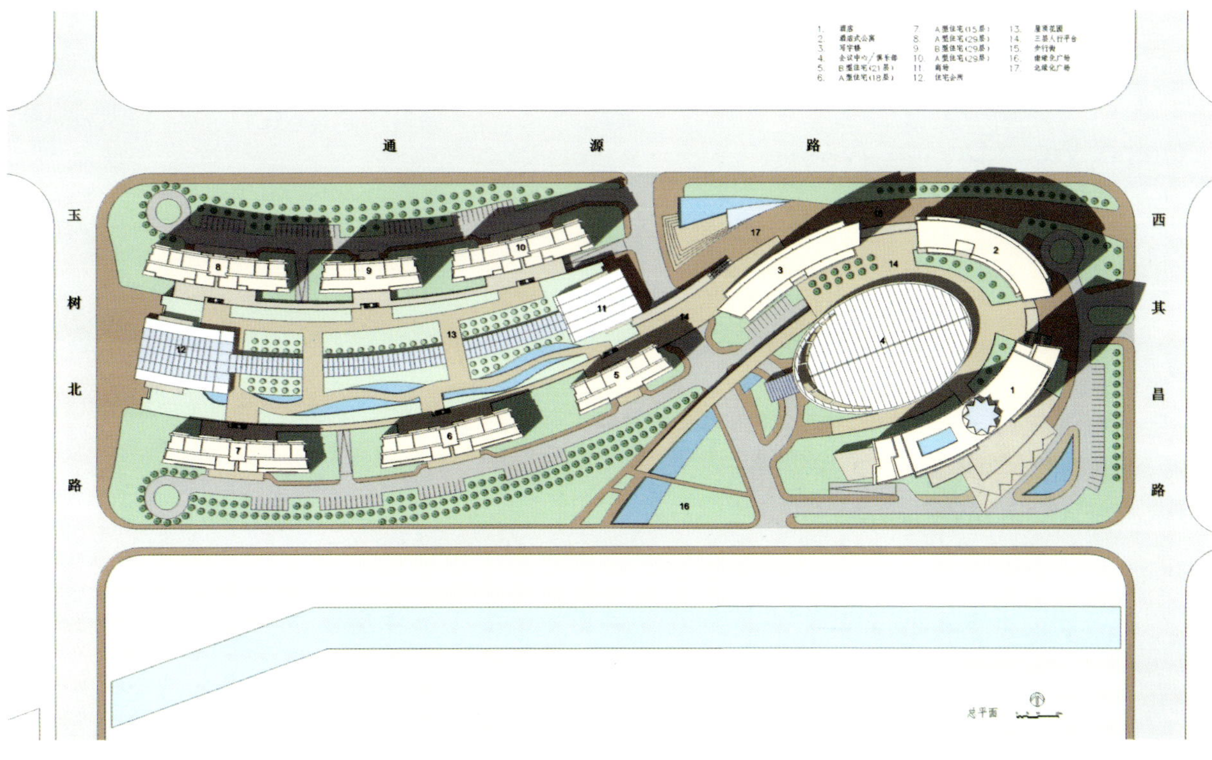

松江东明大酒店综合体方案

建筑地点：上海市
建筑性质：综合办公楼
地块面积：79 300m²
建筑面积：391 190m²
建筑高度：130m

松江东明大酒店综合体地处松江新城区核心商务区，毗邻新城区的主干道路和主景观绿化带。

九幢建筑物自西向东，由低至高，从60米到130米依次排布，形成一个漂亮的弧形，很自然将地块分隔成南北两个区域。

这九幢建筑物和南广场上的水景、购物中心屋顶花园中的水景及松江绿化带里的主水景一起，隐喻了松江著名的“九峰三泖”。

美国 JWDA 建筑设计事务所
Joseph Wong Design Associates

JWDA
法人代表/President：黄安和/HUANG Anhe
中国代表处地址/Add：上海市宛平南路521号恒昌花园B座九楼/9F, B Building, Hengchang Garden, No.521, Wan Pin Nan Rd, Shanghai
邮编/Zip：200032
电话/Tel：(+86) 21 64286124 64286127
传真/Fax：(+86) 21 64646130
电邮/E-mail：jwda@jwdachina.com

美国 JWDA 建筑设计事务所成立于1977年。公司于1993年进入中国市场，并于1997年于中国上海设立代表处，为中国客户提供优质的设计服务。

JWDA 的工作方针是：与客户密切沟通以充分了解客户的所需；进行详尽的分析，提供针对各种困难的解决方案；最终为客户提供出使用功能与经济效益合理的、美观大方的优秀设计。

JWDA 的工作成就得到了多方面的认可，在美国多次荣获美国建筑师协会（AIA）、美国规划协会（APA）、美国园艺建筑协会（ASLA）、加利福尼亚州政府所授予的奖励与奖状。在中国，亦获得全国和上海的优秀设计奖。在美国及国际设计竞赛中，本公司的设计方案曾多次获得首奖或殊荣。

Founded in 1977, Joseph Wong Design Associates entered Chinese market in 1993, and established its Shanghai office in 1997 to provide excellent design service for Chinese clients.

The working philosophy of JWDA is: communicate with our clients closely in order to understand their needs; make elaborate analysis and offer solutions dealing with various problems; and finally provide our clients with excellent design which is functional, economical, beautiful and decent. The working achievements of JWDA are acknowledged in many aspects, in America, it has won the awards and certifications many times from the AIA, APA, ASLA and the state government of California. In China, also won the award of excellent design for China and for Shanghai. In the American and International design competitions, the company's design solutions have won the first prizes and awards for many times.

主要设计作品

上海国际网球中心	上海市电话局电话通信大楼
上海东方巴黎高尔夫俱乐部酒店式公寓	中国工商银行数据中心（上海）
北京大学科技发展中心	君临天下花园（上海）
中国工商银行上海市分行	苏州独墅苑三期
世纪金融大厦	上海市化工区大厦
中国工商银行上海市分行外滩营业部	外高桥GF-1地块综合会所
上海友谊南方购物中心	上海新桥花园
上海友谊欧洲城	东明花苑
杭州中大广场3号楼	杭州吴庄
上海外高桥保宏大酒店	君临颐和花园
厦门国际华侨银行大厦	杭州ACON研究中心
	杭州中山花园
	银河宾馆

①

②

③

1/2/3. 中国工商银行数据中心（上海）
建设地点：上海市
建筑性质：办公
基地面积：44330m²
建筑面积：35000m²
设计时间：2000

4. 中山花园
建设地点：浙江省杭州市
建筑性质：住宅楼及办公楼
基地面积：17977m²
建筑面积：134937m²
设计时间：2001

5. 上海国际网球中心/东亚国际富豪大酒店
建设地点：上海市
建筑性质：五星级酒店，高级公寓
占地面积：27090m²
建筑面积：80000m²
设计时间：1994

④

⑤

⑥

⑦

⑧

⑨

6. 上海市电话局电话通信大楼

建设地点：上海市

建筑性质：电话局的行政技术管理总部大楼

建筑面积：24 010m²

建筑高度：91.9m（地面至主楼檐口）

容 积 率：5.03

绿化面积：1 255m²

设计时间：1998

7. 化工区大厦

建设地点：上海市

建筑性质：办公

基地面积：20 941m²

占地面积：3 933m²

设计时间：2001

8/9. 君临天下花园

建设地点：上海市

建筑性质：多层住宅、庭院组团式住宅、联体式小住宅及会所

基地面积：158 000m²

建筑面积：122 950.7m²

设计时间：1998

10

11

10/11. 银河宾馆室内改建装饰
建筑性质：四星级酒店
建筑面积：50 000m²
设计时间：2002

12/15. 杭州吴庄
建设地点：浙江省杭州市
建筑性质：高级住宅
基地面积：25 000m²
建筑面积：35 000m²
设计时间：2000

13/14. 上海君临颐和花园
建设地点：上海市
建筑性质：高级住宅
基地面积：62 800m²
建筑面积：54 000m²
设计时间：2001

上海世纪金融大厦(室内设计)

建设地点：上海市
建筑性质：办公
基地面积：8 560m^2
建筑面积：64 569m^2（包括地库）
建筑高度：124.24m
建筑层数：28 层、另有 2 层地库
设计时间：1998

中国工商银行是中国最大的银行，其上海分行在上海也举足轻重，业务量占当地的40%。中国工商银行上海市分行所在的大厦由一位纽约建筑师在12年前设计，现在成为了银行的总部。

整幢建筑被不锈钢和玻璃幕墙包裹。

大楼由裙房和塔楼两部分组成。

功能分配：大楼内共有 22 个部门和大约 500 名员工。只有 9、10 层闲置。

1 层：营业大堂
2 层：商务大堂
3 层：电脑中心
4 层：会议中心
5 层：餐厅
6 层：商务中心和内部服务设施
7 层：银行历史博物馆
8 至 28 层：办公室
26、27 层：行长、副行长办公层
28 层：接待中心

12

13

14

15

上海世纪金融大厦(室内设计)

建设地点：上海市
建筑性质：办公
基地面积：8 560m²
建筑面积：64 569m²（包括地库）
建筑高度：124.24m
建筑层数：28层、另有2层地库
设计时间：1998

中国工商银行是中国最大的银行，其上海分行在上海也举足轻重，业务量占当地的40%。中国工商银行上海市分行所在的大厦由一位纽约建筑师在12年前设计，现在成为了银行的总部。

整幢建筑被不锈钢和玻璃幕墙包裹。

大楼由裙房和塔楼两部分组成。

功能分配：大楼内共有22个部门和大约500名员工。只有9、10层闲置。

1层：营业大堂
2层：商务大堂
3层：电脑中心
4层：会议中心
5层：餐厅
6层：商务中心和内部服务设施
7层：银行历史博物馆
8至28层：办公室
26、27层：行长、副行长办公层
28层：接待中心

中山东一路24号大楼保护与改建

建设地点：上海市
建筑性质：办公
占地面积：2380m²
建筑面积：17 571m²（包括地库）
建筑高度：33.36m
建筑层数：7层，其中有1层为夹层
设计时间：1998

中山东一路24号大楼位于世界著名的上海外滩，是上海丰富的建筑艺术遗产之一。建筑造型精美，建筑高度为33.36米。其楼高共7层，其中1层为夹层，另有地下1层，绝大部分作隔水仓使用，现为中国工商银行上海市分行外滩营业处使用。

本建筑属于上海市近代优秀保护建筑，编号为A－III－009，保护级别为三级，保护要求为二类，在本项目的保护与改建过程中，贯彻了以下的设计原则。

新的室内设计必须功能使用合理；

新的室内设计必须面对大楼原有的历史，按建筑保护的要求进行设计；

新的室内设计之设计风格应与原大楼的室内外风格相协调，并在外滩具有独特的地位；

新的室内设计所采用的技术手段必须是合理的、可行的、有效的。

美国 WY 国际设计顾问公司

WY Design International

联络地址/Add：广东省广州市天河北路鸿翔大厦 B-615，1206/Room 1206，B-615，Hongxiang Building，Guangzhou
邮编/Zip：510630
联络电话/Tel：(+86) 20 38742246
联络传真/Fax：(+86) 20 38742245
网址/URL：www.wy-di.com
电邮/Email：wydi@21cn.com

我公司是一所致力于城市规划与建筑设计的专业公司，尤其擅长高尚商住类型和休闲度假类型的社区规划和建筑设计。主要设计人员富有国际项目操作经验，对高尚居住区、商业区及度假区的社区功能、环境气氛、建筑形象及风格品味等软、硬件方面的设计具有丰富的专业经验。

我公司奉行"以精心创精品"的专业宗旨，关注每一个项目的特殊性，并把"因地制宜，以人为本"的设计理念贯彻于每一个项目的设计中。目前多个项目获得国家建设部、项目当地建委以及业界、媒体与市民评选的奖项。

我公司进入中国市场6年以来，致力于国内房地产居住社区的研究与设计：在实践中把国外先进设计理念与中国国情相结合；把休闲度假的体验引入日常居住空间；把住宅市场的功能产品提升为艺术精品；以物质环境的设计引导人们对高尚生活方式的追求……一系列的作品为业主取得品牌与销售的巨大成功，持续在国内房地产行业引起关注与反响。

WY International Design Consulting Company is a firm committed to programming and architectural design, which is accomplished to commercial and residential building and holiday resorts planning and architectural design. The designers experienced in international projects are adept in the design of high-class inhabitant districts, commercial districts and holiday resorts, environmental design, etc.

The company concerns about the unique particularity of each project and instills the idea of "To adjust measures to local conditions and apply human resource-rooted strategy " to each project and has won awards for its excellency in the communities.

For 6 years in China's market, it has made its way to an influential company in the industry by its great successes in research, design and planning of domestic real estate development.

主要设计作品

宁波水上公园	苏州都市花园
武汉楚天地带	西安翠华山庄
广州海怡半岛	石家庄中华锦苑
长沙水云间	天津梅江南居住区
三亚天域酒店二期	广州天翔花园
青岛海景（国际）大酒店	广州颐年园
合肥新加坡花园城	广州番禺新世纪花园
碧桂园凤凰城五星酒店	南京天元城
广州琶洲保利大厦	成都草堂之春

1．广州中大花园
建设地点：广东省广州市
建筑面积：100 000m²
设计内容：规划与高层商住楼单体设计

2．杭州天都城
建设地点：浙江省杭州市
占地面积：433.3ha（是浙江地区最大的旅游居住社区）
设计时间：2000

①

②

3．广州罗马假日
建设地点：广东省广州市
建筑面积：87 000m²
设计内容：规划与高层商住楼单体设计

4．南京天元城
建设地点：江苏省南京市
占地面积：33.3ha
设计内容：总体规划与单体设计

5．广州锦绣香江花园
建设地点：广东省广州市
占地面积：266.7ha
设计内容：公寓区规划与单体设计

6．广州汇景新城
建设地点：广东省广州市
占地面积：80ha，是广州市区最大的居住社区
设计内容：总体规划方案、亚太豪华会所、国际幼儿园及豪华别墅区单体设计

7．厦门未来海岸
建设地点：福建省厦门市
占地面积：66.6ha，是闽南地区最大的海滨休闲居住区
设计内容：总体规划、会所、一期及二期单体设计

4

3

5

6

7

8．广州现代商业广场
建设地点：广东省广州市
设计时间：1996

9．广州山水庭苑
建设地点：广东省广州市
设计时间：1998 — 1999

10．广州保利花园
建设地点：广东省广州市
设计时间：1999 — 至今

11．广州鸿翔大厦
建设地点：广东省广州市
设计时间：2000 — 2001

星 河 湾

建设地点：广东省广州市
占地面积：80ha
建筑面积：约1 300 000m²
首期建筑面积300 000m²
容 积 率：首期1.2

星河湾位于广州番禺沙溪大桥以东的珠江南岸，临江长达1.8公里，占地80公顷，是千亩大盘云集的广州番禺华南版块最前沿楼盘，星河湾首期主要为49栋7至9层电梯洋房，建筑面积30万平方米。

星河湾首期于2001年"五一"以现楼开盘，"五一"节期间吸引了18万人次参观、买楼。星河湾面世以来获得多方面的认同，包括获选"广州市2001上半年房地产销量前六强，2001年广州房产销量前三名和年度销量金额第二名，被评为广州2001年度"十大明星楼盘"，并两度获2001年度广州市民十大最喜爱楼盘，建设部"居住性能最好楼盘"、和"最佳人居环境绿色小区"以及"2001年中国名盘30强"。

帕金斯威尔
Perkins & Will

Perkins & Will
法人代表/President：卡尔.奥德曼/Carl Ordemann
地址/Add：美国纽约州纽约市公园大道1号/No.1 Park Ave,New York，NY 10016 USA
邮编/Zip：200040
电话/Tel：1-212-251-7000
传真/Fax：1-212-251-7070
网址/URL：www.perkinswill.com
电邮/E-mail：email@perkinswillsh.com

帕金斯威尔是1935年组成的专业事务所，1999年荣获美国建筑师协会最佳建筑事务所奖。

帕金斯威尔最先获得全国好评的是教育项目设计，至今规划设计了全球各地成百所中小学校，学院及大学。1950年代，医疗保健项目设计也成了重点业务。完成了美国及海外300多项医疗设施的设计任务。帕金斯威尔的金融企业与商业设计专业技术成熟于1960年代，过去10年，研发设施，办公大楼，金融商业大楼，星级旅馆及会议中心等项目的设计已超过500万平米。

帕金斯威尔在亚洲、非洲和中东担任国际建筑设计及规划已超过20年，其种类包罗万象：医院、学校、旅馆、研发、科技、金融、商业等。

帕金斯威尔的独资外企可保证公司的设计质量，独立的管理与动作，完美无缺的服务，帕金斯威尔在中国投入资金、先进设备及专业人才是公司对中国市场最具体的承诺。

Perkins & Will is a professional association formed in 1935, was awarded the prize of the best architectural association in 1999 by the American Institute of Architects. The first to win Perkins & Will appreciations is the design for educational projects, up to now it has planned and designed hundreds of schools, institutes and universities all over the world. In the 1950s projects of healthcare also became key businesses, having completed over 300 design commissions for medical treatment facilities within America and overseas. Perkins & Will's professional techniques in financial enterprise and commercial design are matured in the 1960s, during the last ten years, the designs for research facilities, office buildings, financial business buildings, star-level hotels and conference centers have exceeded 5 million square meters.

Perkins & Will has undertaken commissions of international architectural design and planning in Asia, Africa and the Middle East for more than 20years, covering a wide scope of projects including hospitals, schools, hotels, researching, technology, finance and commerce.

The single proprietorship foreign capital enterprise of Perkins & Will may guarantee our company's design quality, independent management and action, perfect services without defects, the investment of capital, advanced equipments and professional talents to China by Perkins & Will is the most specific commitment of our company towards the Chinese market.

主要设计作品

福荣武德退休社区	新阿尔伯尼学院
新港海岸小学	布尔馆
巨如帕教育中心	马尼拉国际学校
华盛顿大学医学院	名古屋国际学校
麦当劳儿科研究中心	Palo Alto 中学校
卡罗拉多大学	化学与生命科学馆
安舒兹癌症研究中心	北福特迈尔高级中学
佛罗里　医院	南佐治亚医疗中心
哈特兰德医疗中心	皮尔曼癌症中心
假日游轮旅行社	Vernal G. Riffe, Jr. 大楼
思尔佛罗多中学	Fallon McElligott 大楼
西奥罗拉129学区	南佐治亚医疗中心,
哈尔罗德富伦小学	皮尔曼癌症中心
伊利诺及印地安纳州	北福特迈尔高级中学
佩吉诺特比德自然博物馆	美国建筑师协会芝加哥分会颁发
新港海岸小学	佩里社区教育群落
保柔思威尔康基金总部	Vernal G. Riffe大楼,
BF固德瑞奇总部	俄亥俄州立大学
格林维治新建医院	特洛伊高级中学
保柔思威尔康基金总部	佩里社区教育群落
图兰那大学，迈尔住宅区	芝加哥奥海尔国际机场

上海家化科研楼方案设计

建筑师对新家化科研楼方案的推敲和发展，是通过对"上海家化"这一著名品牌企业文化的深入研究，科技前瞻性的进一步了解得以实现。它勾勒出家化科研楼设计与众不同的三大主题：创造力与理性；人与自然和谐关系及艺术性和高科技的深入对话，展示建筑外在、内在的尺度感和张力，表达家化傲视同侪的文化内蕴。

一、创造力与理性

科研本身的科学性所要求的严谨、求实、精确、理性与化妆品这一现代行业所蕴含的浪漫、自由、轻盈、飘逸的内在气质相对立。正是在这一背景下，建筑师通过对形态，色彩等建筑语汇的组合和表达，展现各区域各部局间的内在联系。北侧办公区以冷静、理性的漂浮玻璃体，清晰明快的墙面处理，显示科技时代秩序、逻辑的特色。中部由白色弧型层面区所定义的实验区，坚实通透，布局以严谨的网格轴线和灵活实用的功能配置，并刻意于光线的处理和运用，在严肃与精确的格调中引入一片柔和；南向公共空间充满着浪漫自由的气息，自发伸展流动的曲面如同绽放的花朵，在东侧共享空间的衬托下，洋溢着创造力的激情。这些要素互相包容，互相依赖，互为映衬，在和谐统一中流露出各自的张力感和表现欲，取得浪漫和理性的微妙平衡。

二、人与自然

自然界用本身所具有的清新，明快、自由和偶然的方式表达内含的哲理和必然。人类自工业文明始便开始规模化，规格化的进程。当建筑师将表达这两种特质的语言有机地形成对比后，其各自的特质才格外清晰地显示出来。

另外，家化基地本身具有得天独厚的条件，北临河道，绿化带，南依厂区，介乎自然与人文之中。建筑北侧异常通透，并富有逻辑张力，南翼的自由型则对柔美的河道岸线作出呼应，并为厂区带来自然的气息。得之自然匠心，展示交互气势，营造对话的环境，以此来表述新世纪的时代风格。

三、艺术与高技化

高技化的处理和钢构手法，玻璃材质的细腻带在处理中可见一斑，而柔美曲线的艺术理念亦取自家化产品的系列包装设计与产品开发中，整体建筑作品的面与体的构成为主导，隐含着源自现代技术和科技所带来的强大的表现潜力，构成现代艺术的主旨。内外穿插的组织融合，亲切而具时代特征。

北京国际学校

建设地点：北京市

北京国际学校座落在北京东北侧，将包括小学、初中和高中，能容纳2 600名学生。校区内还配置了花园、运动场地、体育馆、停车场以及教员宿舍等设施。建筑总体风格是现代的，然而通过使用西方现代主义建筑和中国传统建筑所共有的元素来体现了传统文化的脉络，具体方法如采用中国建筑的布局概念、内外部空间使用屏风、照壁等来区分、建筑的空间构造语汇采用正交体系、通过流动的空间在建筑和环境之间创造出富于趣味的氛围等等。

学校居于田野之中，用墙围合起来，内部的道路网采用正交体系。3个学校融合在同一建筑内部，用两个反向的"L"体量容纳各教室和大体量的多功能厅、餐厅、体操馆、游泳池等。东、西向的公共通道联系起各功能区。行政办公室穿过这两个"L"的体量，共同围合出4个院子，在每个院子中以图书馆和活动室作为节点。这些院落是每个学校功能区组织的中心，用色彩明亮的照壁作为标志。

教员宿舍位于东南角上，是左右对称的4层建筑。两个分开的体量之间配置一个院子，与教学区的院子连成一体。院子中设有一座亭子，作为宿舍区的入口标志。

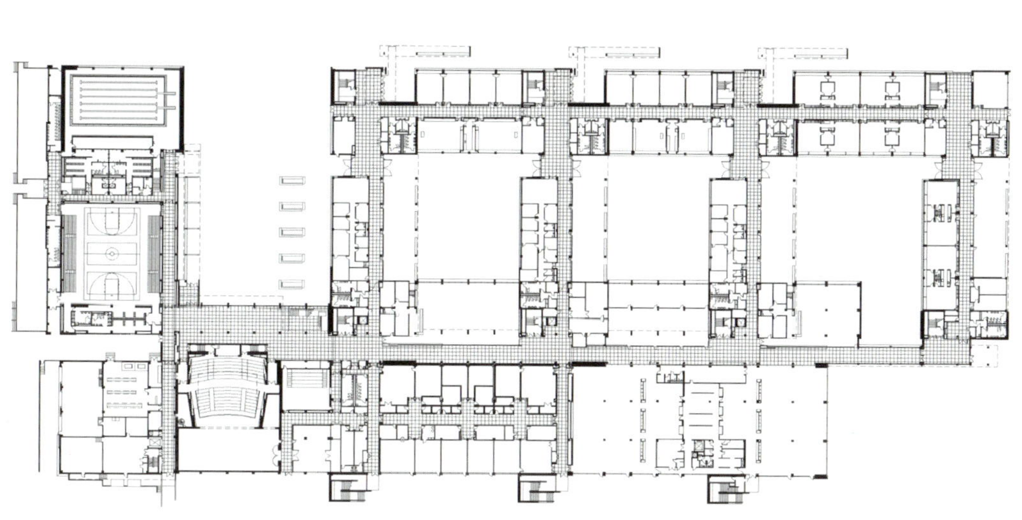

1

1．伊利诺斯大学芝加哥校区急诊中心
建设地点：美国伊利诺斯州，芝加哥市
建筑性质：医疗
建筑面积：24 000m²
设计时间：1995

2．欧兰德公园社区中心
建设地点：美国伊利诺斯州，欧兰德公园村
建筑性质：文化娱乐
建筑面积：87 450m²
设计时间：1987

3．中州医疗中心
建设地点：美国康州，美若登市
建筑性质：医疗
建筑面积：23 700m²
设计时间：1995

4．芝加哥论坛报社
建设地点：美国芝加哥伊利诺斯州
建筑性质：商业办公
建筑面积：85 000m²
设计时间：1999

5．奥海尔机场国际空港站
建设地点：美国伊利诺斯州，芝加哥市
建筑性质：交通
建筑面积：112 500m²
设计时间：1989

6．北哈儿斯太德天桥大楼
建设地点：美国伊利诺斯州，芝加哥市
建筑性质：办公
建筑面积：780 000m²
设计时间：1998

2

3

4

5

⑥

⑦

⑧

⑨

9．帕利郡教育村
建设地点：美国俄亥俄州，帕利郡
建筑性质：文教
建筑面积：21 000m²（高中）
15 000m²（初中）
10 000m²（小学）
18 000m²（体育活动中心）
设计时间：1990

10/11．圣路易斯华盛顿大学麦唐纳儿科研究中心
建设地点：美国密苏里州，圣路易斯市
建筑性质：文化
建筑面积：22，800m²
设计时间：1996

7．俄亥俄州立大学Vernal G Riffe生物研究馆
建设地点：美国俄亥俄州，哥伦比亚市
建筑性质：文化、科研
建筑面积：12 800m²
设计时间：1990

8．莫顿国际大楼100北河边广场
建设地点：美国伊利诺斯州，芝加哥市
建筑性质：景观园林
建筑面积：103 000m²
设计时间：1987

⑩

⑪

五合国际建筑设计集团
Woodhead International

地址/Add：北京市海淀区西直门外大街168号腾达大厦25层/25F, Tengda Building, No.168, XI Zhi Men Wai Ave.Haidian District, Beijing
邮编/Zip：100086
电话/Tel：(+86) 10 82656938
传真/Fax (+86) 10 82656918
网址/URL：woodhead.china.com
电邮/E-mail：woodhend_china@163.com

五合国际建筑设计集团（Woodhead International）成立于1927年，主要业务包括城市规划、建筑设计、景观设计、室内设计、图文设计。

公司拥有高级专业设计人员300余人，其设计作品获众多的奖项。质量管理系统已取得ISO9001证书。五合国际被英国《世界建筑》评为世界建筑设计500强第24名、酒店建筑设计列世界第6位、机场建筑设计列世界第6位、工业与科技建筑设计列世界第2位、国防工程建筑列世界第11位。五合国际进入中国以来，其设计的广东南国奥林匹克花园被中国房地产协会与建设部评为2001年中国名盘第1名；北京一栋洋房别墅区被评为2001年北京10大明星楼盘第1名；上海紫园别墅被评为2002年上海10大特色别墅第1名。

Woodhead International . was founded in1927.And its major business scope includes urban planning, architecture design, landscape design, interior design and picture writing design.

The company owns over 300 senior professional designers whose design works were awarded many prizes. Its quality management system was awarded Certificate of ISO 9001. It was listed as No.24 among the top five hundred world architecture designs, No.6 of the world in hotel architecture design, No.6 of the world in airport architecture design, No.2 of the world in industry and science and technology architecture design, No.11 of the world in national defense works architecture design in the evaluation made by a British magazine named iWorld Architecturei. Since its entrance into China, the company has Guangdong South China Olympic Garden listed as the No.1 famous high building in China in 2001 in the evaluation made jointly by Real Estate Association of China and the Ministry of Construction, a western-style building villa district in Beijing listed No.1 among the top ten celebrated high buildings in Beijing, Shanghai Purple Garden Villa listed No.1 among the top ten distinguishing villas in Shanghai in 2002.

主要设计作品

北京珠江绿洲家园
北京珠江骏景会所
北京天兆家园
北京丽园国际文化社区
北京瑞康家园
广东南国奥林匹克花园
广州华南新城
广州奥林匹克花园SOHO公寓
广东番禺奥林匹克花园
南京澳丽家园
苏州太湖宝岛花园别墅区
济南凤凰城高档住宅区
济南山东大厦
山西国际贸易中心
重庆皇冠假日酒店
北京中关村永丰产业基地规划
济南阳光100住宅区规划
济南阳光舜城北部及中央商务区规划
上海浦东新区高桥镇规划
沈阳市浑南新区暨沈阳国家高新技术产业开发区起步区规划

1.北航综合科研楼
建设地点：北京市
建筑性质：办公、科研综合体
占地面积：11 000m²
建筑面积：62 300m²
设计时间：2001.1

2.恒基伟业总部办公楼
建设地点：北京市
建筑性质：办公楼
占地面积：6 000m²
建筑面积：35 000m²
设计时间：2000.5

3.青岛流亭国际机场
建设地点：山东省青岛市
建筑面积：50 000m²
设计时间：2000.10

4.北京韦伯时代中心
建设地点：北京市
建筑性质：办公楼
建筑高度：101m
设计时间：2001.5

5. 北京康城别墅
建设地点：北京市
建筑性质：别墅
占地面积：220 000m^2
建筑面积：135 000m^2
设计时间：2001.2

6. 北京一栋洋房别墅
建设地点：北京市
建筑性质：别墅区
占地面积：240 000m^2
建筑面积：160 000m^2
设计时间：2001.1

上海紫园(sunville)1号别墅

建设地点：上海市
占地面积：12 000m²(含水面面积)
建筑面积：1461m²

上海紫园（Sunville）别墅区为世界级首富别墅区，由上海嘉城兆业房地产公司开发。该项目于2002年4月被上海典型住宅市场推广服务中心和各大媒体评为"上海十大特色别墅"第1名。

在上海紫园别墅区中，1号别墅是惟一一户直接向小区外城市道路开门的别墅，在总平面设计中重点保护其私密性。除了上海紫园统一的围墙（1米高砖墙上密植3排柏树墙）外，另设计一条景观小溪将用地进一步与外界隔开。小溪两岸或左或右种植高大乔木以阻挡视线。一条花架走廊贯通用地，将所有主要建筑用房与城市道路隔开形成第四道屏障，最大限度地保障了业主的生活私密性。

建筑的整体造型设计成2组花瓣，并构成一柄玉如意的形状。整幢建筑均为1层，一条S型的花架走廊将用地分为南北二区，北向为西佘山及天竺教堂等重点景观，以礼宾功能为主的社交区；因卧室等内部生活用房对朝向的要求高，南区设为生活区。整个院落惟一的主入口在北区与南区中间偏北，分双车道并以绿化隔开，尽显尊贵气派。正对住入口处密植树木形成影壁，即使院门洞开，外界也难以窥见院内活动情况。入院门后，右侧即是来宾停车场，可供停车12辆，贵宾可由停车场进入避风遮雨的花廊而进入建筑。

目前，该别墅以1.3亿元人民币的天价成为中国大陆最贵的别墅。

太阳园

株式会社
安井建筑设计事务所
YASUI Architects & Engineers Inc.

法人代表/President：佐野吉彦
地址/Add：日本大阪市中央区岛町2-4-7/2-4-7
Shima-machi，Chuo-ku，Osaka 540-0034，Japan
邮编/Zip：540-0034
电话/Tel：(+81) 6 6943 1371
传真/Fax：(+81) 6 6941 4094
网址/URL：www.yasui-archi.co.jp
电邮/E-mail：oskski-7@yasui-archi.co.jp

安井建筑设计事务所自1924年创建以来，在继承创始人安井武雄先生所倡导的"充满自豪和热情地进行建筑设计"的思想和信念的同时，还虚心学习先人们的智慧，注重提高技术和设计中所蕴含的准确地判断能力以及积极的提案能力。以能为都市提供良好的环境为目标，事务所根据各地域的风土、历史、特征等，向社会提案设计了众多经得起时代变化考验的、具有较高技术水准和艺术品质的建筑作品。

事务所除了建筑设计部门以外，还包括建筑结构设计、建筑设备设计、都市规划设计、建筑造价预算、建筑施工管理等部门，所以安井建筑设计事务所针对各种客户对建筑设计的需要，都能提出迅速、准确的对应。

After the foundation in 1924, YASUI Architects & Engineers Inc inherited the thought and beliefe of itís founder to carry out architectural design with glory and enthusiasm which was advocated by the companyís founder, at the same time it is also being modest to learn the wisdom from previous people and paying attention to improve the abilities of precise judgment and active solution offering. With the goal of providing good environment for a city, the company has offered many design solutions which can withstand the changing of times and have high level of technology and art characteristics, according to the environment, history and feature of every location.

Addition to architectural design department, the company also include the departments of architectural structure design, architectural facility design, urban planning design, architectural construction budget, and architectural construction supervision, thus the AnJing Architects can offer immediate and accurate response to varied architectural design requirements of our clients.

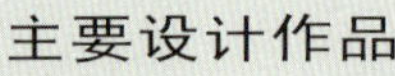

主要设计作品

大阪俱乐部
野村证券本社
南满洲铁路东京支社
三得利山崎蒸馏所
大阪煤气公司大楼新馆
大阪国际空港候机楼
新宿野村大楼
京都赛马场看台改修
大阪空港候机楼
佐贺县立美术馆
广岛市厅舍
熊本县立图书馆
三得利音乐厅
大阪大学医学部基础研究栋
大和银行本店大楼
佐贺县厅舍
关西国际空港管制塔
警视厅新宿警察署
弁天町站前开发 ORC200
高槻市综合中心
国税厅酿造研究所
国立医院九州医疗中心
舞州游泳馆
爱知县西三河综合厅舍
宫崎县立护士大学
扇町公园儿童综合中心
和歌山县民文化交流会馆
明海大厦
东京国立博物馆平成馆
那霸空港候机楼
日本红十字广岛护士大学
花 绿 自然的情报中心

大连经济技术开发区大学城及软件学院设计

建设地点：辽宁省大连市
建筑性质：教育、教研办公综合体
设计时间：2002.3—2002.5（方案设计）
　　　　　2002.7—2002.9（实施设计）

营建与生态自然环境共生息的知识绿舟；创造凝聚先端技术，关注自然环境的有机空间结构；提供互动的教育环境及培育有丰富感性人才的设施。以此三个主题为根本，构筑与大自然共生息的先进的人性的网络校园。

大连经济技术开发区文化中心方案设计

建设地点：辽宁省大连市
建筑性质：图书馆、剧场
设计时间：2001.10

以“天圆地方”的中国古代哲学思想为基点，营造与自然环境相适应的空间。创造象征“北方明珠”及“足球城”的具有标志性的时代建筑。提供“四季如春”的，充满活力的文化交流广场。

湊町 RIVER PLACE

建设地点：日本大阪市
建筑性质：综合设施（多功能礼堂、办公、店铺、道路设施）
建筑面积：21 240m²
建筑层数：地下 2 层、地上 7 层

以前的大阪作为海上交通枢纽，水上交通运输非常发达。象围棋盘一样的城市水路网络构成，使大阪具有了"水之都 大阪"的美称。过去，著名的道顿堀川的难波地区一带，曾是重要的客流、运输集散地。

为了使历史上非常繁荣的大阪难波地区重新复兴，并在对道顿堀川的水路以及两岸进行治理和再利用的同时，使湊町地区也能得到重新发展，几年前，我们开始了针对湊町地区的再开发工作。

在湊町地区最北边的面向道顿堀川的地方是本次开发设计工作的重点设施－－湊町RIVER PLACE的建设用地。建设用地内地下现存有JR地下铁线，地上有阪神高速公路穿过。新设施及有一定面积的停车场、停车指示、坡道等，又具有客流集散的机能。

新设施包括能收容1500人的综合礼堂，还包括办公、店铺、停车休息等场所，在水边我们还设计了一个可供人们交流、娱乐、休息的立体广场。湊町RIVER PLACE 新设施的诞生和存在为湊町地区注入了新的活力，也为湊町地区振兴和发展提供了一个可参考的范例。

现在，伴随着邻接用地内建筑工事，难波WALK及OCAT等设施的地下通道工事的展开，伴随着用地周边河川整备工事，道路整备工事的进展，新的综合都市环境的提案也正在被探讨和提出。

在湊町RIVER PLACE的外观设计上，为了能最大限度地减少不必要的视线遮挡，我们采用了正八角形倒锥体的简洁造型形式。这种象钻石一样的单体造型，使人们对难波地区的新文化孕育地产生了强烈深刻的印象，同时这个单体造型也形成了难波地区的新景观。

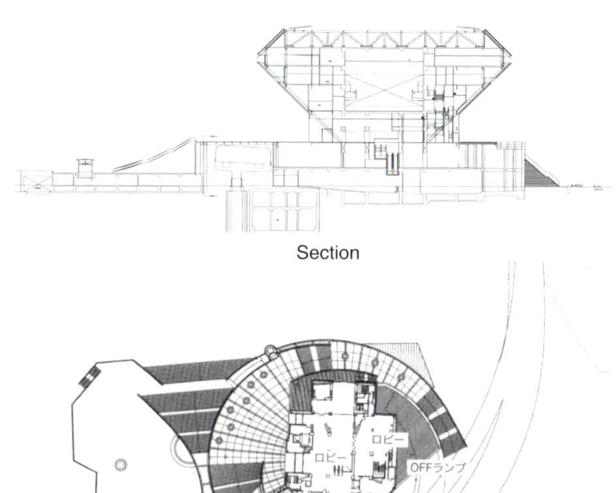

Section

3F PLAN

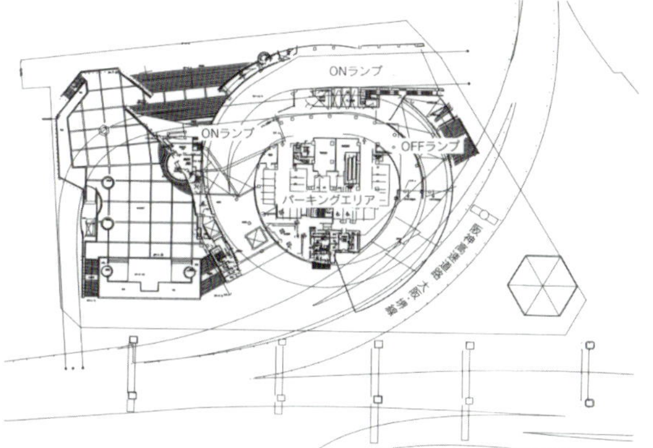

2F PLAN

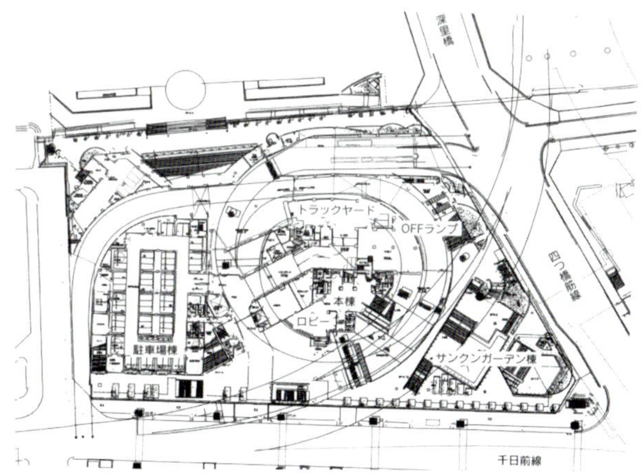

1F PLAN

1.爱知县春日井市文化中心
建设地点：日本爱知县
建筑性质：图书馆、视听觉礼堂
设计时间：1997.6

2.JR 大阪弁天町站前再开发大楼
建设地点：日本大阪市
建筑性质：办公、旅馆、住宅、娱乐
设计时间：1989.8

3.三得利音乐厅
建设地点：日本东京市
建筑性质：音乐厅
席 位 数：2 006 个
设计时间：1985.6

4.东京国立博物馆平成馆
建设地点：日本东京市
建筑性质：博物馆
设计时间：1994.2

5.奈良县立万叶文化馆
建设地点：日本奈良县
建筑性质：博物馆（艺术馆、情报中心）
建筑面积：11 090m²
建筑层数：地上 1 层、地下 2 层

6.JR 高桂市站前再开发大楼
建设地点：日本大阪市
建筑性质：办公、店铺、停车场、集合住宅
建筑面积：125 847m²
建筑层数：地上 30 层、地下 3 层

7.森托拉斯丸之内大厦
建设地点：日本东京市
建筑性质：办公、店铺、停车场
建筑面积：65 824m²
建筑层数：地上 19 层、地下 3 层

8.东大阪市综合厅舍（市役所）
建设地点：日本大阪市
建筑性质：厅舍（市役所）
建筑面积：50 052m²
建筑层数：地上 24 层、地下 2 层

9.大阪红十字病院
建设地点：日本大阪市
建筑性质：医院
建筑面积：53 250m²
建筑层数：地上 14 层、地下 1 层

⑤

⑦

⑥

⑧

⑨

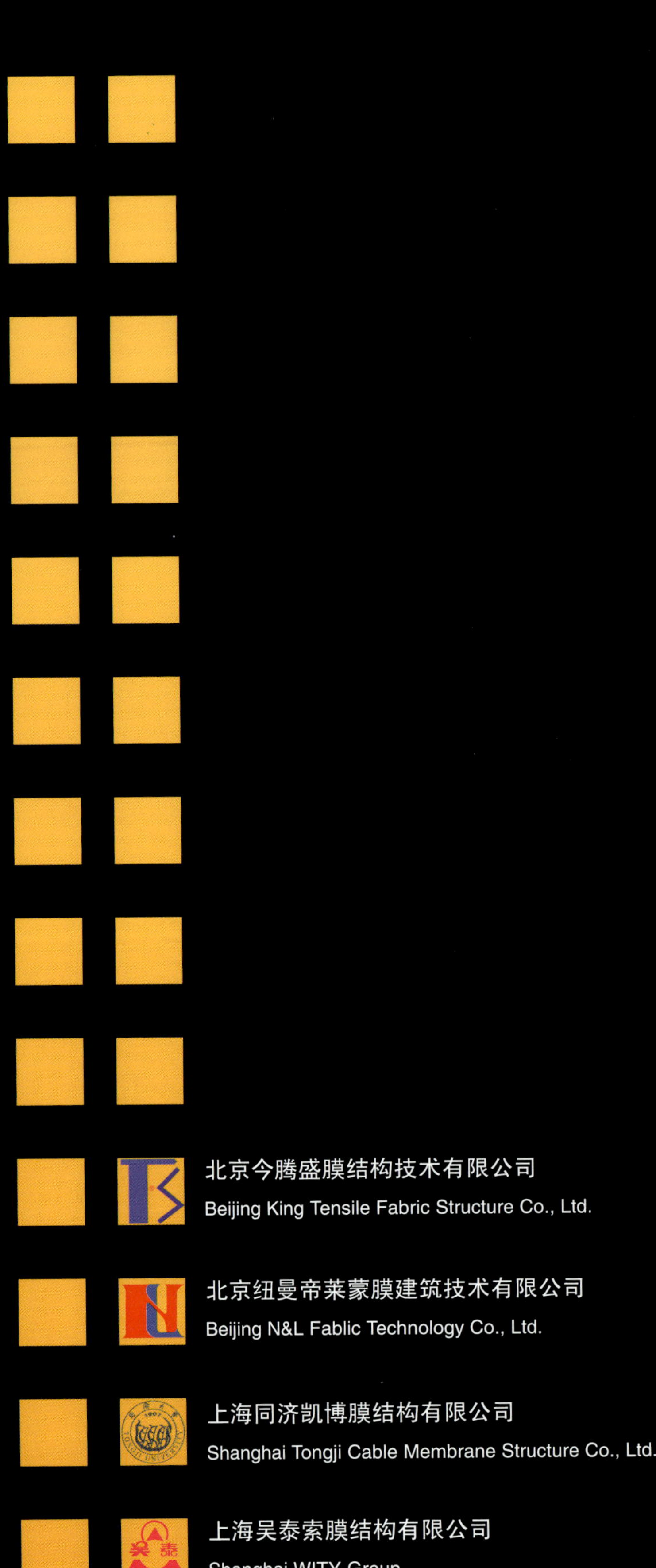
北京今腾盛膜结构技术有限公司
Beijing King Tensile Fabric Structure Co., Ltd.
北京纽曼帝莱蒙膜建筑技术有限公司
Beijing N&L Fablic Technology Co., Ltd.
上海同济凯博膜结构有限公司
Shanghai Tongji Cable Membrane Structure Co., Ltd.
上海吴泰索膜结构有限公司
Shanghai WITY Group
WITY

膜结构

北京今腾盛膜结构技术有限公司

Beijing King Tensile Fabric Structure Co.,Ltd

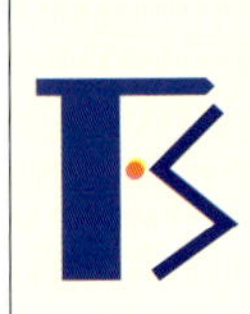

地址/Add：北京市朝阳区小营路10号阳明广场3#楼北座5F/5F,No 3 North Building,Yangming Plazza,Chaoyang, Beijing
邮编/Zip：100101
电话/Tel：(+86) 10 64895827 64895826 64813046
传真/Fax：(+86) 10 64895853
网址/URL：www.bbfwm.com
电邮/E-mail：info@bbfwm.com

北京今腾盛膜结构技术有限公司是国内最具规模的专业性膜结构公司，公司的业务范围包括膜结构工程的方案设计、结构设计、静、动力计算分析、膜材的裁剪设计、膜材的加工制作、整体安装以及使用维护等。

公司拥有一批国内最早从事膜结构行业的工程技术及制作安装的高素质人才。并与国内各著名科研院校及国外专业膜结构公司建立起紧密的合作关系，使用国际最先进的膜找型和裁剪及结构计算软件，充分保持公司在膜结构行业的技术领先。

公司现拥有目前国内最先进的大型膜加工制作设备和检验、测试设备及膜材加工制作专用的现代化厂房，膜材年加工制作能力可达２０万平方米。

公司坚持技术进步和质量第一的方针，对所有作业程序进行严格监控，确保为用户提供优良的工程质量和服务。

目前公司已在广州、厦门、合肥、成都、哈尔滨、南京等地设立了分公司或办事处，为各界朋友提供最直接的优质服务。

Beijing King Tensile Fabric Structure Co.,Ltd is one of the biggest professional membrane structure companies in China. The operation scope of our company includes planning, structure design, analysis of static and dynamic forces, membrane cutting and patterning, manufacturing, site erection, maintenance and so on.

Our company has most experienced experts and qualified engineers who have been working for the architectural membrane structure from very beginning. Furthermore, we have been cooperating closely with famous academic authorities in china as well as many professional companies oversea. What we are using is the most advanced software of shaping, cutting, and structure calculation which enable us to handle all applications. Through our efforts, we are in lead in this field now.

Our company possesses the most advanced membrane processing facilities, test and measuring equipments and modern plant specialized in fabrication of membrane structures which capability is over 200,000 sqm annually.

Our company supervise all the working procedures strictly with the principle of "Make technical progress and purchase highest quality ". We try our best to satisfy our clients with excellent services.

Now we have established many subordinate offices in Guangzhou, Xiamen, Hefei, Shenzhen, Chengdu, Dalian etc, which provide the top quality services for the friends in all the fields.

主要设计作品

广州奥林匹克花园	烟台开发区盛泉工业园
中国国际园林花卉博览会(广州)	廊房蓝水湾
番禺金海岸花园	哈尔滨长江路
沈阳浑河乐园	哈尔滨哈洽会
广州珠江西堤码头	西安万杰医院
广州碧花园	厦门东渡中学体育场
厦门思明软件园	天津东丽湖
中国驻巴基斯坦总领事馆	北京仰山闸
沈阳万科新城花园	大庆南湖舞台
沈阳万科四季花园	阜康市中心游园

①

1．增城碧桂圆候车长廊
建设地点：广东省增城
建筑性质：候车长廊
建筑面积：4200m²
膜结构形式：张拉

②

2．珠海北大教育园
建设地点：广东省珠海市
建筑性质：休闲长廊
建筑面积：1600m²
膜结构形式：张拉

3．武汉汉口江滩公园
建设地点：湖北省武汉市
建筑性质：泳池遮阳长廊
建筑面积：3800m²
膜结构形式：张拉

4．大庆市南湖舞台
建设地点：黑龙江省大庆市
建筑性质：舞台
建筑面积：1020m²
膜结构形式：骨架＋张拉

5．韶关高速收费站
建设地点：广东省韶关市
建筑性质：收费亭
建筑面积：1600m²
膜结构形式：骨架＋张拉

6．广东珠海湾仔花卉市场
建设地点：广东省珠海市
建筑性质：广场标识
建筑面积：1500m²
膜结构形式：张拉

③

④

5

6

7

8

9

10

11

12

13

14

7．长春市雕塑公园长廊
建设地点：吉林省长春市
建筑性质：广场标识、公共设施
建筑面积：1 300m^2
膜结构形式：张拉

8．吉林市松花江畔
建设地点：吉林省吉林市
建筑性质：景观
建筑面积：1 200m^2
膜结构形式：张拉

9．广东珠江芳村长堤
建设地点：广东省珠江
建筑性质：广场标识
建筑面积：1 000m^2
膜结构形式：张拉

10．福州江滨公园
建设地点：福建省福州市
建筑性质：广场标识
建筑面积：960m^2
膜结构形式：骨架＋张拉

11．广州华南新城
建设地点：广东省广州市
建筑性质：舞台
建筑面积：650m^2
膜结构形式：骨架＋张拉

12．北京国都宠物乐园
建设地点：北京市
建筑性质：公园入口
建筑面积：515m^2
膜结构形式：张拉

13．黑龙江肇源表演舞台
建设地点：黑龙江省肇源市
建筑性质：舞台
建筑面积：470m^2
膜结构形式：骨架＋张拉

14．韶关高速公路东田管理中心停车场
建设地点：广东省韶关市
建筑性质：公共设施
建筑面积：420m^2
膜结构形式：骨架＋张拉

1.通州运河广场
建设地点：北京市
建筑性质：广场小品
建筑面积：400m²
膜结构形式：张拉

2.湖南衡阳市岳平公园
建设地点：湖南省衡阳市
建筑性质：公园小品
建筑面积：350m²
膜结构形式：张拉

3.朝外大街
建设地点：北京市
建筑性质：广场标识
建筑面积：350m²
膜结构形式：张拉

4.江西景德镇人民广场
建设地点：江西省景德镇
建筑性质：广场标识
建筑面积：180m²
膜结构形式：骨架＋张拉

5.北京凯莱酒店
建设地点：北京市
建筑性质：酒店入口
建筑面积：316m²
膜结构形式：骨架

6.天津泰达酒店地下国库中入口
建设地点：天津市
建筑性质：公共设施
建筑面积：310m²
膜结构形式：张拉＋骨架

7.厦门东渡中学主席看台
建设地点：福建省厦门市
建筑性质：主席台
建筑面积：260m²
膜结构形式：骨架

8.新疆阜康市中心游园
建设地点：新疆自治区阜康市
建筑性质：广场标识
建筑面积：245m²
膜结构形式：张拉

9.长春亚泰俱乐部门头
建设地点：吉林省长春市
建筑性质：俱乐部门头
建筑面积：180m²
膜结构形式：骨架＋张拉

10.西郊汽配城
建设地点：北京市
建筑性质：标识
建筑面积：140m²
膜结构形式：张拉

1

2

3

4

5

6

7

8

9

10

天津洋货市场

建设地点：天津市
建筑性质：屋顶膜
建筑面积：5600m²
膜结构形式：骨架＋张拉

本膜结构工程属张拉式膜结构。中间由12根主柱支撑起整膜体。四周有38个张拉点，位于下部钢结构周边挑梁上。膜体高差8米，跨度28米，整体造型优美新颖。由于膜材本身具有很好的透光性，在晚间配上绚烂的灯光，整个膜结构就变得熠熠生辉，具有良好的观赏性、标识性，更具时代感。

北京纽曼帝莱蒙膜建筑技术有限公司
Beijing N&L Fabric Technology Co.,Ltd.

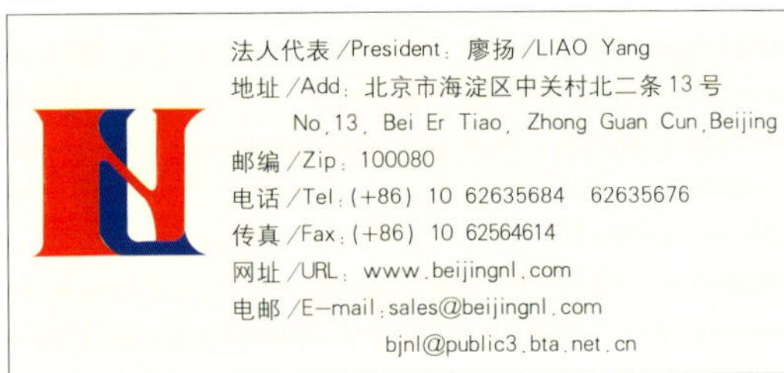

法人代表/President：廖扬/LIAO Yang
地址/Add：北京市海淀区中关村北二条13号
No.13，Bei Er Tiao，Zhong Guan Cun,Beijing
邮编/Zip：100080
电话/Tel：(+86) 10 62635684 62635676
传真/Fax：(+86) 10 62564614
网址/URL：www.beijingnl.com
电邮/E-mail：sales@beijingnl.com
bjnl@public3.bta.net.cn

公司是由北京纽曼帝充气张拉建筑有限公司和美国新莱蒙国际工程公司于1995年联合投资组建的中外合资高新技术企业，建设部批准的索膜建筑专项设计试点单位，中国空间结构协会理事单位，国际膜工业协会(IFAI)会员单位，是一家集索膜建筑方案设计、整体施工图设计及加工、制作、安装为一体的大型索膜建筑专业公司，并已通过ISO 9001国际质量体系认证。

经营范围：生产膜结构产品、膜工业制品；自产产品的设计、安装、维修、技术咨询；销售自产产品。

公司以质量第一、信誉至上、技术先进、严格管理、优质高效、满意服务为质量方针，顾客满意是公司追求的最终目标。

The company is a high and new-technology industries enterprise founded by the joint ventures of Beijing NiuManDi Charge Tension Architecture Limited Company and American New Lemon International Engineering Company in 1995 and a Suomo special design experimental unit authorized by Ministry of Construction, Space Structure Association Director Unit of China, a member unit of International Film Association of Industry (IFAI), and a large Suomo architecture professional company providing Suomo architecture plan design, entire engineering graphic design, process, manufacture, and installation. It has been awarded Certificate of ISO9001 International Quality Series.

Its business scope includes the production of film structure products and film industry products, the design, installation, maintenance, technique consultation of its own products, selling it's own products.

The company upholds the quality policy of "Quality First, Reputation Supreme, Strict Management, Excellent Quality and High Efficiency, Satisfactory Service", and pursues the ultimate goal of clients' satisfaction.

主要设计作品

长沙世界之窗五洲大剧场
深圳欢乐谷中心表演场
青岛颐中体育场
大连金石滩影视艺术中心
深圳大梅沙海滨公园
深圳高新技术成果交易会
深圳OCT广场游廊
浙江省义乌市体育场
烟台市体育场
秦皇岛体育馆
北京延庆体育场
安徽省芜湖市体育场
辽宁国际会议中心

1

2

1. 深圳华侨城欢乐谷中心剧场
建设地点：广东省深圳市
膜覆盖面积：6 000m²

2. 长沙世界之窗五洲大剧场
建设地点：湖南省长沙市
膜覆盖面积：4 000m²

3. 深圳中国高新科技成果交易会
建设地点：广东省深圳市
膜覆盖面积：3 500m²

4. 青岛颐中体育场
建设地点：山东省青岛市
容纳观众：6 万名
膜覆盖面积：30 000m²

5. 青岛馥香谷会所
建设地点：山东省青岛市
建设性质：超市、健身、阅览室、办公室
膜覆盖面积：1011m²

6 .大连金石滩影视艺术中心
建设地点：辽宁省大连市
建筑性质：骨架式双层膜结构
膜层间距：475mm
膜覆盖面积：3000m²

7. 深圳华侨城威尼斯酒店水乐园
建设地点：广东省深圳市
建设性质：戏水游乐场所
膜覆盖面积：3384m²

8. 秦皇岛市体育馆
建设地点：河北省秦皇岛市
膜覆盖面积：3200m²

9. 顺德德胜新区广场
建设地点：广东省顺德市
建设性质：休闲娱乐
膜覆盖面积：3500m²

10. 烟台市体育中心体育场看台
建设地点：山东省烟台市
膜覆盖面积：14774m²

3

4

5

6

7

8

9

10

浙江义乌体育会展中心体育场看台膜结构篷盖工程

建设地点：浙江省义乌市
膜覆盖面积：16138m²

义乌市体育场膜结构篷盖由两片沿主看台对称布置的梭状索膜结构体系组成，它们是由钢桁架（脊）、谷索、边索、上拉索及灯光塔架共同组成的空间张拉膜结构体系。每片膜篷盖由大小不等的13个波浪式膜单元组成，形成自然曲面单元；钢桁架与谷索一端与看台钢筋混凝土框架外环柱连接，另一端与主内边索相连，主内边索再由上拉索与两边的灯光塔架连接。通过一定的手段张紧谷索，来完成向体系内部施加所需的预应力，使整个体系产生足够的刚度，以抵御外部荷载作用，并能很好地控制结构体系的位移和变形。

主内边索矢高40米，灯光塔架高60米，钢桁架向内最大悬挑49米，向外悬挑6.3米；内外边索中预应力分别为110千牛和45千牛，谷索中预应力70千牛；最不利工况下主内边索最高点向上位移302毫米，向下位移208毫米。

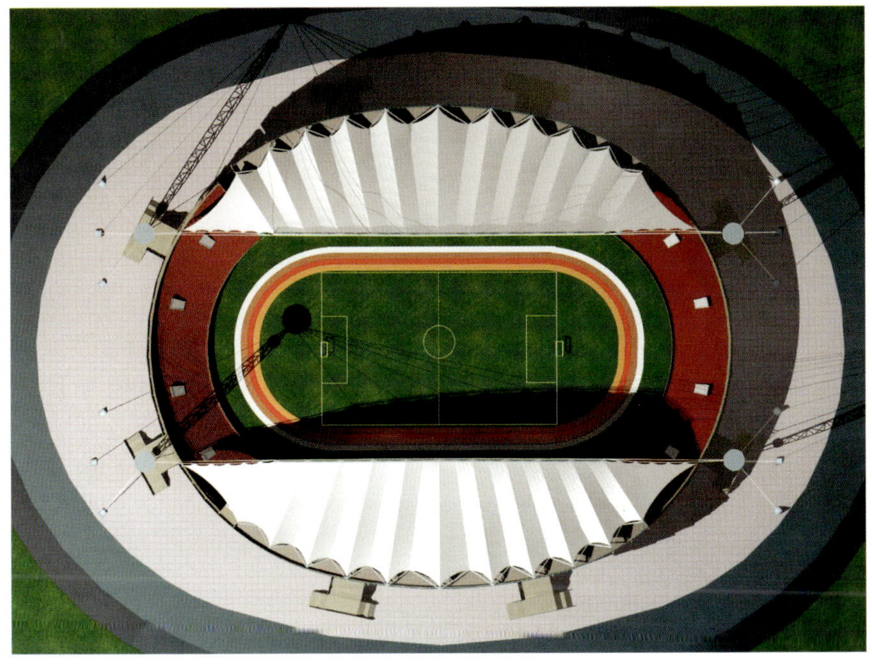

上海同济凯博膜结构有限公司

Shanghai Tongji Cable Membran Structure Co.Ltd

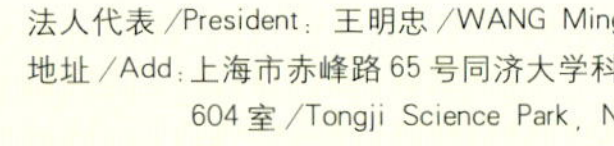

法人代表/President：王明忠/WANG Mingzhong
地址/Add：上海市赤峰路65号同济大学科技园604室/Tongji Science Park，No.65，Chi Feng Rd.，Shanghai
邮编/Zip：200092
电话/Tel：(+86) 021 65980554 转 88
传真/Fax：(+86) 021 65980553
网址/URL：www.tongjicb.com
电邮/E-mail：tongjicb@tongjicb.com

本公司是由同济大学建筑设计研究院投资，专业设计、制作和安装索膜结构的企业，公司技术力量雄厚，在编博导2名，高级工程师2名，拥有一批经验丰富的工程技术人员。公司有专业的膜加工设备，膜加工能力1500m²/日。本公司使用的3D3S、3D3MS是由同济大学开发，3D3S在钢结构行业中广泛运用，本公司产品的钢结构支撑体系就是采用该软件进行计算。3D3MS获上海市科技进步二等奖，可用于杆、索、膜的整体结构受力分析，膜材的下料及裁剪。质量是企业生存的保障，信誉的基础，最大程度的满足客户是我们永无止境的追求。本公司的宗旨是价格诚信、质量放心、服务称心。

The company, specializing in the design/making and installation of cable velamen structure was invested by the Architecture Design & Research Institute of Tongji University. The company has powerful technical strength and two on list doctor tutors, two senior engineers and a passel of experienced engineering technicians. The company has professional velamen processing equipments, the velamen processing capacity is 1500m2/day. The 3D3S and 3D3MS used in our company are developed by Tongji university. The 3D3S is widely used in steel structure industry and the steel structural supporting systems of our company's products are calculated by using this software. The 3D3MS won the second prize of Shanghai Technology Progress, it can be used in the whole structure's force analysis of pole, cable and velamen as well as velamen materials' laying-off and cutting-out.Quality is the guarantee for the existence of an enterprise and the foundation of credit, to satisfy our clients with maximum degree is our endless persuit.Our company's principle is: Honest price, Disburdened quality, Gratified service.

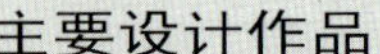

主要设计作品

郑州杂技馆
萧山人引桥观景膜
嘉兴阳光城大门膜结构
德清春晖公园张拉膜
东方城市花园膜工程
运动场主席台膜结构
无锡胜利门广场膜结构
东部软件园张拉膜
栎社机场膜结构天窗
上海金鹏售楼中心
武汉巷广场张拉膜

1

2

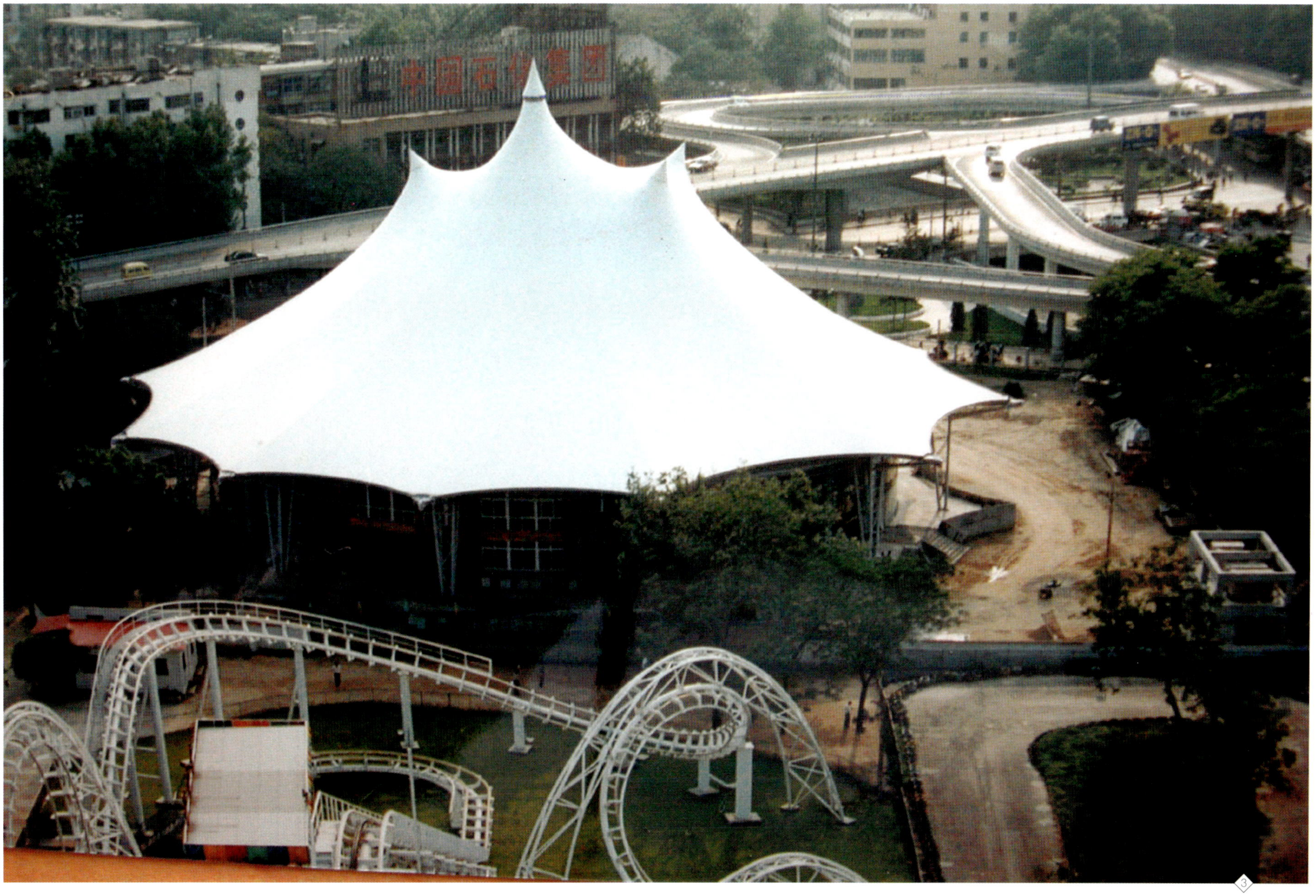

3

4

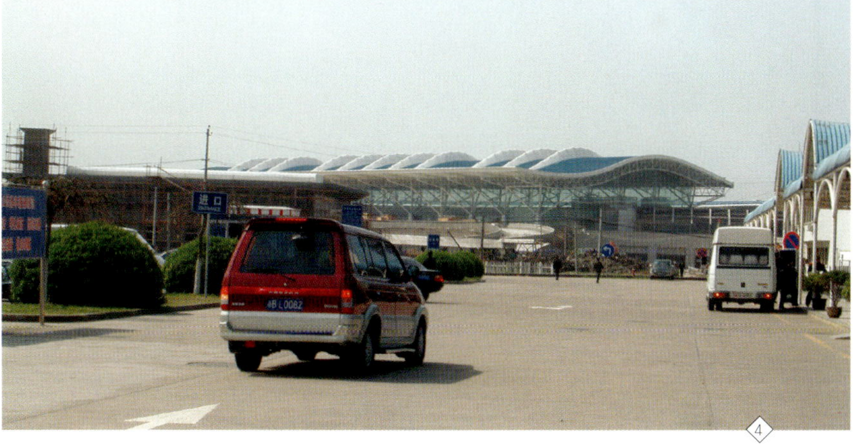

1. 上海天籁园
建设地点：上海市
建筑面积：180m^2

2. 无锡新区入口

3. 郑州杂技馆
建设地点：河南省郑州市
建筑面积：3 666m^2

4. 宁波机场
建设地点：浙江省宁波市
建筑面积：850m^2

同济大学城规学院膜结构工程

建设地点：上海市
建筑面积：753m²(展开面积) 724m²(投影面积)
设计时间：2002.1

该工程是同济大学建筑系为了迎接建系50周年而对中庭原有玻璃天棚进行的改造工程。原有屋面是"凵"型玻璃瓦屋面，玻璃瓦间防水硅胶老化造成屋面漏水，同时玻璃瓦经日光曝晒也发生了局部破裂，所以城规学院决定将玻璃天棚改换成新型的结构——膜结构。

在方案设计阶段，我们考察了支撑原有玻璃天棚的网架，认为锈蚀的程度没有想象的坏，经过除锈防腐后仍可继续使用，这样做既节省了学校的投资，也缩短了工期，为中庭内的其他装修提供了条件。

原玻璃天棚网架是由11榀三角形桁架组成，上平面由弦杆和与弦杆垂直的腹杆分割成21x9个格子，所以膜结构也相应分成7x3个单元，每个单元含3x3个格子见图1，膜体的轴侧图见图2。

膜体的两个长边为固定边界，短边为柔性边界；横向三个膜顶，为了建筑造型及屋面排水的需要，中间顶比两侧顶高出1米，纵向各排顶高度一样，膜顶采用飞杆形式支撑，飞杆底由四根直径14毫米圆钢拉杆与网架的四个螺栓球节点连接见图3，膜的固定边界见图4；为了抵抗风吸力，在横向加了6道谷索，谷索连接节点见图5。

图6和图7是建成后的室内外景观，膜结构特有的柔和轻盈的造型与周围传统建筑形成鲜明的对比，给人以全新的视觉享受；膜材的透光性也为中庭内营造了温馨舒适的环境。

工程施工完后得到各方好评。

图7 室内景观

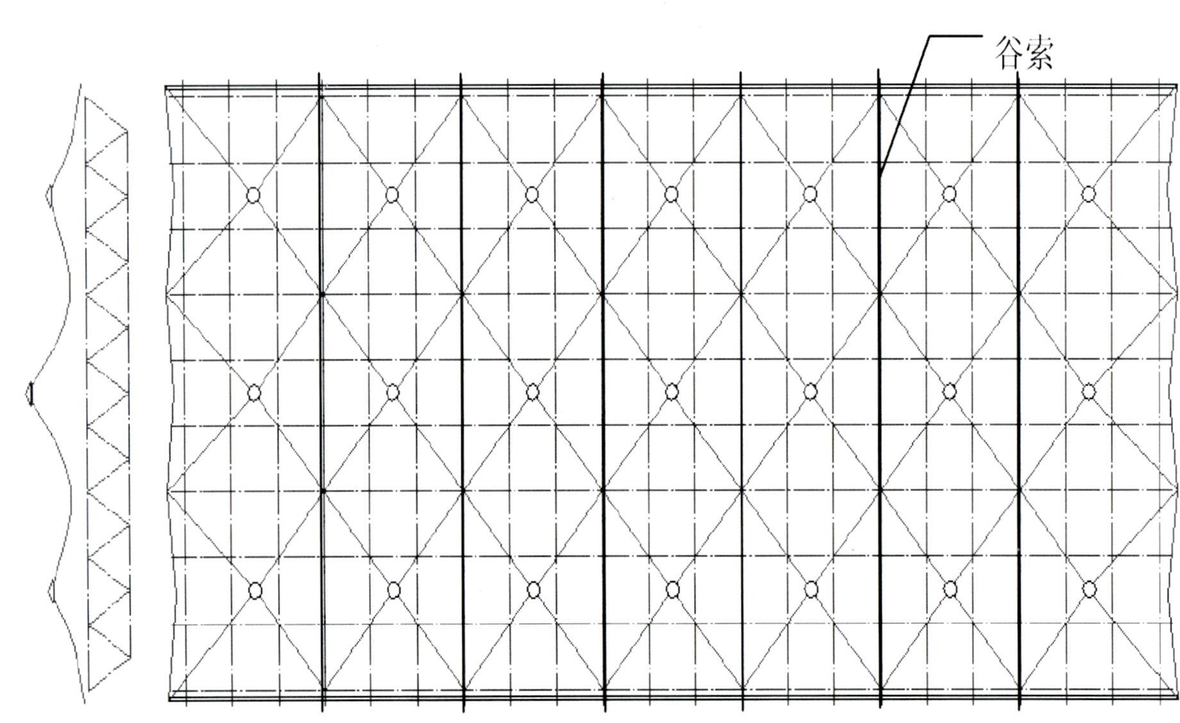

图1 平面图

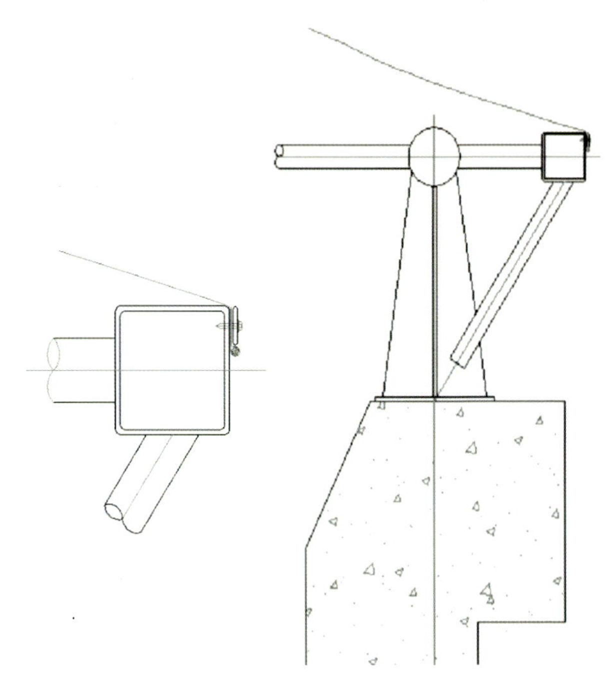

图4 膜体固定边界

图6 室内景观

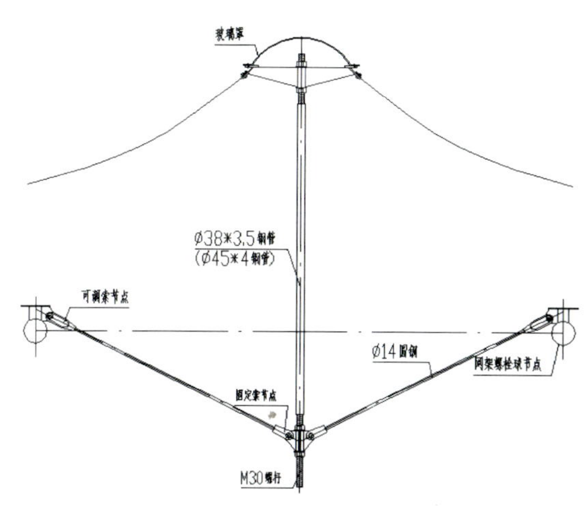

图3 膜体顶升机构

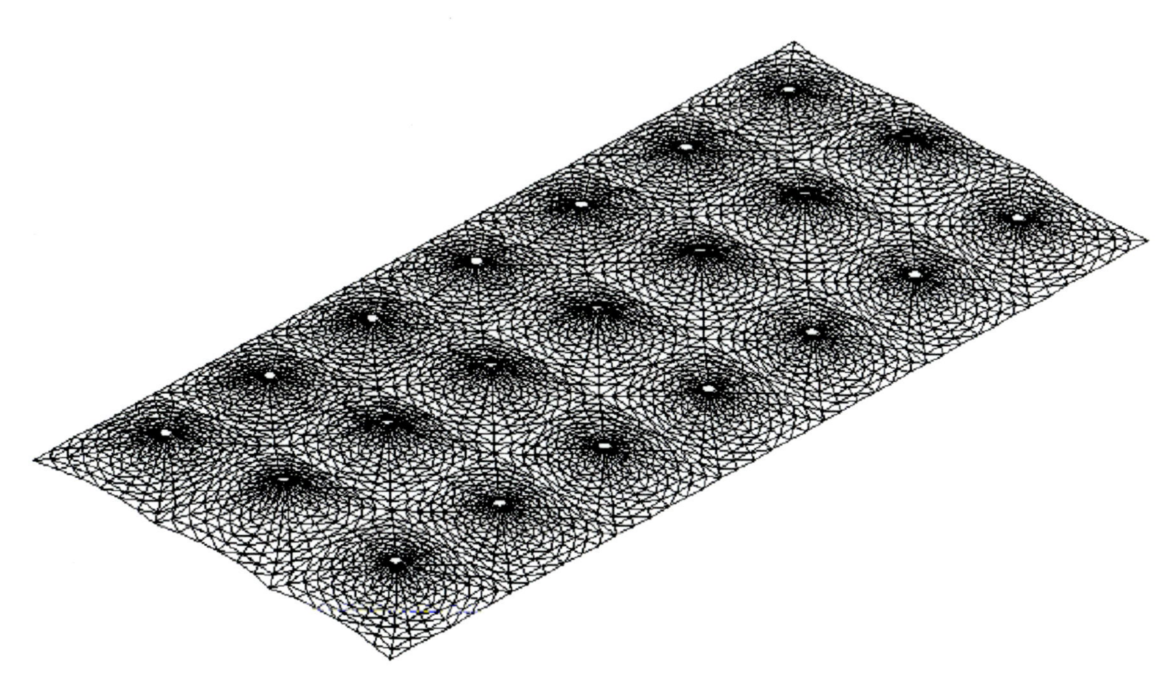

图2 膜体轴侧图

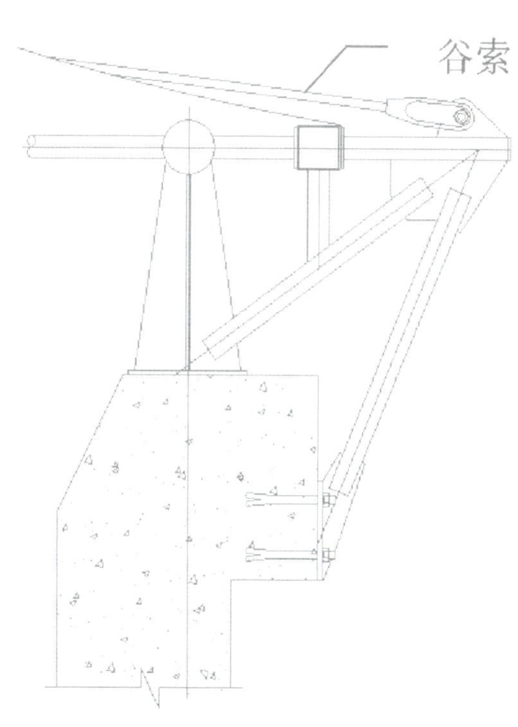

图5 谷索节点

上海吴泰索膜结构有限公司

Shanghai WITY Group

法人代表／President：吴积善／WU Jishan
地址／Add：上海市中山北一路1250号沪办大厦1号楼10层／10F,Block 1，1250 Zhong Shan Bei Yi Rd,Shanghai
邮编／Zip：200437
电话／Tel：(+86) 021 65424779
传真／Fax：(+86) 021 65426940
电邮／E-mail：webmaster@witybuilding.com

中国吴泰集团自1980年代创办以来经过20多年的稳步发展，已成为跨行业、跨地区的大型企业集团，集团主要从事轻钢建筑、工业房产、机械制造、发电设备、畜牧业电子化等5大产业。

公司是中国吴泰集团下属企业，专门从事索膜结构研究、设计、制作、安装的专业公司，能为客户提供完整的一条龙服务。产品适用范围广泛，可应用于：体育设施、交通设施、商业设施、文化设施、景观设施等。

公司获得的专项资质有钢结构设计甲级资质、钢结构制作一级资质、钢结构施工一级资质、土建综合承包资质、ISO9001国际认证。公司自组建以来，引进了3台具有国际先进水平的高频热合高频驳接机，其中1台功率为20千瓦，年生产能力达到15万平方米。

目前，公司已经建成相当规模的建筑用膜生产加工车间，专门从事PVC、PVDF和PTFE等各种建筑用膜的加工生产。同时引进国外先进的Forten32软件，应用国内领先的设计技术，为客户设计出集美感与实用为一体的索膜结构。公司自始至终以“质量第一，服务第一”来体现“用户第一”的服务宗旨，竭诚欢迎各界朋友真诚合作，共同创造索膜结构建设事业光辉的明天。

Shanghai WITY Group was founded in 1980s, now has already grown up as a cross-industry big enterprise group. This group mainly engages in light steel structure, industrial building, machine manufacture, electricity the equipments,livestock husbandry electronics etc.

Our copmany is one of the memebers of WITY Group and specialize in fabric structure research, design, manufacture and installation. We can provide clients full service. Our products can be used in kinds of facilities such as sports/traffic/commercial/culture/landscape facilities.

Our company has A-class certification on steel structure design and first-class qualification on steel structure manufacute and installation and have been qualified for ISO 9001. Our yealy producing abilitr has reached over 150000 suqare meters.

Our company has built factory specially for making PVC, PVDF, TFE and more membrana for buildings. We have imported the software of Forten 32 to imporve our design technology. Our company has kept holding up the policy of "Quality first, Service first" to embody the theme of "Client First". We are looking forward to co-operation with you to create a brilliant future of membrana structure.

主要设计作品

挪威船级社室内遮阳工程
上海金山物业发展有限公司大门南京江宁科技园门楼
江阴体育馆
周浦基地大门

1

2

3

1.挪威船级社室内遮阳工程
建设地点：上海市
膜覆盖面积：22m^2
设计时间：2002

2.上海金山物业发展有限公司大门
建设地点：上海市
膜覆盖面积：150m^2
设计时间：2002

3.南京江宁科技园门楼
建设地点：江苏省南京市
膜覆盖面积：135m^2
设计时间：2002

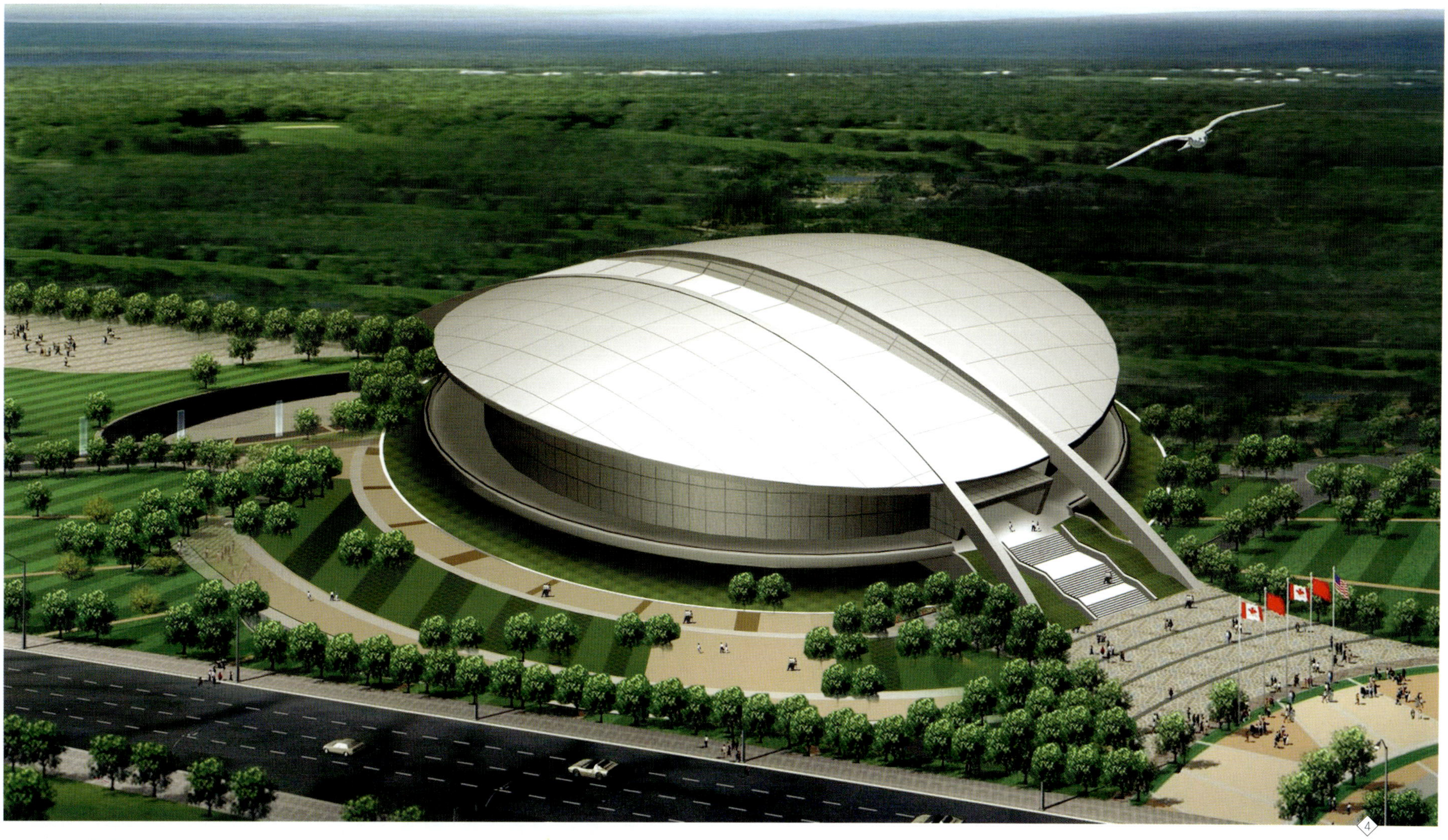

4

5

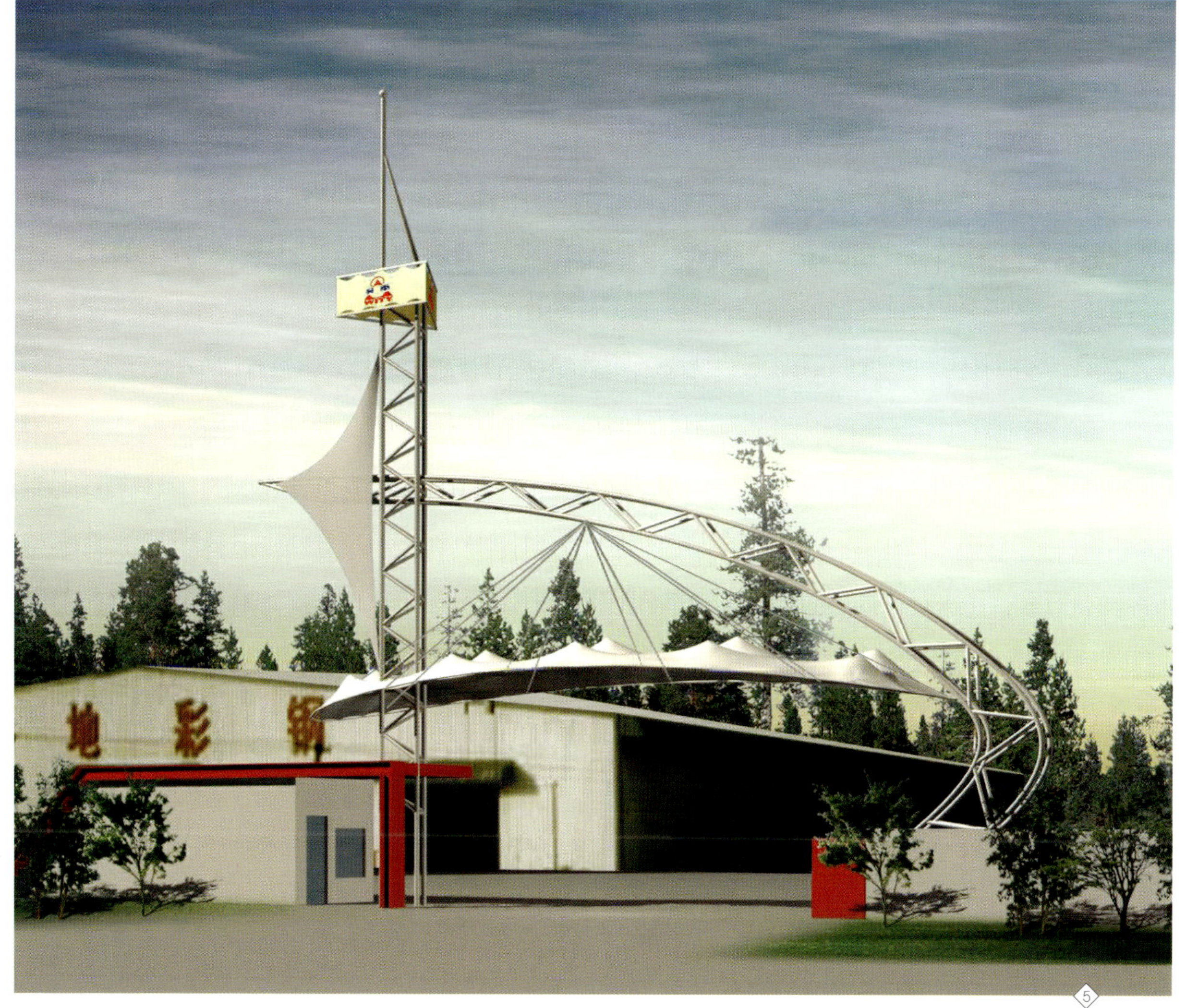

3. 江阴体育馆
建设地点：江苏省江阴市
膜覆盖面积：2 300m²
设计时间：2002

4. 周浦基地大门
建设地点：上海市
膜覆盖面积：180m²
设计时间：2003

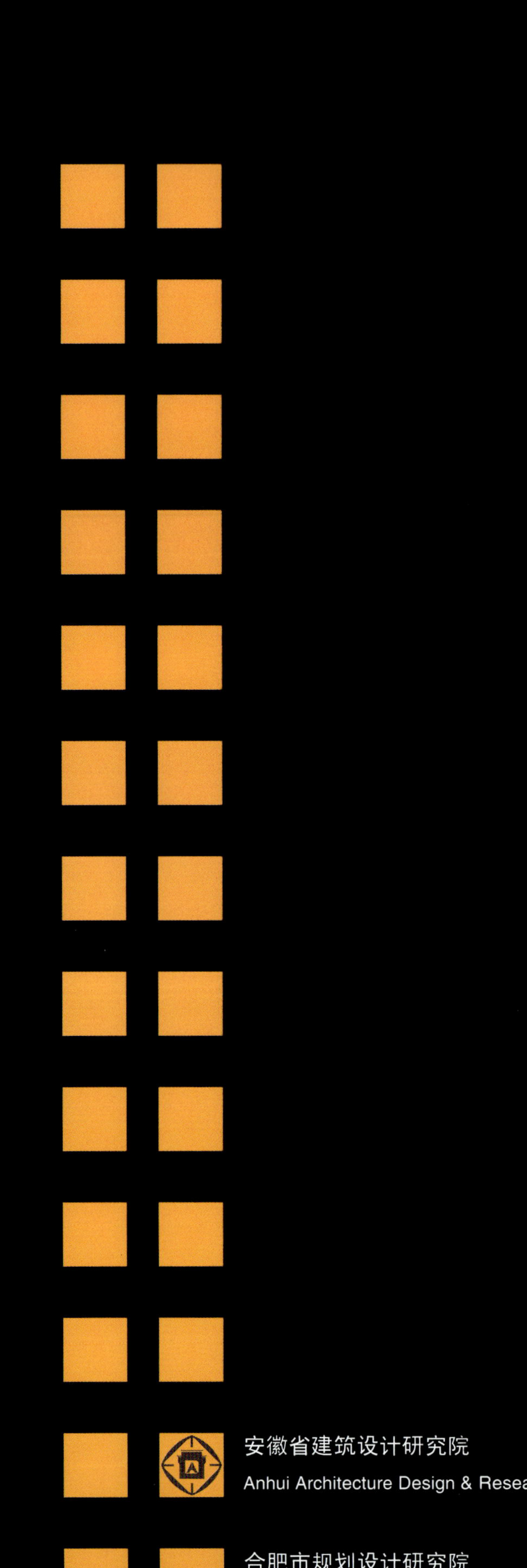

安徽省建筑设计研究院

Anhui Architecture Design & Research Institute

合肥市规划设计研究院

Hefei Planning and Design Academy

2001年安徽省全年完成建筑设计3082项，建筑面积1646.9万平方米，施工图投资额736887.6万元。建筑设计行业完成合同额3.12亿元，实现利税3774万元。建筑设计从业人员达到4933人，其中，高级职称1221人，中级职称1981人。

[建筑设计行业体制改革工作取得重要进展] 安徽省政府出台了《安徽省工程勘察设计单位体制改革若干意见》，并召开了全省勘察设计单位体制改革动员会议，对全省勘察设计单位体制改革的目标、措施、相关政策、工作程序，组织实施做了明确规定和部署。到2001年底，全省建筑设计行业已整体改为科技型企业，并逐步建立现代企业制度。通过体制改革，使建筑设计单位真正成为适应市场经济要求的法人实体和市场主体，市场竞争能力明显增强。

[建筑设计市场进一步规范] 一是通过开展建筑设计单位资质换证工作，调控规模，优化结构，推动企业的改组和改造，将一批技术力量不足、违反设计市场管理有关规定和强制性标准的单位清出建筑设计市场，同时扶优扶强发展一批实力雄厚的建筑设计企业，提升其市场竞争力，建筑设计行业队伍整体素质明显提高；二是建筑设计招标投标工作逐步展开，以设计方案的创意和构思、设计人员和设计单位的信誉作为评标的依据，长期以来建筑设计招标中存在的业主利用招标任意压价、压缩合理设计周期、侵害他人知识产权的现象逐步得到扭转；三是开展建筑设计收费专项治理，凡低于国家规定标准签订设计合同、委托或承接设计业务的，由建设行政主管部门责令改正，对拒不改正的，不予办理施工图审查手续，不予颁发施工许可证或批准开工报告，防止片面追求低造价而导致工程质量的降低，坚决禁止使投标价格低于合理成本的投标人中标的行为；四是规范小城镇建筑设计市场，严格基本建设程序，2层以上的的公共建筑和国家、集体出资建设的工程，必须遵循先勘察、后设计、再施工的原则，实行小城镇设计市场准入制度，重点扶持和加强一批村镇设计队伍。

[建筑设计质量管理得到加强，设计水平有所提高] 各级建设行政主管部门认真组织开展建筑工程施工图设计文件审查工作，2001年全省共审查各类建筑工程2596项，建筑面积1054万平方米，被责令重新设计或重大修改的有218个项目。经审查发现违反强制性条文2723条，提出合理化建议13649条，使设计文件中存在的质量安全隐患都基本得到了纠正，从源头上防止了因设计问题造成工程质量事故。建筑设计单位和人员质量责任制进一步落实，甲、乙级建筑设计单位基本上都按照ISO9000标准的要求，建立和完善了科学的质量管理体系。认真贯彻执行国家有关工程建设强制性标准，保证了设计质量。建筑设计行业计算机辅助设计达到了95%以上，设计效率显著提高，CAD电子文件光盘存贮、归档技术也得到广泛应用。

[注册建筑师、注册结构工程师执业注册制度顺利实施，建筑设计人员素质明显提高] 注册执业制度是加强勘察设计管理、明确工程设计质量责任、提高设计队伍素质的重要措施。随着注册执业制度在安徽省的深入实施，它在保证设计质量、净化设计市场、深化设计改革等方面发挥出的成效日益显著。这种新型的注册制度，有利于政府对执业人员的宏观管理，有利于建立建筑师、结构师的法律地位和保护建筑师、结构师的合法权益，有利于维护勘察设计市场秩序，有利于进行国际交流。安徽省通过注册建筑师、注册结构工程师制度的实施，逐步建立起以注册人员负责的质量责任体系，设计队伍素质明显提高。到目前为止，全省已有240人取得了一级注册建筑师资格，877人取得了二级注册建筑师资格，673人取得了一级注册结构工程师资格。注册建筑师和注册工程师在工程设计中发挥了重要的骨干作用。

[建筑设计市场进一步开放] 加快推进行政审批制度改革，对涉及建筑设计行业的行政审批进行了认真清理，凡不符合政企分开和政事分开原则、不适应WTO规则要求、妨碍市场开放和公开竞争，以及实际上难以发挥有效作用的行政审批，予以取消。对于需要保留的行政审批事项，做到规范操作，公开透明，提高效率，并建立健全监督制约机制，实行严格的审批责任追究制。贯彻国务院《关于禁止在市场经济活动中实行地区封锁的规定》，彻底清理并废除各种带有地方保护和行业垄断内容的规定，严禁设置市场障碍、违法限制或排斥本地区、本系统以外的勘察、设计单位参加工程投标。

[适应加入WTO的新形势，亟待加快建筑设计人才的培养] 建筑设计行业，是人才密集型行业。建筑设计行业的竞争，归根到底是人才的竞争。人才的短缺，已经成为制约安徽省建筑设计行业发展的主要因素。为适应激烈的市场竞争，必须加快人才的培养，建立完善的用人机制，促进优秀人才的快速成长，实现建筑设计行业的可持续发展。

安徽省建设厅城建规划设计处
尹宗军

安徽省建筑设计研究院
Anhui Architecture Design & Research Institute

法人代表 /President：左玉琅 /ZUO Yulang
地址 /Add：安徽省合肥市环城南路 28 号
No.28，Huan Cheng Nan Rd.，Hefei，Anhui
邮编 /Zip：230001
电话/Tel：(+86) 551 2657334-2051
传真/Fax：(+86) 551 2656192
电邮 /E-mail：aadri@mail.hf.ah.cn

我院成立于1952年，是安徽省成立最早、规模最大的国家甲级综合性民用建筑设计单位，持有建筑设计、工程咨询、工程勘察、智能建筑、工程造价甲级证书，市政规划、工程监理乙级证书等；1999年被建设部确认为全国76家骨干建筑设计单位之一，并于2000年通过ISO9001质量体系认证。

我院设计咨询力量雄厚，各类专业技术人员共有482名。各专业配置合理，专业技术人员搭配均衡。我院在国内承接建设项目的同时积极向海外设计市场拓展，受到了国内外有关人士的一致好评，设计项目荣获近百项奖励。我院始终坚持质量第一的方针，在竞争激烈的建筑设计市场中具有较高的社会信誉。

Anhui Architecture Design & Research Institute founded in 1952, is the first and the largest A-class national comprehensive unit dealing in civilian construction in Anhui province. The unit owns A-class certifications for Construction design, engineering reconnaissance, intellectual construction, and engineering cost assessment; B-class certifications for municipal planning, engineering supervision and management. In 1999, it is cited one of the 76 backbone architectural designing units by the National Construction Ministry and passed the certification of ISO9001 Quality System.

The institute is experienced in designing consulting. With a group of professional technicians and a set of advanced equipments, the unit has turned out a series of excellent project planning and designing, which has gained them more than 100 awards. In the fierce competitions of the designing market, the unit has won the confidence and satisfaction from the clients by consistently holding their principle of "Quality first".

主要设计作品

安徽省体育馆
安徽游泳馆
安徽射击馆
合肥市人民广场
安徽省邮电调度中心
安医大剧院医技综合楼
合肥市第一人民医院病房楼
梦园住宅小区
全国政协礼堂改造(合作)
北京火车站改造(合作)
安徽省国际会展中心(合作)

安徽中医学院教学楼

建设地点：安徽省合肥市
建筑性质：教学、科研、办公
建筑面积：15 670m²
设计时间：2001.11

一、安全、适用、经济、美观的设计原则；
二、完善城市空间和校园环境，为城市和校园增色；
三、布局因地制宜，与原有教学楼有机结合；
四、人流量大的教学实验用房布置在7层以下，教学与科研办公互不干扰；
五、裙房高度控制在24m以下，节约投资、方便使用；
六、主要教学科研用房保证良好朝向，自然采光、通风。

安徽省立医院急救中心

建设地点：安徽省合肥市
建筑性质：医院
占地面积：3 500m²
建筑面积：19 500m²
建筑层数：地上12层、地下1层
设计时间：2001.3

安徽省立医院是安徽省直属于省卫生厅的唯一一家三级甲等医院。

一、总平面：合理组织交通流线，做到人车分流、洁污分流、人货分流、患者与医护人员分流，同时将急诊与急救入口分开，急救入口与急救手术室的直接联系是本方案的特点。

二、平面设计：交通核集中一侧布置，医疗用房完整灵活，候诊空间明亮开敞，动静分开。医护内部用房集中布置，不受外界干扰，提高医护人员工作效率。手术部及重症监护病房，引进国际先进的设计理念，确保医疗用房洁净度的要求。

三、造型设计：在裙房设计中结合地形，设计以充分展开的曲面，与主楼挺拔的体积形成对比；主楼北侧中部的竖向交通核与顶部横向的绿化构架形成对比穿插，以上手法的运用，旨在努力体现医疗建筑简洁、明快的特点，同时具有一定的标识性，符合急救建筑的特征。

徽园合肥馆

建设地点：安徽省合肥市
建筑性质：展示、休闲
占地面积：3050m²
建筑面积：1030m²
设计时间：2000.3

安徽纪念园是国庆50周年的献礼工程，由全省各地市场馆及风格各异、反映当地特色的园林所组成，是集纪念、展览、旅游、休闲、绿化为一体的综合性文化旅游建筑群，现更名为徽园。

从基地现状出发，本案确定了艺术性、空间及自然景观3个主题的创作指导思想。

艺术性：本案从平面构图入手，结合湖面伸出两道轴线，一条主轴线伸入湖中，一条次轴线环抱湖水，形成直线与弧线的强烈视觉冲击。

空间：高大宽敞的采光通廊除了具有交通组织的功能外，兼具展廊的特性。下沉式展厅与展廊互通，面积可灵活分隔且层高充足。主入口门厅利用室外引桥从水面引向陆地，同时解决室内外高差。

自然景观：本案力求服从于全园主题，不过分张扬，建筑规模及层数充分考虑周边环境，控制相互间影响，融入自然。

合肥市人民广场

建设地点：安徽省合肥市
建筑性质：城市规划
占地面积：2.5ha
设计时间：1998.11

广场以“文化轴”、“科技轴”和“自然轴”三条轴线为基础进行展开，最终形成了“一个主广场，两个小中心，三条轴线”的平面布局。

“文化轴”是以市府办公楼为基点的景观轴线，轴线上布置有旱喷泉及一系列文化小品，并结合轴线南端的文化廊、小品等来展现历史文化内涵。

“科技轴”以广场旱喷泉为对景，连接花园街北段的“生命·运动”主题雕塑。轴线上以极具现代科技特征的金属构架、高科技信息港、激光灯饰和音乐喷泉来突出表现科技的主题。“科技轴”使广场与花园街取得了视觉上和逻辑上的联系，使花园街成为广场向外延伸的一部分。

“自然轴”以S形优美的曲线形态写意性地表述了“自然”概念。它是休闲散步走廊，两侧种植花卉、矮灌木，布置大量的座椅，供游人流连、休憩。“自然轴”的引入使两个广场的联系更加明确，使得不完整的用地取得了和谐有机的统一。

设计中，平面图形灵感来源于中国古代瓦当中龙的“飞扬”形态，正是这种令人激动的“飞扬”，使总平面设计在规整的几何图形外，还具有了些许动感和质朴的传统风貌。

宁波明州医院

建设地点：浙江省宁波市
建筑性质：综合性医院
建筑面积：76000m²
占地面积：8.11ha
设计时间：2001.11

本医院贯彻“以人为本”、“以患者为中心”的设计原则，同时体现以“医护工作人员为中心”，缩短服务距离，提高医护人员工作效率，更好地为患者服务。重视“医疗环境”设计，重视环境对患者心理、生理和社会意识的积极作用，追求高情感、人情味和自然化的生活情调，努力做到：洁污分流、医患分流、医疗抢救与消防疏散分流、人流与物流分流。设计以科学、合理、实用、适当超前为原则，做到可持续发展，适应现代医疗技术的迅速变化，为发展、改造、更新留有余地。

合肥市包公文化园清风阁景区

建设地点：安徽省合肥市
占地面积：11 500m²
建筑面积：2 295m²

合肥古称"庐州"，是具有2000多年历史的文化古城，人文景观、历史文化古迹丰富。清风阁景区于1999年市政府为纪念包拯诞辰1000周年，迎接新中国成立50周年而建立的，设计将清风阁景区主轴线与已有的包公墓景区主轴线合一，清风阁的序列空间做为包公墓景区序列空间的延续，使两个景区的空间序列融为一体。清风阁的造型刚劲挺拔、秀气、气势雄伟、色调古朴素雅，与整个旅游区建筑、绿化、环境协调统一。

铜陵商城

建设地点：安徽省铜陵市
占地面积：6.8ha
建筑面积：210 000m²
设计时间：2000.6

铜陵商城位于铜陵市商贸中心区，为历史上的城市商贸中心地段，是铜陵市最大最重要的旧城改造项目，拟建成集商贸、金融、文化娱乐、餐饮、宾馆、办公、公寓多种功能于一体的综合性大型商务区。

贯彻"以人为本"、"尊重自然环境"、"可持续发展"的设计原则，具体设计延伸了"铜都广场"的景观轴线，围绕这个轴线合理布置功能分区，形成"一心、二轴、三街、六分区"的商城布局，同时实现购物空间多元化，完善绿化休闲格局。保留传统黑沙河商业步行街并加以强化，商城整体风格以暖灰色为基调，强调虚实对比，造型新颖、大方，追求时代感和商业氛围。建筑装饰、小品设计采用铜饰、铜雕、铜文物等形式，挖掘"铜文化"的丰富内涵，体现"铜都"的城市特色。

合肥市规划设计研究院

Hefei Planning and Design Academy

法人姓名 /President：龚培庆 /GONG Peiqing
地址 /Add：安徽省合肥市五河路 217 号
No.217，Wu He Road，Hefei，Anhui
邮编 /Zip：230041
电话 /Tel：+86 551-5616897
传真 /Fax：+86 551-5613997

我院成立于1978年，是包括市政、建筑设计等专业的国家甲级规划设计单位，能够承担各类城市的市（县）域规划、城镇体系规划、总体规划、控制性与修建性详细规划、园林景观规划、交通研究与规划、市政规划与设计、建筑设计以及项目咨询和可行性研究。2001年通过ISO9001质量体系认证，确立了“科学管理，精心设计，信守合同，优质高效”的质量方针。

我院编制的合肥第一轮城市总体规划受到国家建设部领导和专家的高度评价，并誉为“合肥模式”，编入城市规划原理教科书。我院先后完成了合肥市分区规划及道路网、商业、环卫、绿化等专项规划，获国家、省、市奖励百余项。

The Hefei Planning and Design Academy founded in 1978, is an A-class national planning unit that offers variable programs planning to municipal and architecture infrastructure designing. They provide professional territorial city (town) planning, urban system planning, detailed controlling and constructing design, gardening and landscape design, transportation research and planning, municipal infrastructure programming, architectural design, program consultation and feasibility research. In 2001, HPPA was certified by the ISO9001 Quality Systems and established the Quality Guideline of " Scientific management, elaborate design, credible commitment, high-quality and efficiency ".

HPPA is the fist round Urban Infrastructure collective planning was highly valued by the authority and experts of the National Construction Ministry as the “Heifei Model” and its theory of urban planning was incorporated into respective textbooks. HPPA successfully completed the urban area division planning and the design of city transportation network, the environmental facilities and virescence and was granted hundreds of prizes.

主要设计作品

- 合肥市城市近期建设规划
- 合肥市分区规划
- 合肥市交通战略发展规划
- 合肥市老城区建筑容量控制研究
- 合高新区发展战略规划
- 合肥市政务文化新区选址研究
- 合肥市重点基础设施规划
- 合肥市人防与地下空间利用规划
- 合肥市马鞍山路城市设计
- 合肥市北二环两侧用地控制性规划
- 合肥市新加坡花园城详细规划
- 中国科技大学学生公寓建筑设计
- 安徽省电视台高层住宅建筑设计
- 合肥市蒙城路桥设计
- 合肥市北二环路桥设计（环湖东路、砀山路、环湖东路跨南淝河桥、砀山路跨四里河桥）

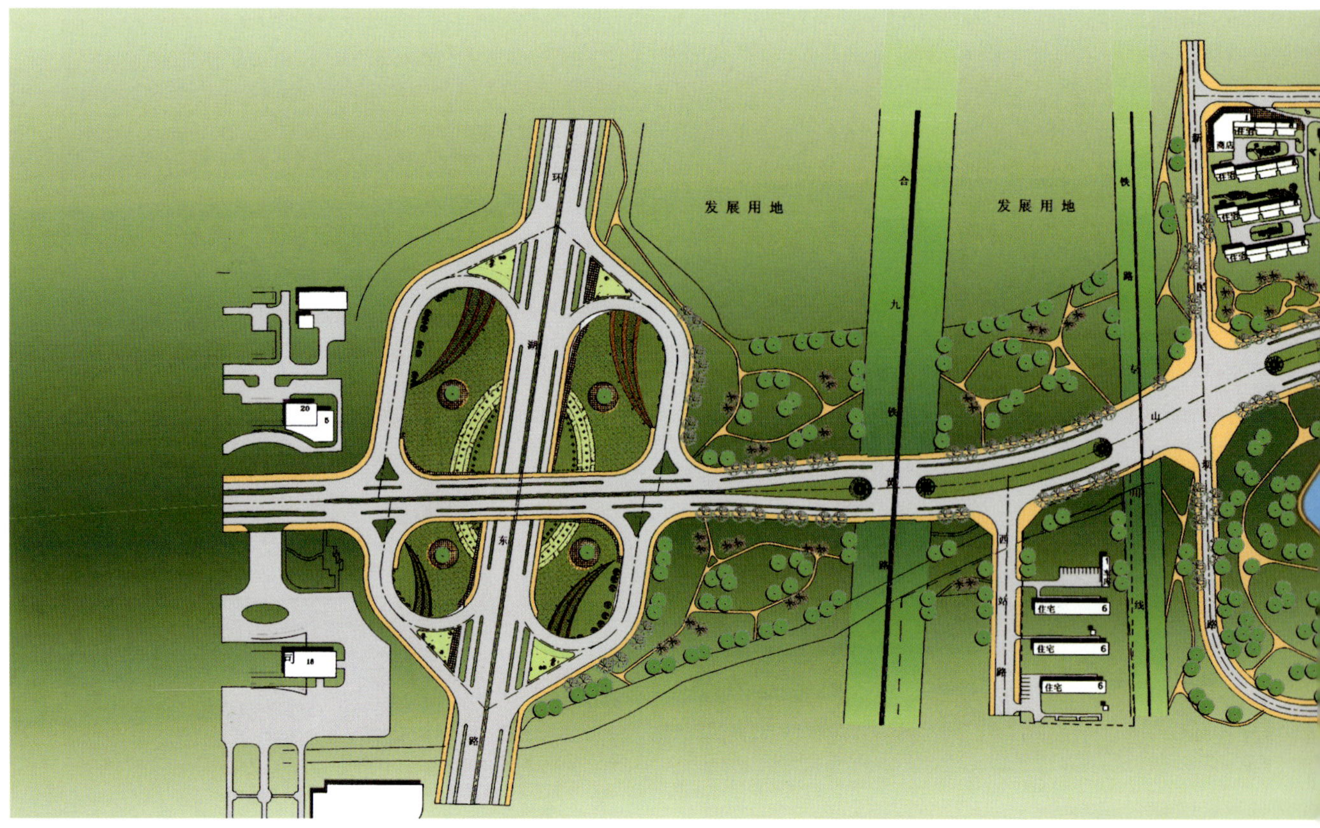

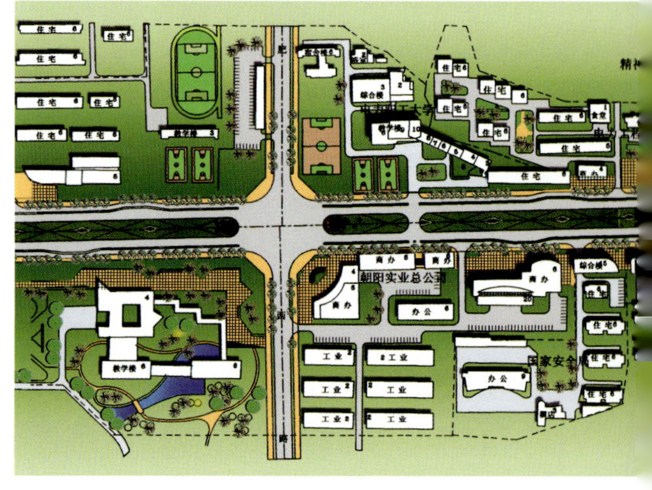

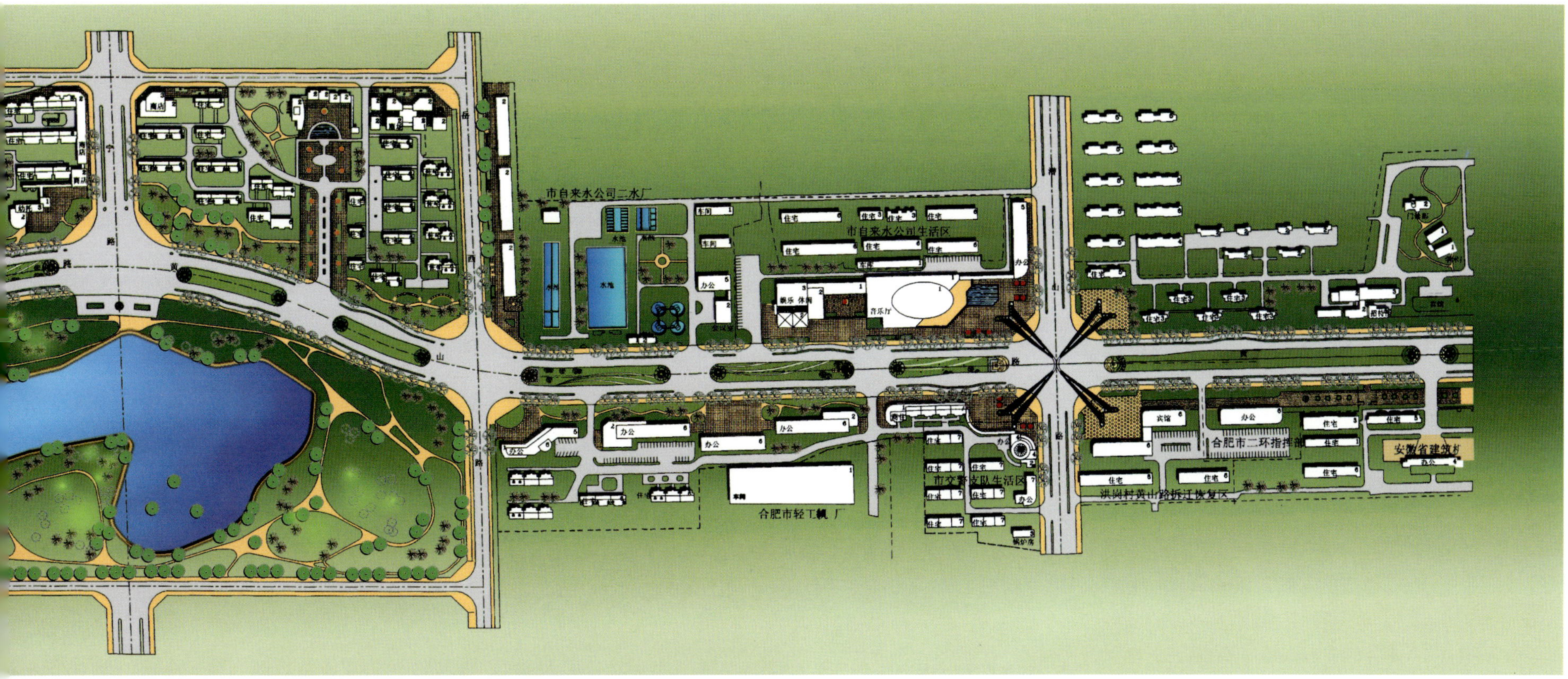

合肥市黄山路城市设计

建设地点：安徽省合肥市

黄山路城市设计中，提出以下5个目标：

1. 独有的特色。作为合肥独一无二的绿色长廊，有机的连接西南区和合肥高新技术产业开发区。
2. 高品质的环境。对自然环境进行保护与再生的价值主要体现在经济价值、心理价值和社会价值3个方面。
3. 人性化的空间。营造舒适宜人的街廊，使城市空间具有人性化。
4. 综合的功能。多功能的综合与多种规模的共存，使城市土地使用具有竞争性。
5. 弹性的规划。城市设计和实施是一个长期渐进的过程，当城市设计意图与现实冲突时，必须具有弹性，才可能有求全的空间。

环境分析与利用

通过对黄山路及其周边地区的自然及人工环境要素的分析，明确街道的环境格局及设计原则，主要包括：分段的空间环境、环境容量控制、建筑群体及城市绿化空间等。

城市设计结构

针对不同性质的用地进行分析、归纳，分析各类人员活动和空间组织。对空间布局、绿化系统、开放空间以及道路与交通作了原则规定和具体要求。

建筑设计

对建筑的特征和体量、建筑形式、材料、色彩、基地出入口以及照明规定共同遵循的法则。

交通设施设计

提出对黄山路的扩建要求，发展公共交通策略，同时，对道路交叉口、停车、人行系统提出控制原则和具体要求。

街景设计

提出城市景观控制原则，主要包括街道界面、建筑退让、绿地和开放空间、照明以及标志物设计等。

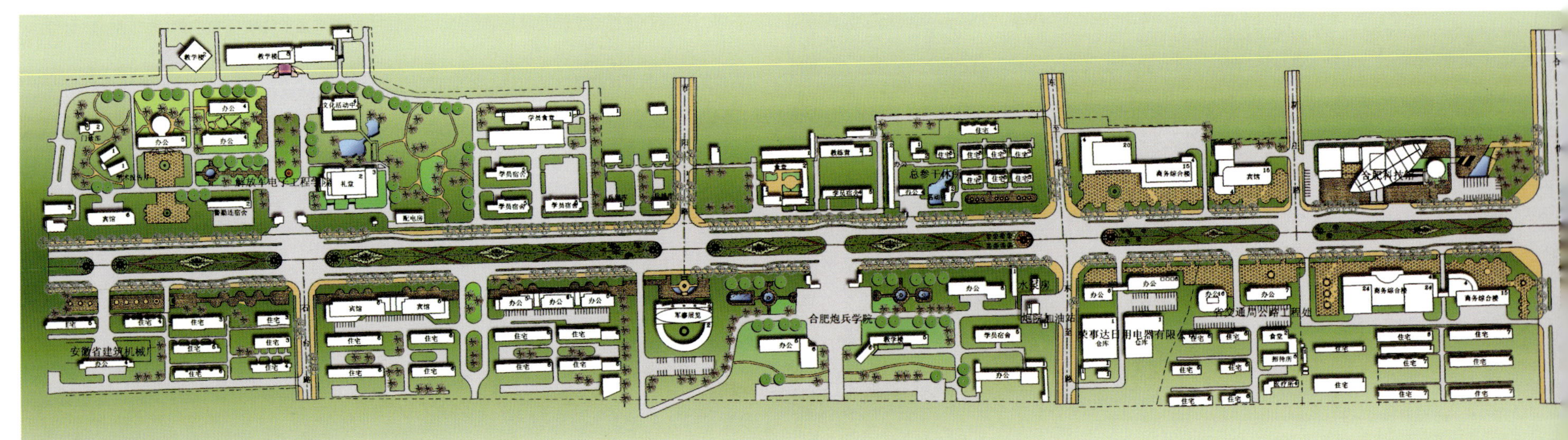
安徽省建筑机械厂
合肥炮兵学院
水泵房
炮院加油站
荣事达日用电器有限公司
省交通周公路工程处
商务综合楼
宾馆
住宅
办公
学员宿舍
教学楼
军事展览

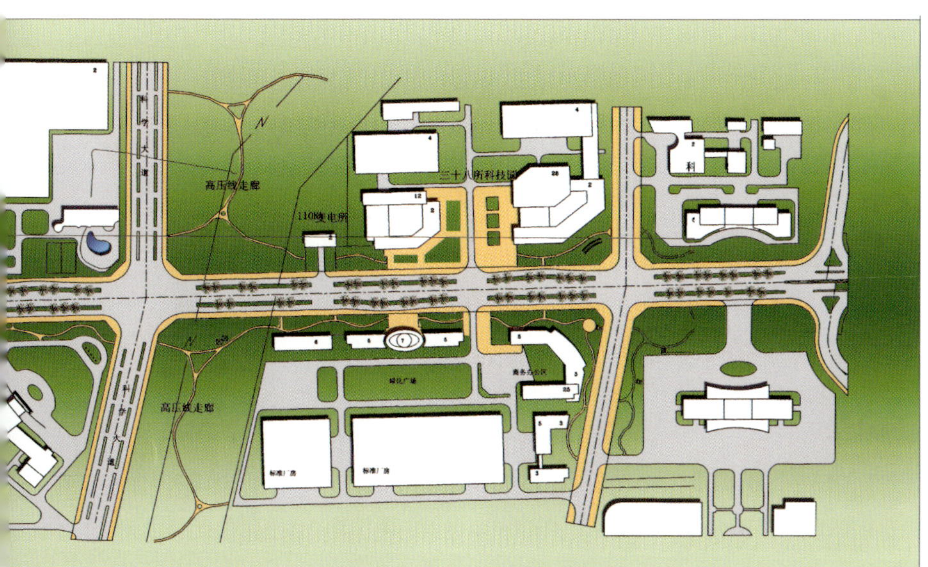

科学大道
高压线走廊
三十八所科技园
110kV变电所
科
绿化广场
商务办公区
高压线走廊
科学大道
标准厂房
标准厂房

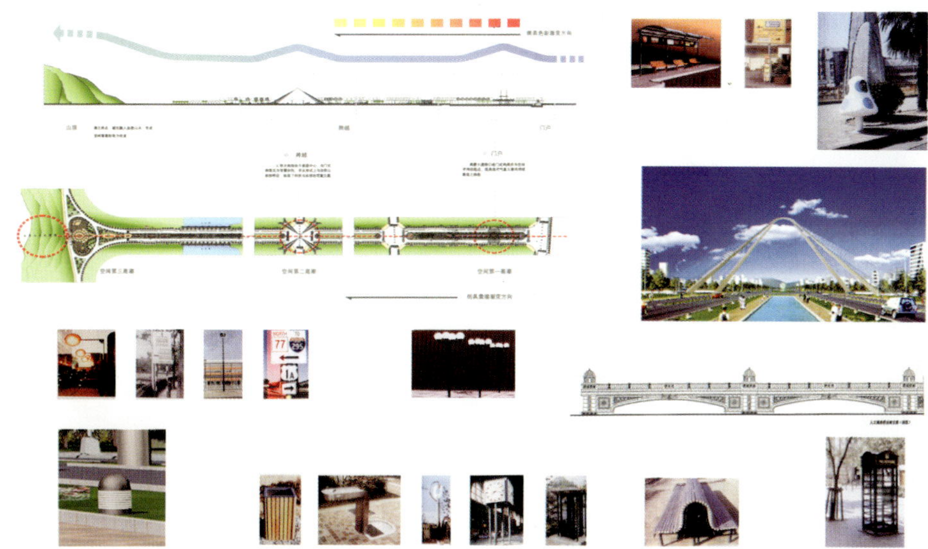

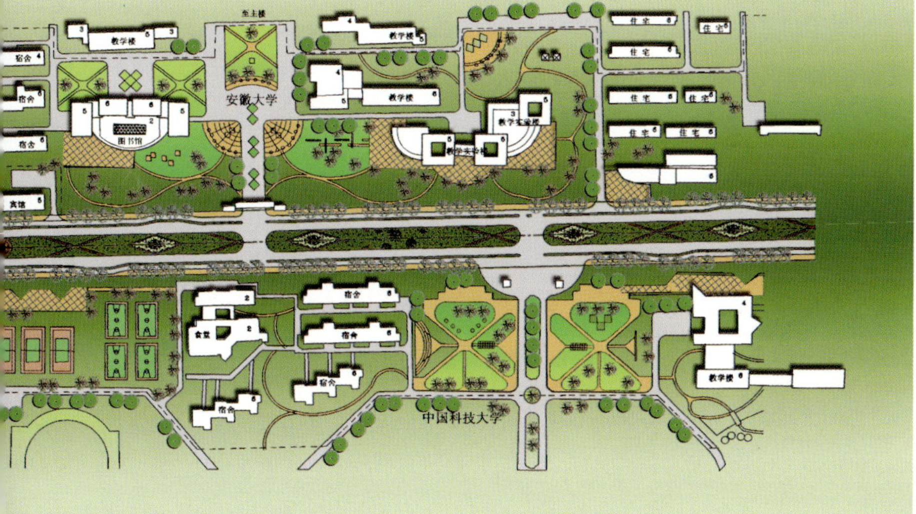

教学楼
宿舍
安徽大学
图书馆
教学楼
教学楼
教学实验楼
住宅
宾馆
宿舍
食堂
宿舍
宿舍
宿舍
教学楼
中国科技大学

清华大学建筑设计研究院
Architectural Design and Research Institute Tsinghua University
中广电广播电影电视设计研究院
CRFTG Radio, Film and Television Design and Research Institute
北京凯帝克建筑设计有限公司
Beijing Cadtic Architectural Design Co., Ltd
中国城市规划设计研究院
China Academy of Urban Planning & Design
北京清华城市规划设计研究院
Urban Planning & Design Institute of Tsinghua
中国电子工程设计院
China Electronics Engineering Design Institute
北京市城市规划设计研究院
Beijing Municipal Institute of City Planning & Design
中国纺织工业设计院
China Textile Industrial Engineering Institute
北京市恒艺建筑设计事务所
Beijing Heng Yi Architects & Engineers
中国航空工业规划设计研究院
China Aeronautical Project & Design Institute
北京市建筑设计研究院
Beijing Institute of Architectural Design and Research
中国建筑设计研究院
China Architecture Design & Research Group
北京天际线建筑咨询公司／北京中天建中工程设计有限公司（二）
Skyline Architecture and Design Consultation Co., Ltd / Zhong Tian Jian Zhong Architecture Structure and Engineering Design Co., Ltd(2)
中国轻工国际工程设计院（中国轻工业北京设计院）
China International Engineering Institute for Light Industry
北京维拓时代建筑设计有限公司
Beijing Victory Star Architectural & Civil Engineering Design Co.,Ltd.
中国人民解放军总参工程兵第四设计研究院
The 4th Engineering Design & Research Academy of General Staff , P.L.A
国内贸易工程设计研究院
Internal Trade Engineering Design & Research Institute
中国人民解放军总后勤部建筑设计研究院
Building Design & Research Institute of the General Logistics Department of P.L
核工业第二研究设计院
Beijing Institute of Nuclear Engineering
中京邮电通信设计院
Sino-king P&T Design Institute
建研建筑设计研究院有限公司
CABR Building Design Institute
中科建筑设计研究院有限责任公司
Institute of Architecture Design & Research, Chinese Academia Sinica
马建国际建筑设计顾问有限公司
M&A Architects and Consultants International Co., Ltd.
中元国际工程设计研究院
IPPR Engineering International

北京市2001年勘察设计行业综述

2001年底，北京地区已注册勘察设计单位694家。其中北京市属勘察设计单位349家，其他在京勘察设计单位255家。

［深化勘察设计市场管理，严肃认真地开展市场整顿工作，严格市场准入制度］

1.按照建设部和国家测绘局关于整顿和规范建筑测绘市场工作的部署，对北京市勘察测绘设计市场的整顿与规范工作做了具体安排，提出了积极推进勘察测绘设计单位的改革，建立适应市场经济的勘察测绘设计运行机制；不断改进建设项目的规划设计审批工作，规范审批行为；把勘察设计市场纳入北京市建筑有形市场中，与北京市建委共同管理好有形市场；加强对勘察测绘设计单位的资质管理，在严格准入的同时，明确对不合格单位的清除制度；开展施工图设计审查工作，加强对工程勘察测绘设计质量的监督管理；努力提高依法行政水平等6项重点工作与措施。

2.加大了对违法建设的查处。重点检查市场行为是否规范，勘察设计质量是否存在问题。市场行为方面重点检查单位是否无证、越级承接工程勘察设计任务、违法分包、转包及乱挂靠、卖图鉴等违规违纪行为。在勘察设计质量方面重点检查执行国家强制性标准的情况。截止至2001 年11月，已受理查处勘察设计违法案件21件。其中不执行规定建设程序的现象比较普遍。其中，停业整顿3家，罚款21家，警告2家，罚款额度达131.5万元。

3.针对北京地区建筑市场整顿中发现的问题，举办了勘察设计单位领导干部法规培训班。培训班请建设部勘察设计司、标准定额司、市规划委员会等主管部门的负责同志就《建设工程勘察设计管理条例》、《工程建设标准强制性标准规定》、《建设工程勘察设计企业资格管理规定》、《北京市城市规划条例》等行业管理规定、相关法规进行了专题宣讲。北京地区198家具有甲级勘察设计资质的法定代表人参加了培训。北京市规划委员会对参加培训的领导干部进行了法规测试，及格率100%。

4.依据建设部工程勘察设计单位年检管理办法，严肃认真地开展了2000年度勘察测绘设计资质年检工作。到目前为止，约200家因为勘察设计质量、内部管理及不遵守行业管理规定等原因未通过年检。对符合年检要求的勘察设计单位颁发了"图纸报审专用章"和"勘察文件专用章"，并在北京日报上进行了公示。完成了基础测绘资格单位和地下管线竣工测量持证单位的年检工作。

5.按照建设部、国家测绘局换发工程设计、测绘证书、房屋测绘资格证书工作的统一部署，开展了换发工程设计证书和测绘资格证书工作。工作中注意加强领导和协调，坚持标准、责任到人。发挥专家与行业协会的优势，已按要求对28家具有甲级勘察设计资质证书单位的换证材料进行了初审并报送建设部审定。

6.继续完善和推行注册建筑师和注册结构工程师、注册规划师执业制度。完成了北京地区首批注册城市规划师的资格审查和注册工作。按建设部要求组织了一、二级注册建筑师、注册工程师的注册、继续教育和评分工作。北京市目前执业注册人员近5000名。其中注册建筑师3500名，注册工程师1500名，具有注册规划师资格的近100名。

［加强质量监督管理，积极推行施工图设计文件审查，努力提高工程勘察设计水平］

1.2001年的建设工程勘察设计质量监督管理工作，认真贯彻落实了国务院、市政府、建设部关于加强建筑工程质量管理的各项措施，积极推行施工图设计文件审查工作的开展。先后确定了2批共9个审查施工图设计文件的审查单位，制定了工作程序和审查办法。从2001年9月1日将此项工作纳入基本建设程序。

2.北京地区开始试行建设工程设计责任保险。凡因工程设计质量原因，造成工程质量事故的，工程设计单位应当对直接损失、按照合同的约定承担赔偿责任。目前外埠、港澳台及国外勘察设计单位进京从事勘察设计已开始试行建设工程设计保险。

3.按建设部统一工作部署，开展了CAD软件正版化和北京市第4届中小勘察设计单位优秀工程设计、优秀工程勘察评选活动。

［积极推动勘察设计单位改企建制工作的开展］

落实北京市人民政府办公厅转发市规划委等部门关于市属工程勘察设计单位体制改革若干意见的通知精神。与地税局重新核定了享受勘察设计单位改为企业后的有关税收政策的单位名单和兑现的地税管理机关。勘察设计单位改制后自2000年至2004年12月31日起减半征收企业所得税。与北京市社会劳动与保障局对市属67家事业单位参加基本养老保险进行了测算，拟定了《北京市属67家勘察设计单位转制为企业参加养老保险社会统筹的实施办法（草案）》。制定了北京地区勘察测绘设计单位改企建制的资质管理办法。

北京市勘察设计管理处
毛力夫

北京凯帝克建筑设计有限公司

Beijing Cadtic Architectural Design Co.,Ltd

总 经 理 /Gerneral Manager：李保国 /LI Baoguo
地址 /Add：北京市西城区百万庄大街 8 号
No.8，Bai Wan Zhuang Ave，Beijing
邮编 /Zip：100037
电话 /Tel：（+86）10 88374280
传真 /Fax：（+86）10 68363314
网址 /URL：www.kdke.com.cn
电邮 /E-mail：kdke@vip.sina.com

北京凯帝克建筑设计有限公司成立于 1993 年，全国建筑行业首家股份制甲级设计公司。采用BPR全程运作，ISO9001 质量认证体系全程控制。2000 年度国情报告全国设计行业唯一入选单位。

公司共有员工 62 人，高工 21 人，一级注册建筑师 12 人，一级注册结构师 7 人。

公司成员皆为资深的专业人士，具有多年的设计经验，并多次在建筑设计竞赛中获奖。

企业理念：keep dreaming keep exploring 谓之凯帝克及其使命。

用创意诠释梦想，用卓越实现精彩，用激情演绎时空，让设计与营销互动，方可承载关注人类，设计生活地历史使命。

职业高于自我。

以同仁为伍，创新不止；与业主同道，求索不停。

自信豁达，挥洒淡定。

春来草自青。

Established in 1993, Beijing Cadtic Architectural Design Co.,Ltd is the first joint-stock class-A design company of the architectural industry in China. The BPR is adopted throughout the whole operating process which was controlled by the ISO9001 quality certification series. It was the only unit of the nation's design industry to be involved in the 2000 Nation Situation Report.

The company has a 62 staff including 21senior engineers, 12 class-A state-registered architects and 7 class-A state-registered structure engineers.

The company's philosophy is: keep dreaming keep exploring, so called Cadtic and its mission.

To express dream by people's originality, to achieve brilliance by preeminence, to deduct space-time by enthusiasm, to make interaction between design and marketing, only by doing this can bear the historic mission of concerning human being and designing the living environment.

Profession is above oneself.

Join in the people of the same trade, never stop innovation; be on the same way with owner, never stop pursuing.

Self-confident and open-minded, active and decisive.

Grass will turn green naturally when spring is coming.

主要设计作品

石家庄休门旧城改造方案
京通路配套小区西区规划方案
唐山天元花园小区规划方案
万霖博雅明园规划方案
亚视大厦
中国邮电博物馆
金融街平安大厦
中国减轻自然灾害中心
中山大厦
锦绣园
庐峰公寓
万地名苑
锦绣馨园

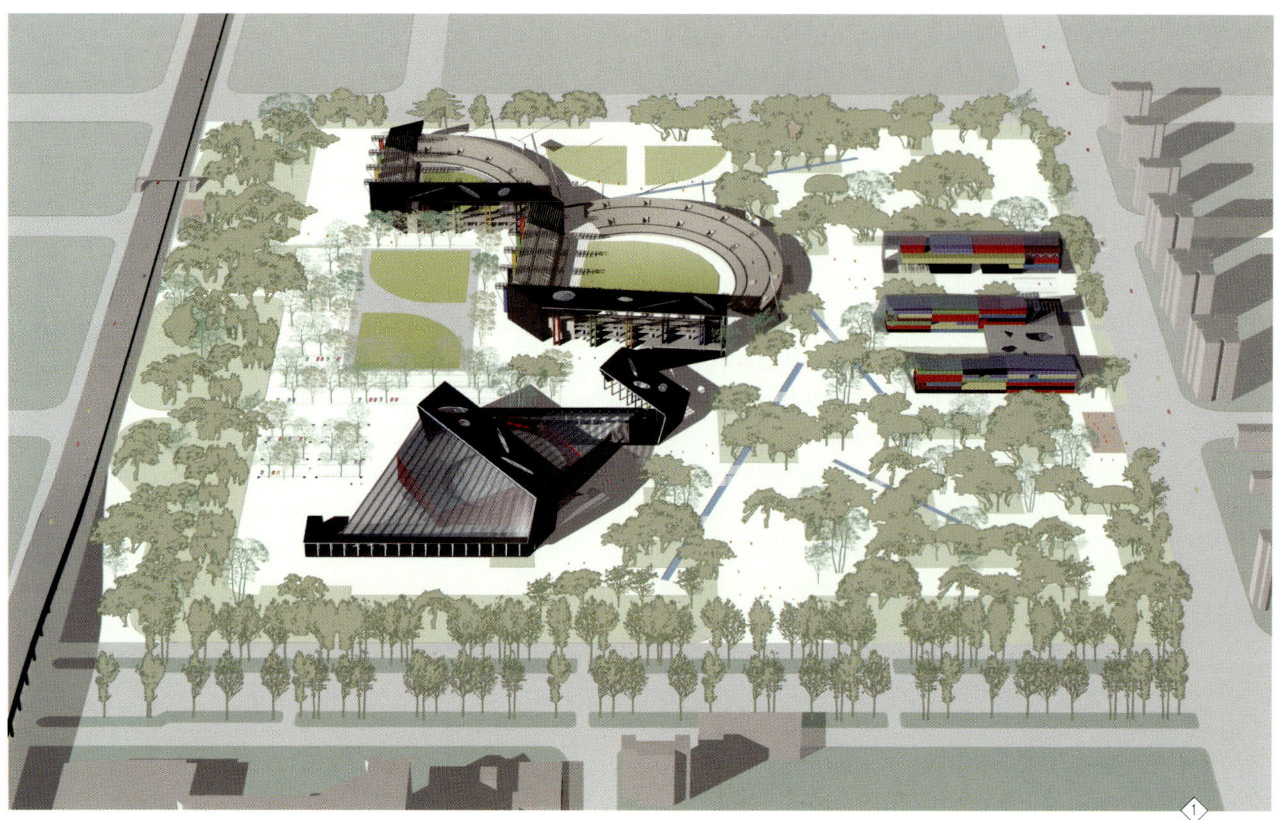

1

2

1/2．北京五棵松文化体育中心
建设地点：北京市
建筑性质：体育场馆
建筑面积：229 800m²
建筑层数：1—6 层
建筑高度：36m
设计时间：2002

3．风雅颂
建设地点：北京市
建筑性质：住宅小区
建筑面积：72 000m²
建筑层数：11 层
建筑高度：33m
设计时间：2001

4．龙郡
建设地点：北京市
建筑性质：别墅区
建筑面积：111 500m²
建筑层数：2—4 层
建筑高度：15m
设计时间：2001

③

经济技术指标

总用地面积：34.86ha
市政代征用地面积：7.86ha
市政代征绿化面积：5.39ha
市政代征道路面积：2.46ha
规划用地面积：26.99ha
住宅用地面积：9.96ha
配套建筑用地面积：0.6662ha
绿化用地面积：0.7968ha
道路用地面积：5.5655ha
总建筑面积：111068平方米
住宅建筑面积：102722平方米
配套建筑面积：8346平方米
容积率：0.413
绿化率：48.0%
建筑限高：17米
建筑覆盖率：20.60%

家：一颗细胞，内与外的分化处。
服装：选择性的遮蔽与暴露，使人体是新次空间，观者制线性地浏览。
身体赋予服装形状，完成从平面到空间的过程（扩张）。
建筑：精确地设计。
将约定的模糊量化，将可视、可游、可居度量化。
依据拆分，分类的方法，将家庭、事件、流程，重新操作编排。
编织那些每天每个家庭，不断重复上演的剧本的演出。
场所：生存需求淡化，意识需求被强化。
浮世的栖居：居住于内，居住于外，居住于内外之间。

④

5

6

5．中环世贸中心
建设地点：北京市
建筑性质：写字楼
建筑面积：210000m²
建筑层数：34层
建筑高度：150m
设计时间：2001—2002

6．华天大厦
建设地点：北京市
建筑性质：商住
建筑面积：62905m²
建筑层数：26层
建筑高度：81m
设计时间：2002

7．英蓝国际中心
建设地点：北京市
建筑性质：公建
建筑面积：100000m²
建筑层数：19层
建筑高度：72m
设计时间：2001—2002

8．大连星海会展中心
建设地点：辽宁省大连市
建筑性质：会议、展览
建筑面积：430000m²
建筑层数：45层
建筑高度：180m
设计时间：1999

7

8

北京清华城市规划设计研究院

Urban Planning & Design Institute of Tsinghua

法人代表／President：尹稚／YIN Zhi
地址／Add：北京市海淀区清华大学学研大厦B-501
B-501，Xueyan Building，Tsinghua University
邮编／Zip：100084
电话／Tel：(+86) 10 62785857
传真／Fax：(+86) 10 62771154

我院前身是清华大学城市规划设计研究院，成立于1993年，首批取得建设部授予的城市规划设计甲级资质。全院现有专业人员57人，其中取得博士学位者22人，是智力技术高度密集型的规划设计研究院。

建院以来，我院一直坚持城市规划工程实践与科研、教育相结合的发展思想，充分发挥清华长期参与国家许多重大城市规划工作积累起来的丰富的实践经验，具有较强的技术优势和突出的学术特色。我院承担的规划工作的内容涉及城市发展战略研究、市域及城市总体规划、城市历史地段更新保护规划、重点地段城市设计研究、旧城改造规划、居住区规划以及国家风景名胜区规划、风景旅游度假区规划、交通规划等多个方面。

Urban Planning & Design Institute of Tsinghua , founded in 1993, is transformed from the original City Planning and Design Academy of Tsinghua University. The institute won one of the first certifications for A-class city planning and design from the National Construction Ministry. The faculty consists of 57 professional technicians, of which 22 with Doctoral Degree. The unit is a highly intellectual technology-densified design institute.

Since its foundation, the unit has been observing to the principle of ìcombining theory, scientific research, and education with practicesî and exerting the advantages of Tsinghua University. The projects of the unit involve municipal planning and designing study, general city planning, urban pivot study, maintenance and renovation of historical points of interest, residential design, tourism spot planning, urban energy system planning and transportation programming, etc.

主要设计作品

北京中关村西区修建性详细规划
北京中关村软件园修建性详细规划
北京国际会展体育中心详细规划设计
北京市奥林匹克公园规划设计
宁波滨水核心区城市设计及三江六岸概念规划
桂林龙泉新区城市设计
南宁民族大道凤岭段城市设计
东莞科技大道城市设计咨询
九江市总体规划
天津市西青区杨柳青镇控制性详细规划
浙江天台县新城区控制性详细规划
宁波镇海大学园区概念性规划设计
深圳大学城西校区详细规划
大连海事大学校园详细规划
清华大学校园详细规划
沧州市南湖公园规划设计
张家港塘桥镇总体规划
北京大兴采育镇总体规划

1

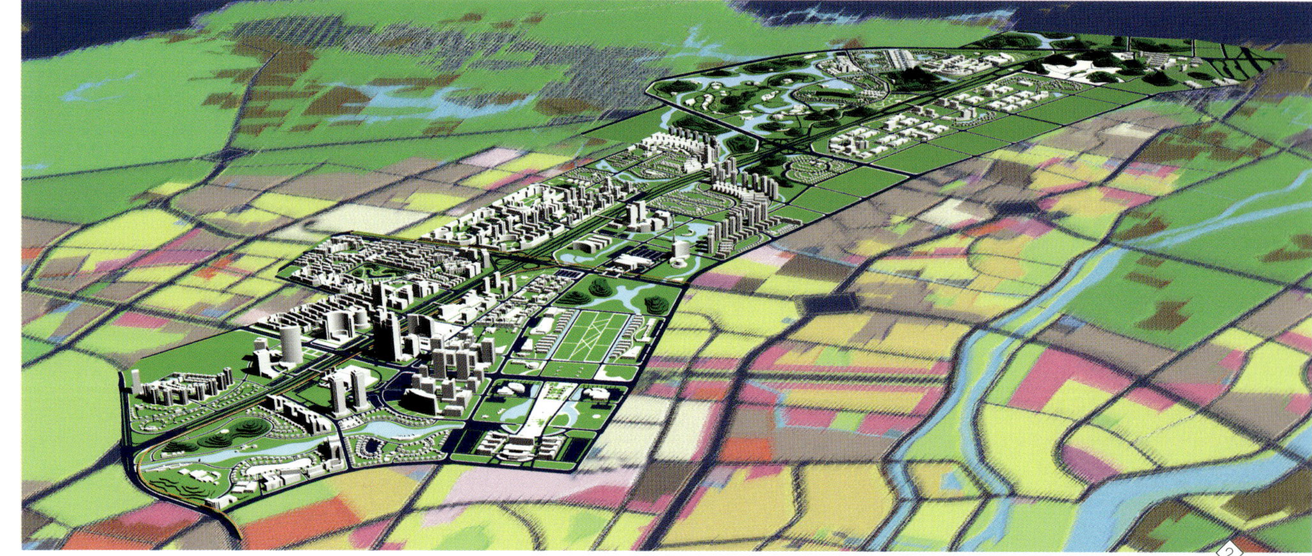

2

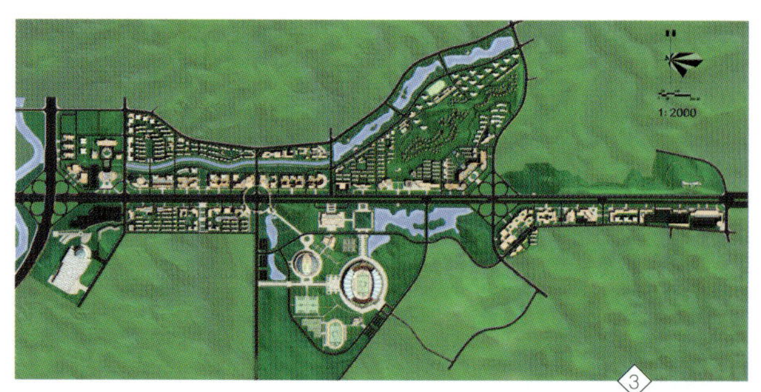

3

4

1. 北京奥林匹克体育展览中心规划设计
建设地点：北京市
建筑规模：2.84km²

2. 东莞科技大道城市设计鸟瞰
建设地点：广东省东莞市
建筑规模：14km²

3. 南宁民族大道凤岭段城市设计总图
建设地点：广西壮族自治区南宁市
建筑规模：3.58km²

4. 深圳大学城西校区鸟瞰
建设地点：广东省深圳市
建筑规模：1.45km²

5/6. 北京中关村西区修建性详细规划

建设地点：北京市

建设规模：51.4ha

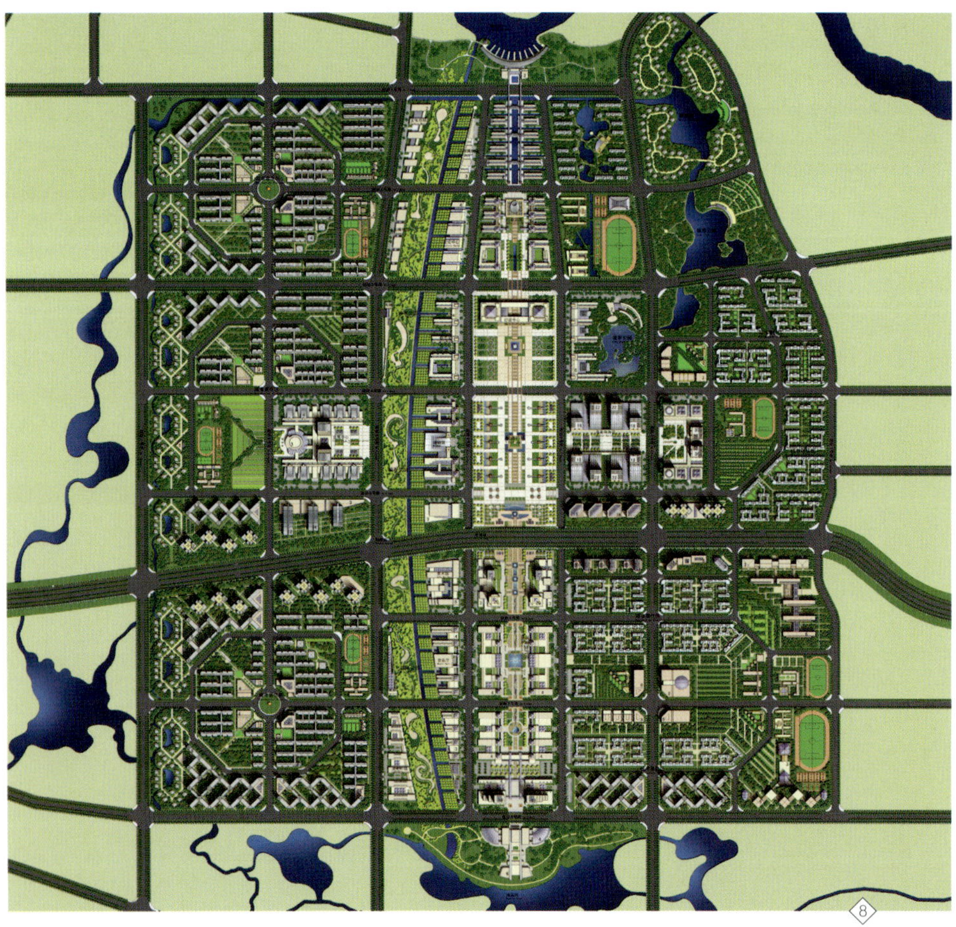

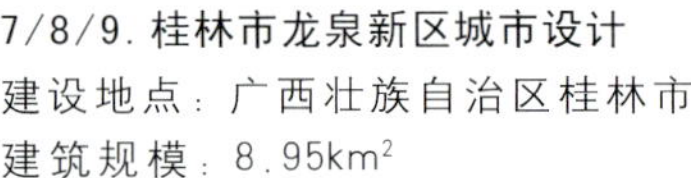

7/8/9. 桂林市龙泉新区城市设计
建设地点：广西壮族自治区桂林市
建筑规模：8.95km²

10

11

10/11 大连海事大学校园规划
建设地点：辽宁省大连市
建筑规模：83.65ha

12/13. 北京中关村软件园修建性详细规划
建设地点：北京市
建设规模：1.18km^2

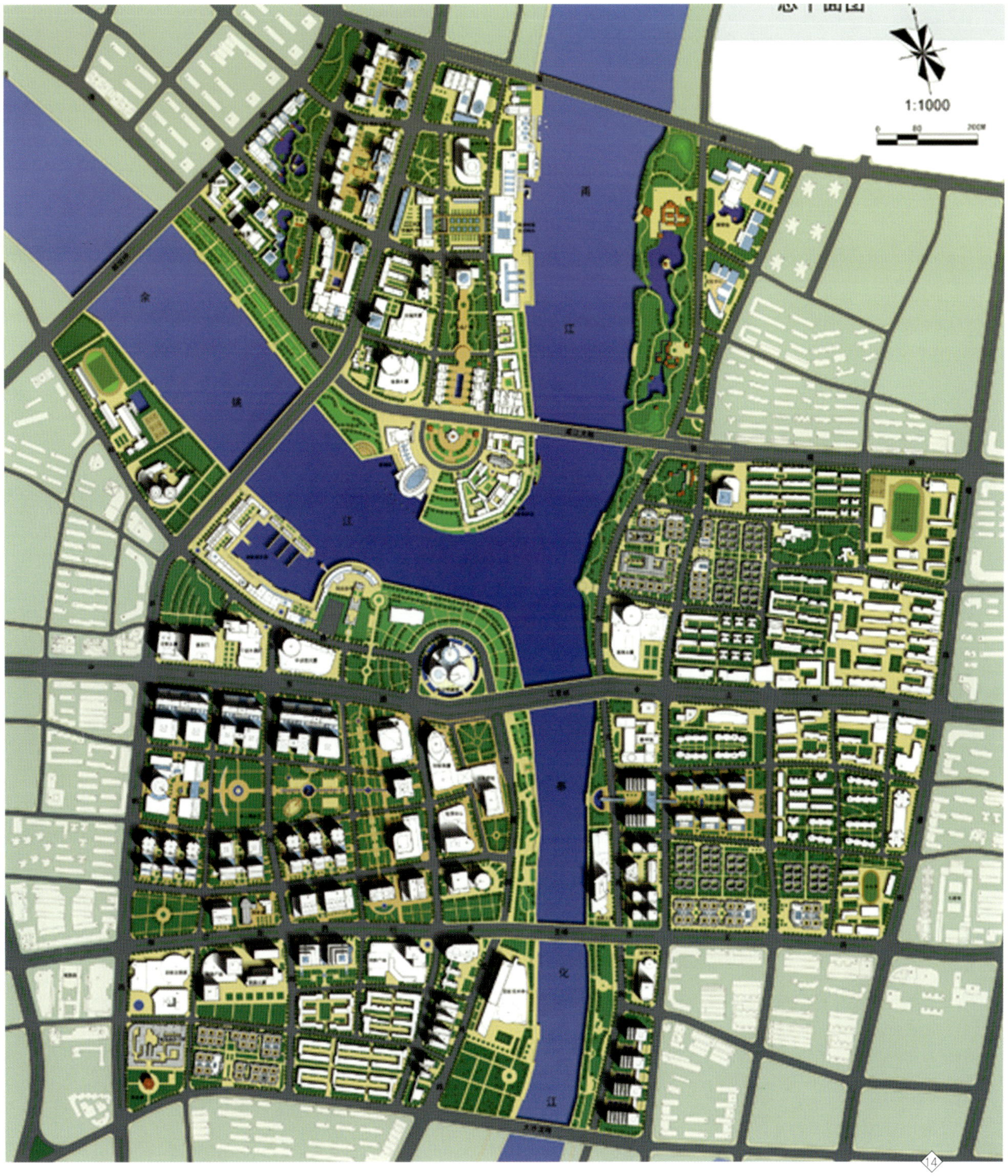

14

15

14/15. 宁波市三江六岸核心滨水区城市设计
建设地点：浙江省宁波市
建设规模：2.64km²

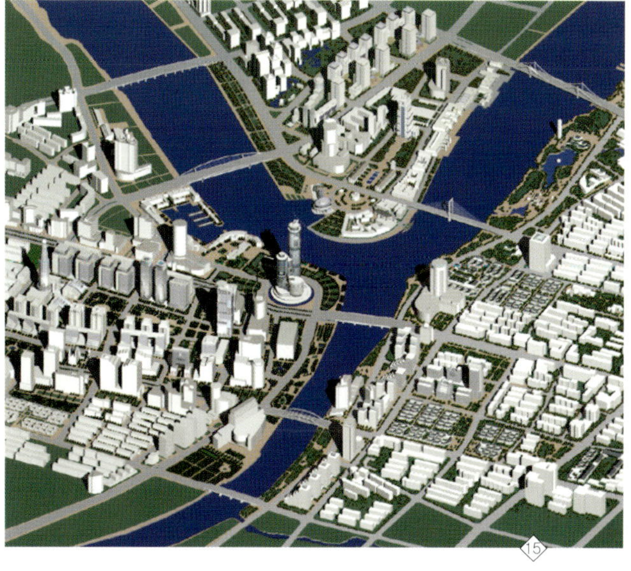

北京市城市规划设计研究院
Beijing Municipal Institute of City Planning & Design

法人代表／President：朱嘉广／ZHU Jiaguang
地址／Add：北京市复兴门外南礼士路60号／No. 60, South Lishi Road, Beijing,
邮编／Zip：100045
电话／Tel：(+86) 10 68022523
传真／Fax：(+86) 10 68031173

我院是北京市政府授权组织编制城市建设各项规划的工作机构，现有工作人员近300人，是具有城市规划设计甲级、工程咨询甲级、建筑工程初步设计乙级资质的专业科研与设计单位。

我院的主要任务是：编制、修订城市建设总体规划、详细规划，以及道路、交通、市政工程规划。组织首都经济、文化、公共服务等各部门拟定各系统的专业规划，并进行协调、综合，纳入城市规划。从事城市规划领域的科学研究。草拟有关城市规划方面的法规、规范和定额指标。承担建设工程项目的规划、设计、咨询、工程可行性研究及房地产评估。编辑《北京规划建设》双月刊及有关资料。近10年来，我院有60多项成果先后获得国家优秀规划金、银奖，国家科技进步一、二等奖和省、部级优秀规划设计奖。

Our institute, authorized by the Beijing City Government, is an organization working for organizing each planning for urban construction. Having a nearly 300 working staff, it is a professional research and design unit with expertise of class-A urban planning and design, class-A project consultancy and class-B initial design for architecture engineering. Our main commissions are: Organize and revise urban construction master plan, detailed plan, as well as road, transportation, municipal project plan. Organize the capitalís economic, cultural and public service departments to formulate professional plan for each system, coordinate, integrate, and bring it into urban planning, doing scientific research about urban planning. Draw up the statute, norm and quota index concerning urban planning. Undertake the planning, design, consultancy, project feasibility research and real estate evaluation of construction engineering projects. Edit bimonthly periodical ëBeijing Planning Constructioní as well as other relevant materials. Over the last decade, more than 60 of our achievements have successively won the gold and silver prizes of State Excellent Planning, the first place and second place prizes of State Technology Progress, as well as provincial and ministerial prizes of Excellent Planning & Design.

主要设计作品

北京城市总体规划（1991年－2010年）
北京市区中心地区控制性详细规划
北京市区绿地系统规划
北京市区绿化隔离地区规划
北京历史文化名城保护规划
北京市中心区交通改善实施方案
北京市域公路网规划
北京市区供水设施规划
温榆河绿色生态走廊规划
中关村科技园区总体规划
北京奥林匹克公园规划
圆明园遗址公园规划
王府井商业街整治城市设计

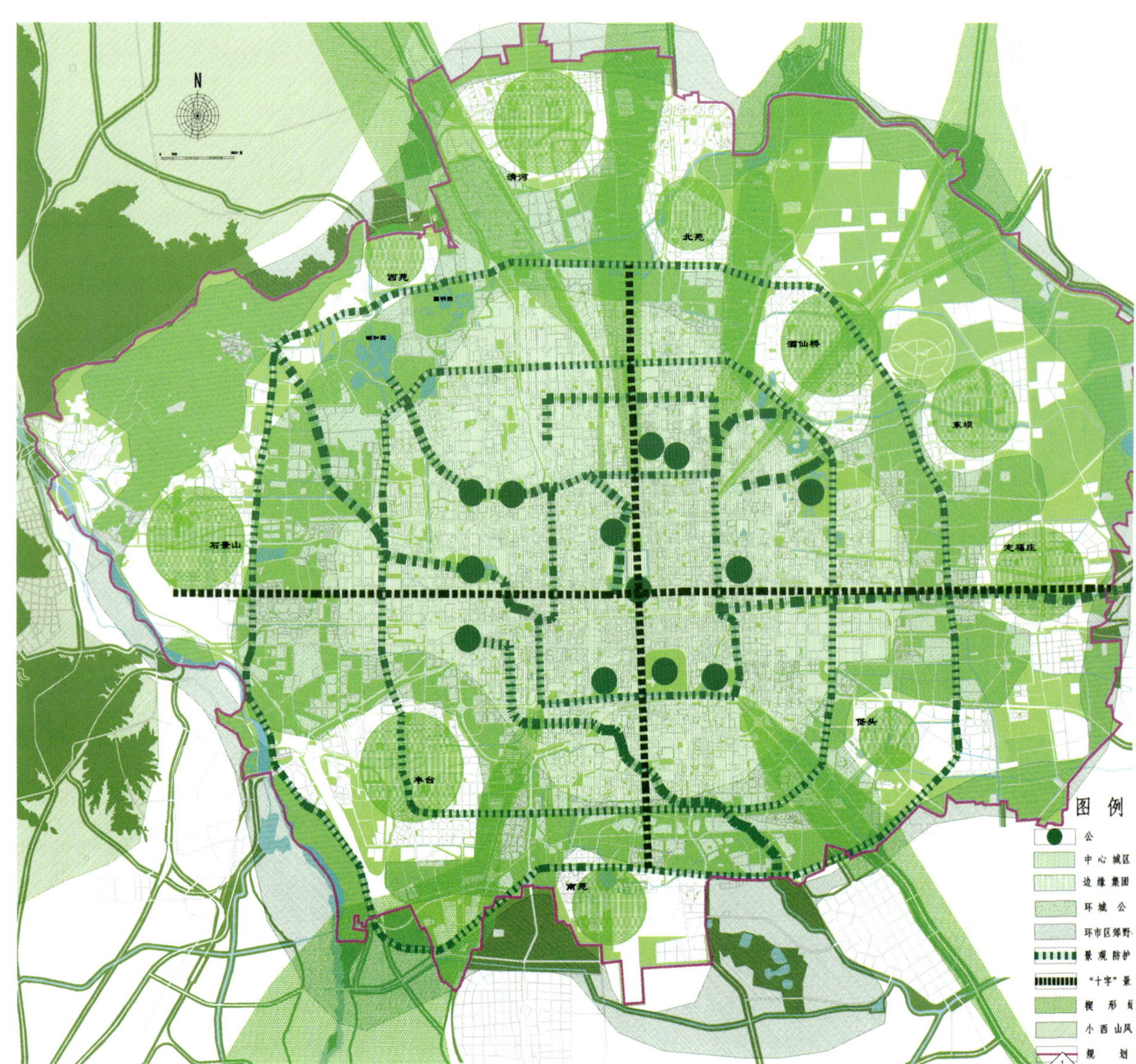

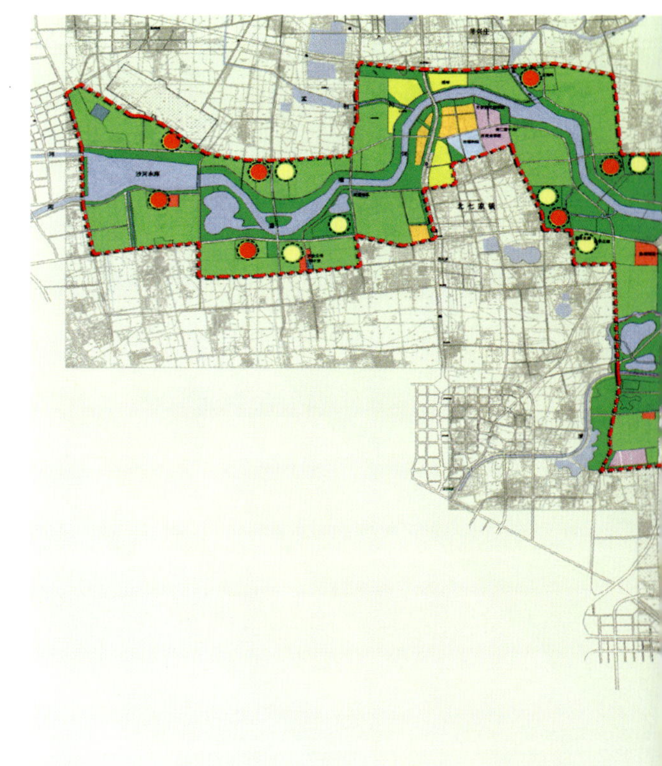

1. 北京市区绿地系统规划

规划范围：北京市
规划市区城市总体规划用地面积：1097km²
城市总体规划用地绿地面积：562.14km²
城市建设用地绿地面积：381.07km²（其中公共绿地面积：158 648 700m²）
城市规划建设区绿地率：40％
城市规划建设区绿地覆盖率：45％
城市规划建设区人均公共绿地面积：15m²

2. 温榆河绿色生态走廊规划

规划区总用地面积：167km²
（其中建设用地面积：47km²，绿地及水域面积：120km²）
新增湿地：16处
沿温榆河两岸绿化带宽度：200m
污水处理：采用各类综合措施

3. 北京历史文化名城保护规划

规划提出：应当正确处理历史文化名城保护与现代化建设的关系，采用整体保护与分层次控制相结合的方式，重点搞好旧城保护，最大限度地保护好北京历史文化名城。规划制定了历史文化名城保护的各项措施。

各级文物保护单位：1020处
旧城历史文化保护区：560ha
皇城历史文化保护区面积：6.8km²

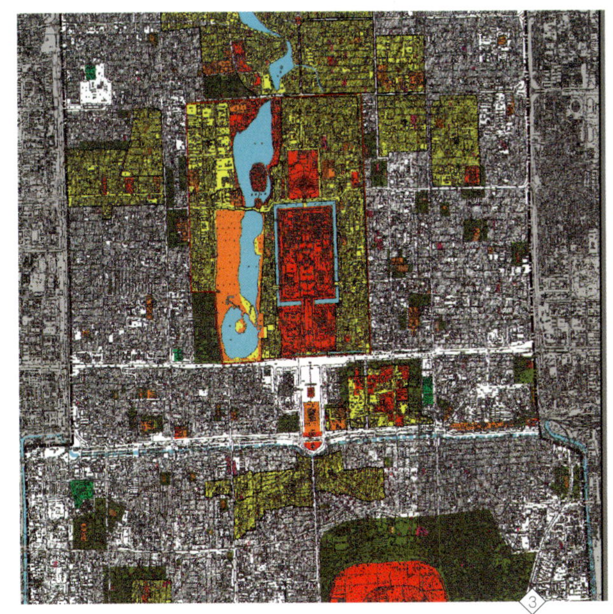

4. 北京市区供水规划（1999 年-2010 年）

2010 年北京市区：

总需水量平均为：11.5 亿 m^3/ 年

平均高日需水量：3 770 000m^3/ 日

自来水供水普及率：90%

供水管线总长度：约 6 390km

自来水厂总数：约 13 座

5. 北京市域公路网“十五”计划及 2020 年长远规划

“十五”计划末，公路通车里程：14 700km

公路网密度：87.5km/100km^2

高速公路里程：600km

2020 年规划期末公路总里程：20 000km

（其中国道：1 030km；市道：1 604km；县道：3 380km；乡道：13 986km）

公路网密度：119km/100km^2

高速公路里程：696km

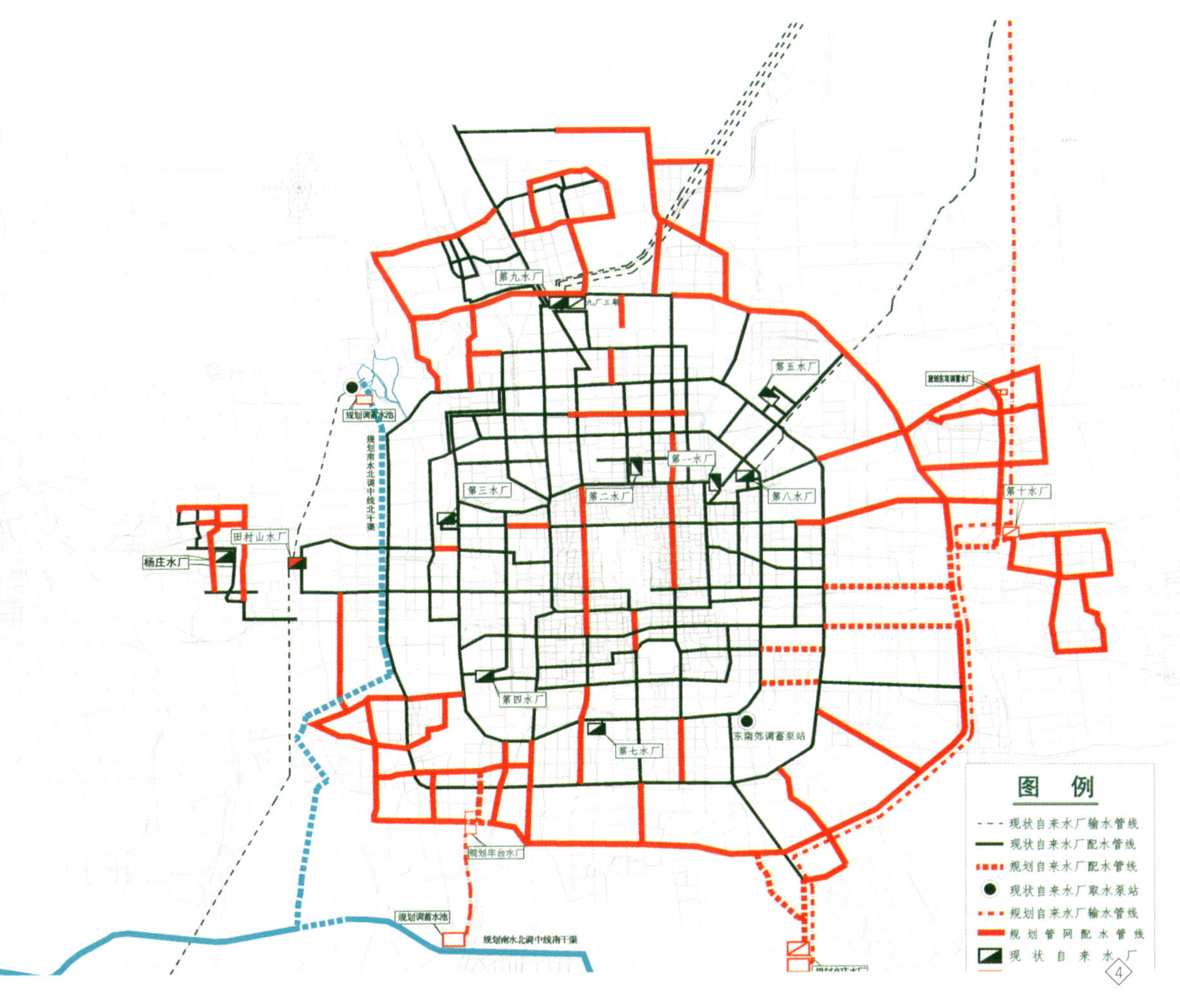

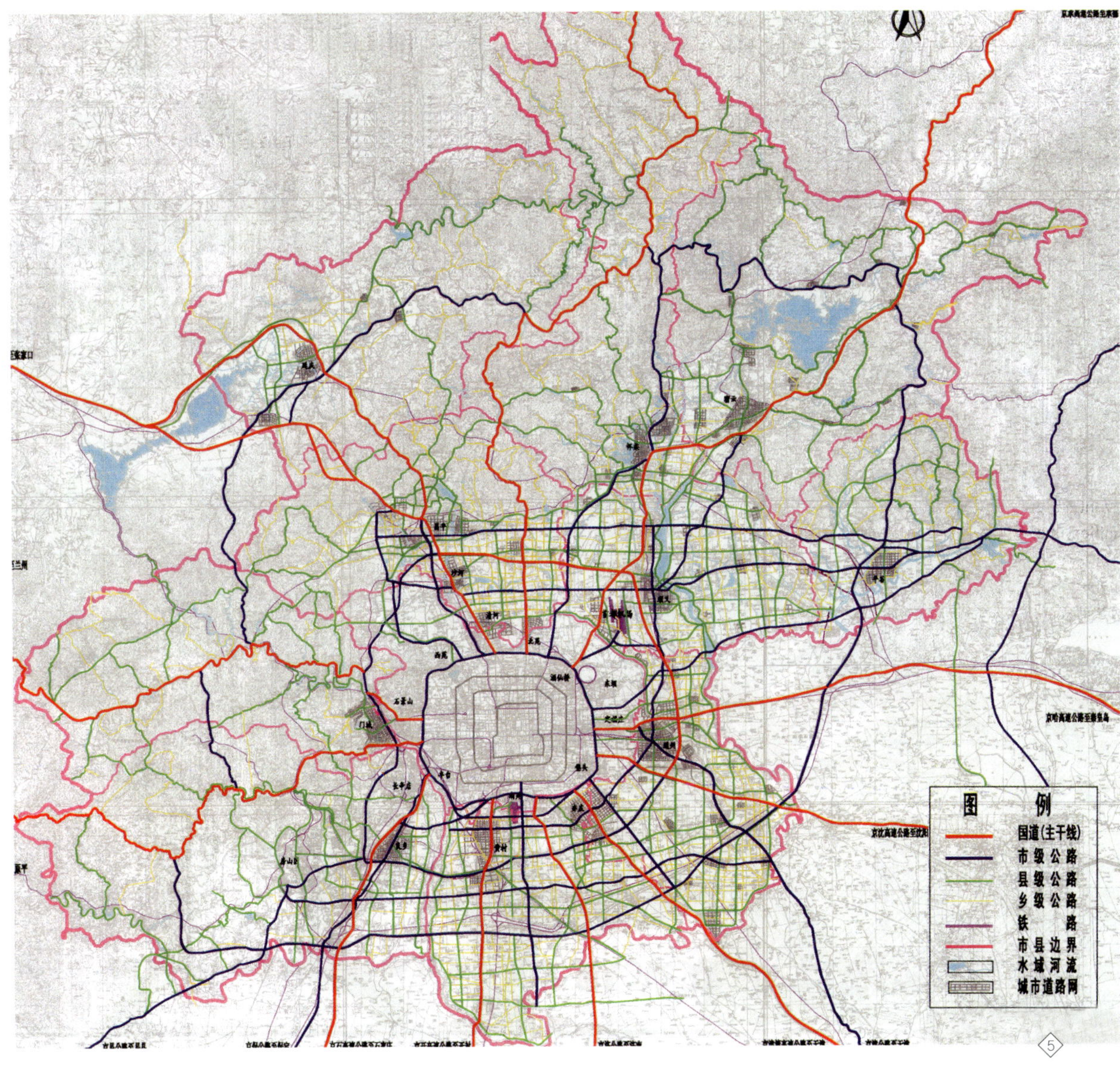

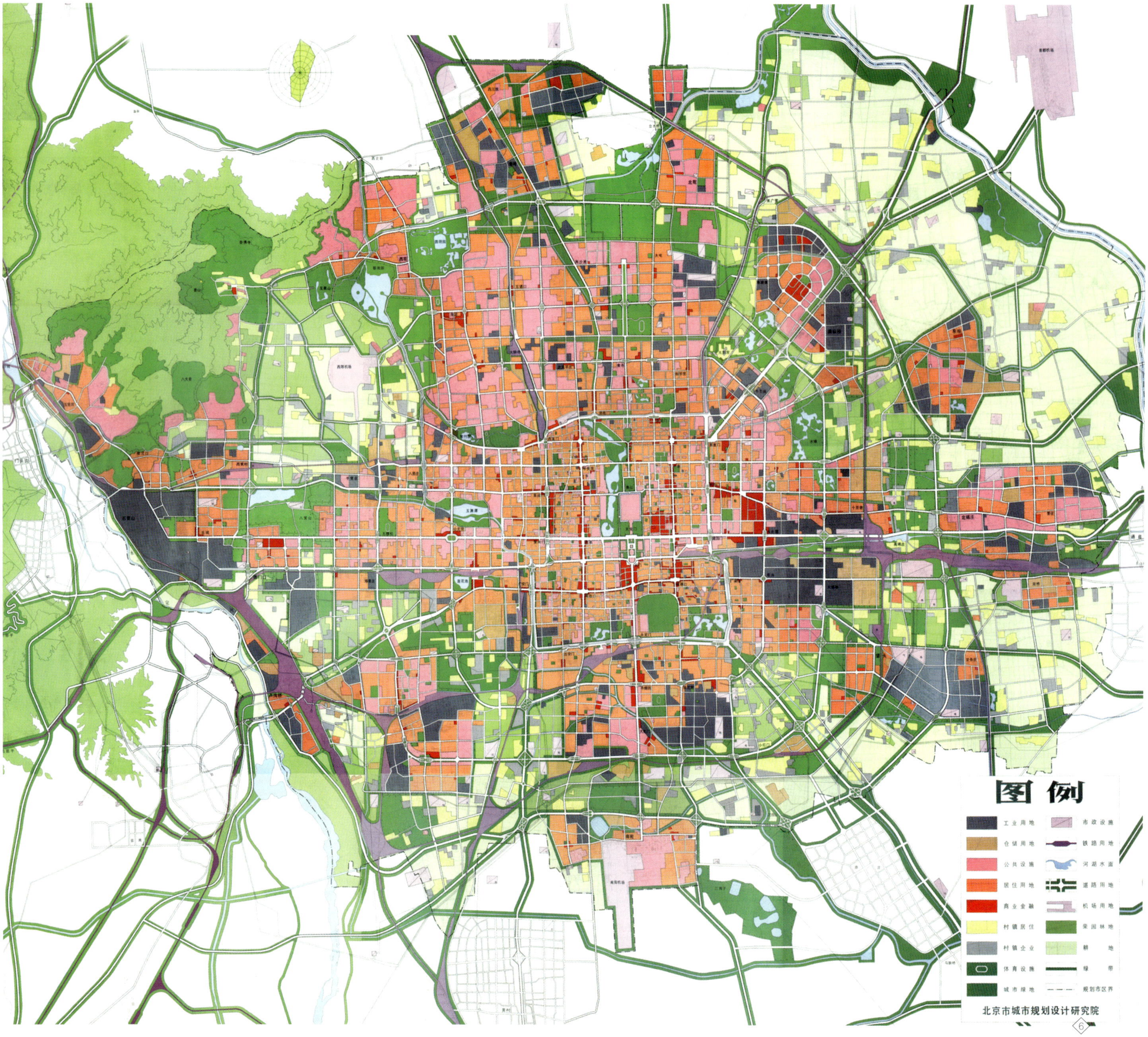

图例

工业用地 市政设施
仓储用地 铁路用地
公共设施 河湖水面
居住用地 道路用地
商业金融 机场用地
村镇居住 果园林地
村镇企业 耕地
体育设施 绿带
城市绿地 规划市区界

北京市城市规划设计研究院

6

7

6/7. 北京城市总体规划(1991－2010)

规划的基本目标是：进一步加强和完善全国政治中心和文化中心功能，建立以高新技术为先导、第三产业发达、经济结构合理的高效益、高素质的适合首都特点的经济。到2010年，北京的社会发展和经济、科技的综合实力，达到并在某些方面超过中等发达国家首都城市的水平，为在21世纪中叶建成具有第一流水平的现代化国际城市打好基础。该项目获1996年度建设部优秀规划设计一等奖。

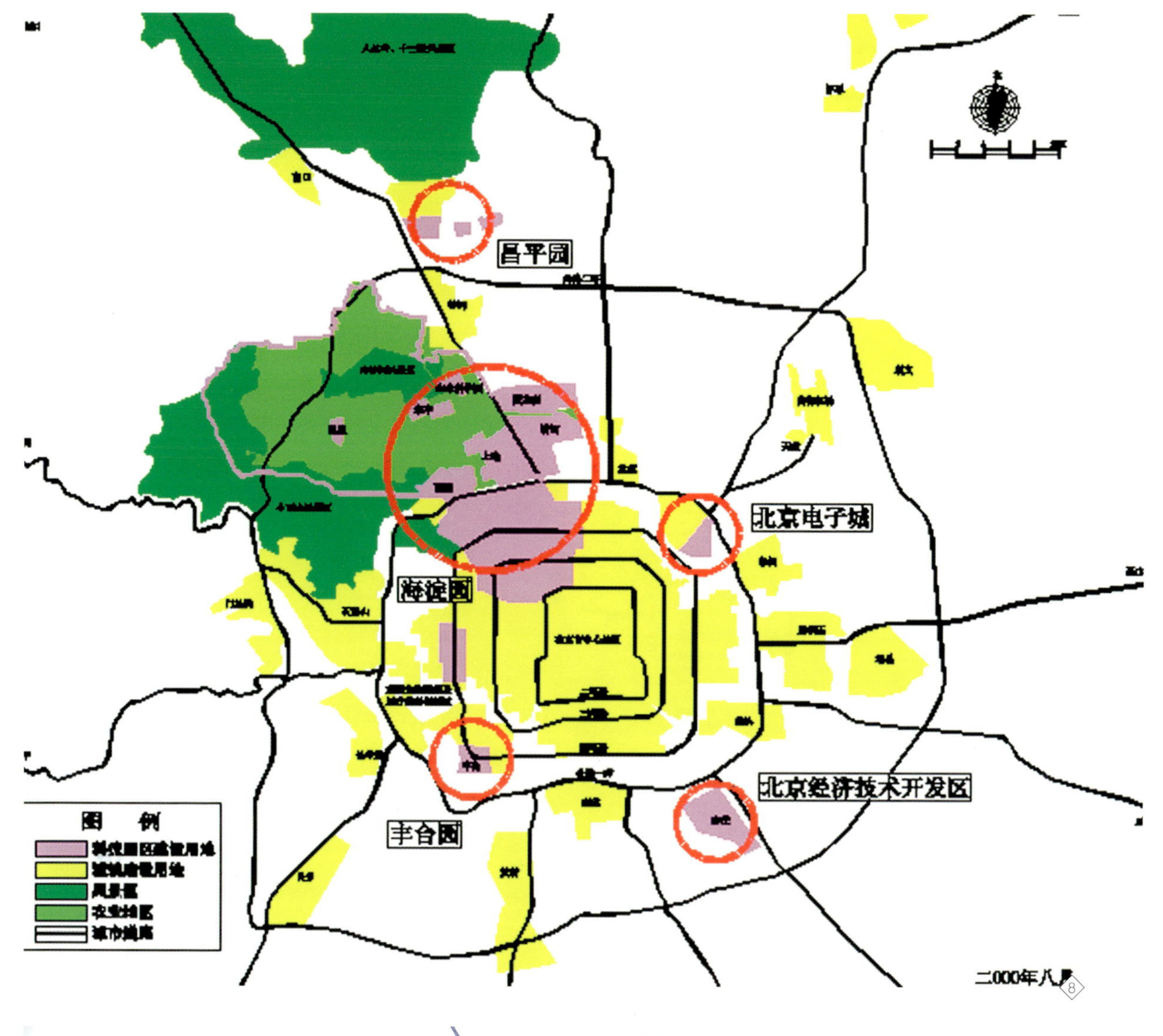

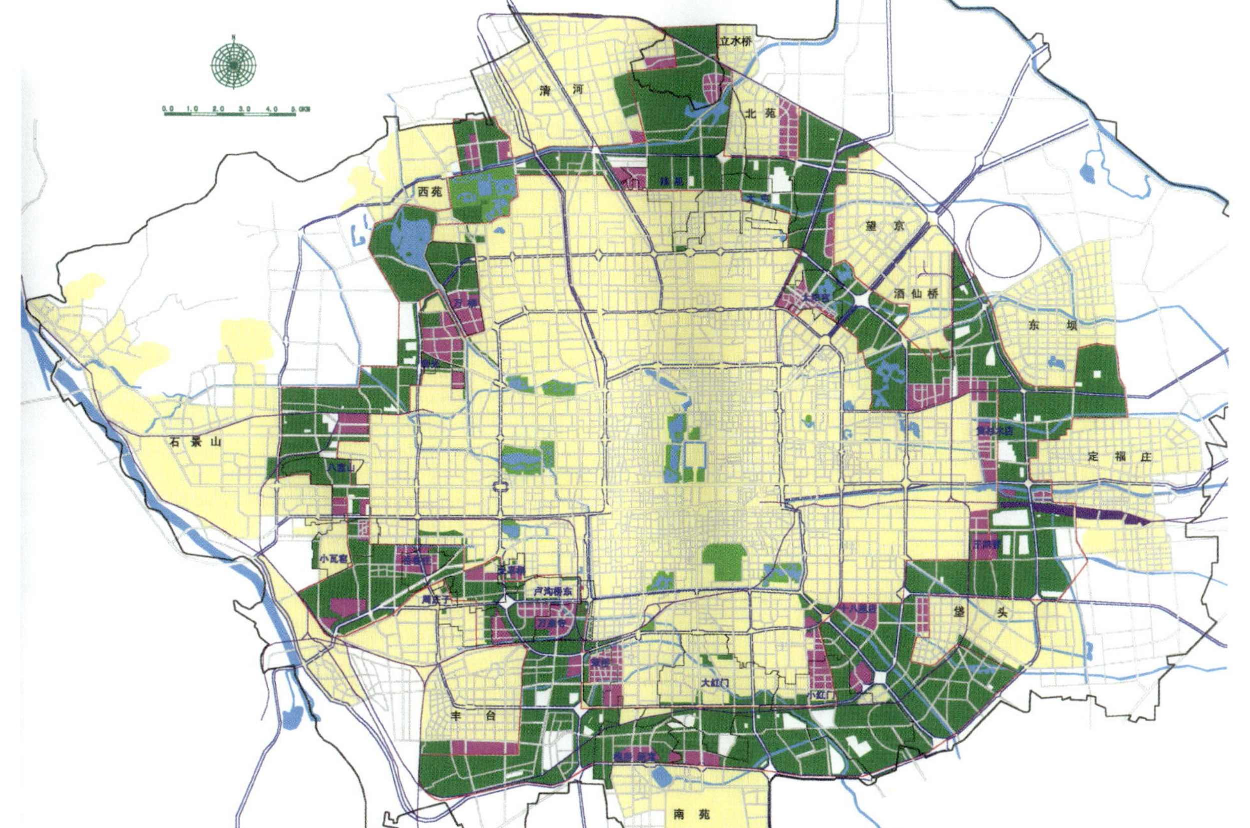

8/10. 中关村科技园区总体规划

中关村科技园区主要包括"一区五园"，即中关村科技园区海淀园、丰台园、昌平园、北京经济技术开发区及北京电子城。中关村科技园区总体规划的目标是形成以海淀园为主体和核心的科技创新中心和多个不同的高新技术产业基地，进一步带动北京和全国高新技术的发展。

9/11. 北京市区绿化隔离地区规划及实施方案

北京市区绿化隔离地区是市区中心地区与边缘集团之间、边缘集团与边缘集团之间的绿化地带，总面积约240平方公里。规划实施方案提出了发挥政府、农民、开发商三者的积极性，以及分期滚动实施绿化的措施。该项目获1998年度建设部优秀规划设计一等奖。

12/13. 陕甘宁天然气进京第二条管线北京地区线路及门站方案

《陕京天然气第二条管线北京地区线路及门站方案》对北京市内天然气接收管网及设施的总体布局进行了调整，提出了接收陕京天然气第二条管线来气的工况条件，为进一步开展陕京天然气第二条管线工程提供了前期工作依据。

14/15. 北京市中心区交通改善实施方案

规划方案根据对市中心区快速路网及相关配套系统、快速公交系统、交通管理系统、方案的交通效果评价等方面的调查研究，提出以快速路网为依托形成快捷地面运输系统、缓解中心区交通压力、缩短居民出行时间的措施。

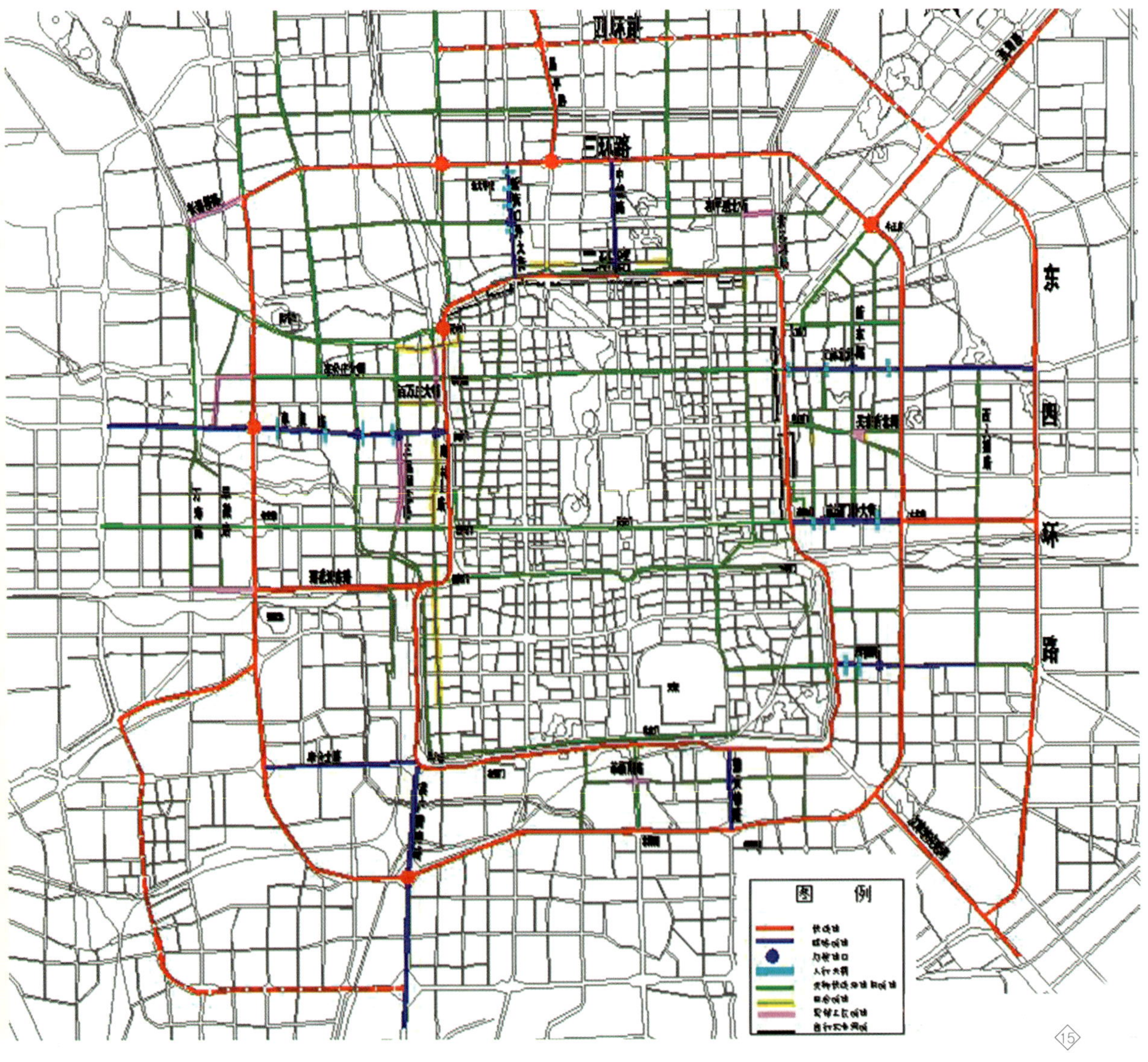

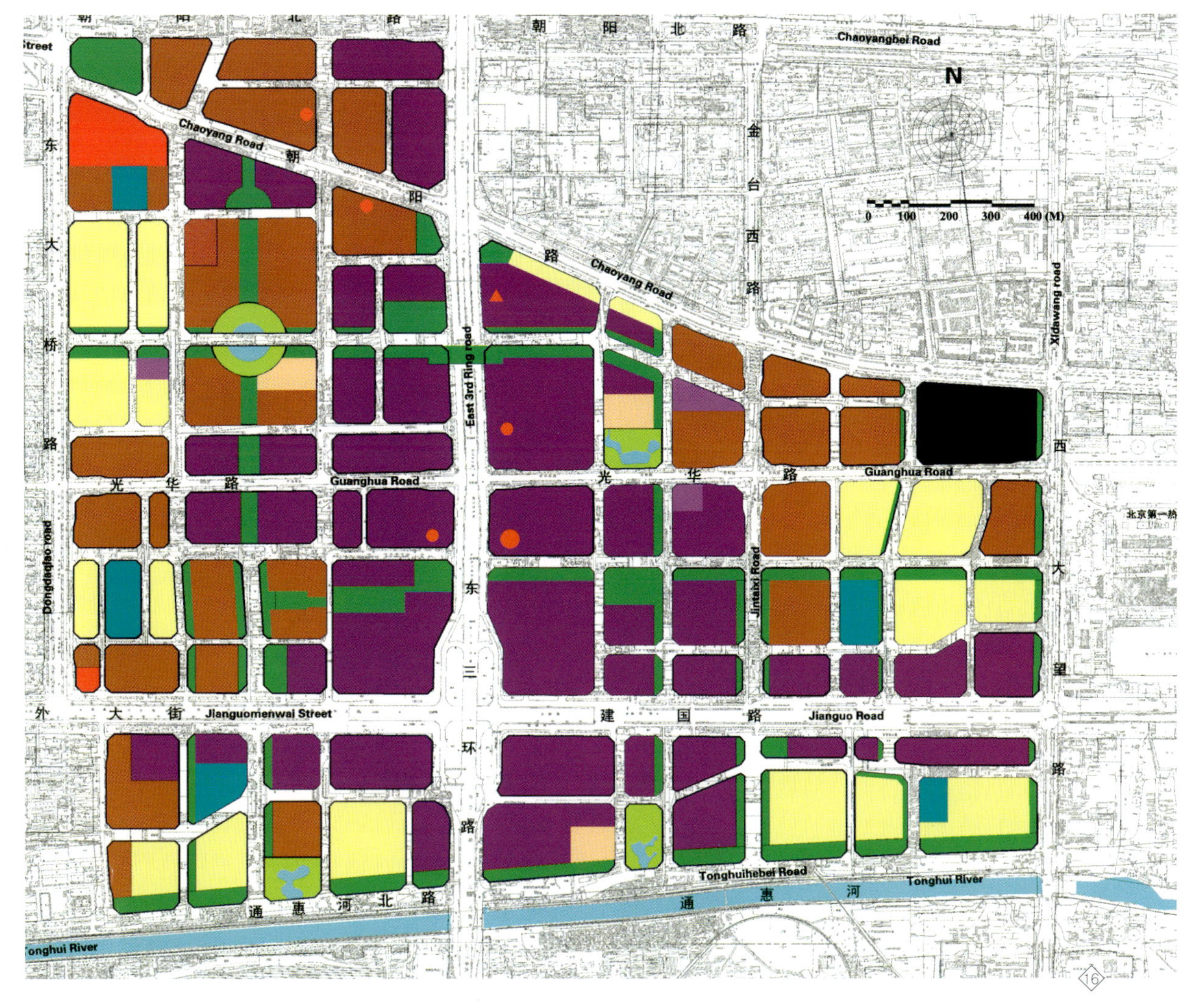

16/17. 北京商务中心区综合规划

北京商务中心区（CBD）位于建国门外大街与东三环路交汇地区，面积约4平方公里。该综合规划方案延续北京历史文脉和城市肌理，突出商务办公为主的功能，重视文化功能，强调文化设施与商务设施和环境建设的有机融合。商务区、混合功能区、居住区在各个区域内综合布置，完善CBD的功能配比，使其24小时都充满活力。

17

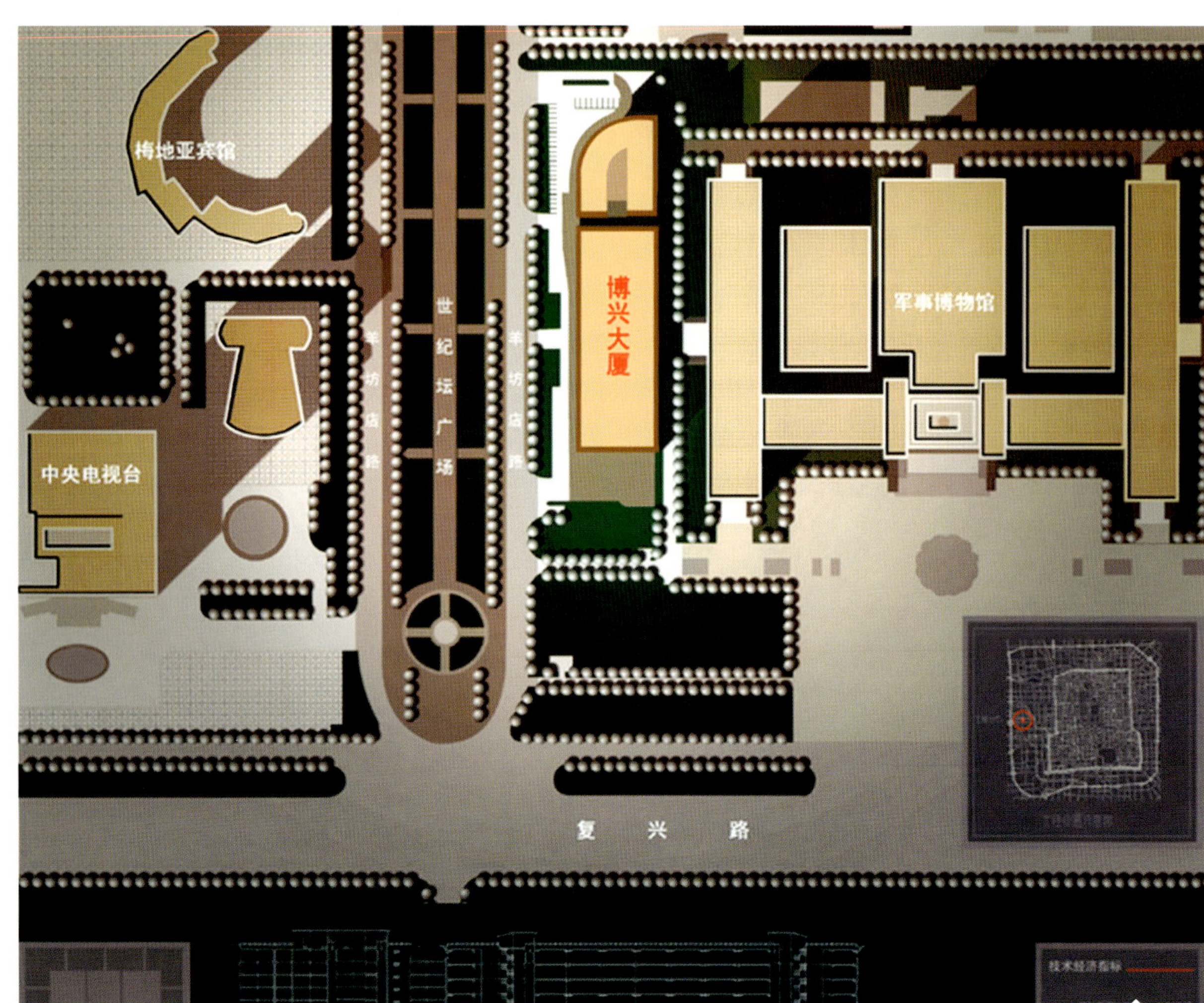

18/19. 博兴大厦

建设地点：北京市

建筑性质：综合楼

建筑面积：54 000m²

占地面积：1.34ha

建筑高度：27.1m

建筑层数：地上8层、地下2层

容 积 率：1:2.63

绿 地 率：23.17%

设计时间：1998

该建筑位于军事博物馆与中华世纪坛之间，无论在体量、高度、色彩、用材，还是细部设计方面，都与厚重、沉稳的周边环境浑然一体，有机地融入其中。其整体高度以军博侧楼的标高为基准，并巧妙地成为军博的有机延伸，修长的外形与周围建筑相呼应。该项目获1998年度北京建筑设计汇报展专家评选入围方案奖。

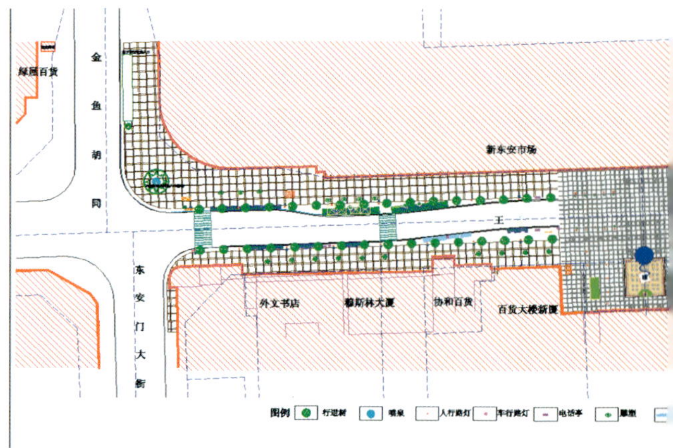

20/21. 王府井商业街整治城市设计

该城市设计将国外步行商业街的理念与北京的实际相结合，通过对保留下来的传统商店的整治，使王府井原有的肌理得以延续，弥补了大规模开发带来的不利影响。商业街设计高雅、简洁，努力提高文化品位，塑造了多处极具活力的公共空间。整治后的王府井商业街全长1 140米，其中步行街810米。该项目获2000年国家级优秀规划设计金奖。

22/23. 北京市人民对外友好协会

建设地点：北京市
建筑性质：办公
建筑面积：4 500m²
占地面积：0.238ha
建筑高度：8.8m
建筑层数：地上2层、地下1层
容 积 率：1:1.3
绿 地 率：10%
设计时间：1999

该组建筑位于北京城市中心地带，设计上充分注意与古都风貌相协调，平面布局紧凑，功能分区合理，充分开发地下空间。建筑空间变化丰富，尺度得当。运用中国传统造园艺术手法组织现代建筑空间，室内外空间相互渗透。让人在青砖黛瓦、游廊画栋中体味浓浓的古典气息。该项目获北京市第四届中小勘察设计单位优秀工程设计一等奖。

20

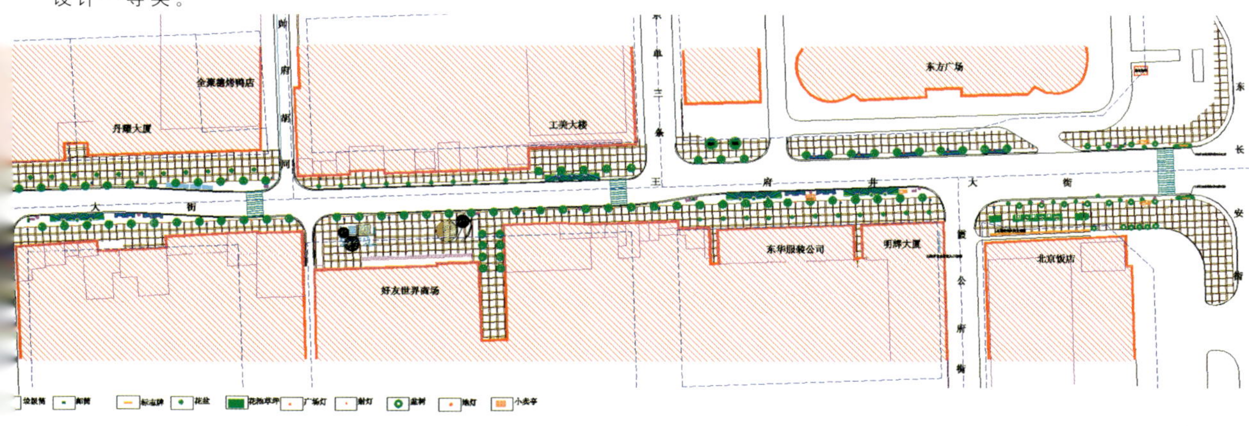

21

22

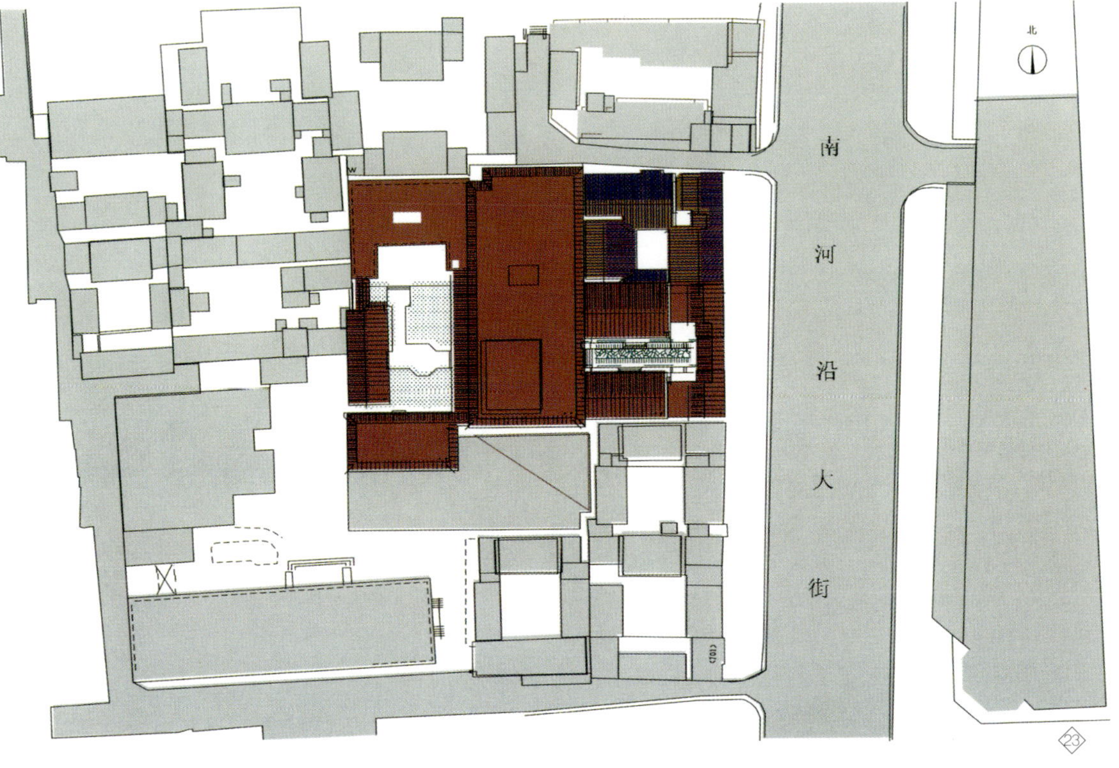

23

奥林匹克公园规划方案

该方案以《北京城市总体规划》为依据，充分考虑了奥林匹克公园的特殊位置、功能及与城市的关系，力图寻找一种更适合、更具实施性的方案，创造一个奥运庆典的舞台，树立一个生态城市的典范。

该方案具有以下特色：确定合理框架，确保城市有序、有机增长；给未来留有发展余地，由南向北推进，在北部、中部预留未来发展用地；适宜的开发强度，与环境容量相协调；尊重城市历史，延续并发展人文景观，轴线规划吸取东西方文化特点，强调纪念性、开放性、均衡性及与自然山水的融合；引入自然绿色，进行城市与自然的转化，南北贯穿的轴线绿带及活泼的水系，使严谨、对称的城市形态逐渐趋于自由并最终融入自然；结合城市肌理，加强内外空间的融合，赛时保证功能区划分明确，中轴线形象完整，观众活动空间充足，赛后填充城市设施，与周围城市肌理结合；文化体育城的建立，提供多样的社会服务，以展览、体育、文化设施为中心轴线，外侧由商业、娱乐带连接，形成有活力的城市空间；完善交通系统，利于赛时、赛后利用；道路全部采用"平交"方式，利于建设与交通组织，中轴线的交通功能向四环路以北延伸，缓解来自市区的交通压力；道路设置与功能、景观紧密结合，融入内部肌理；关注弱势群体，所有设施将符合国际通行的无障碍设计标准，赛后基本无需改造即可用于残奥会；优化能源结构，建立循环再生系统；倡导生态文化，提高市民的生态意识，不设超高层建筑，保持空间开阔，减少热岛效应，建构多层次的综合生态网络系统。该方案由北京市城市规划设计研究院与澳大利亚DEM公司合作编制，获北京奥林匹克公园规划方案国际公开征集活动二等奖。

圆明园遗址公园规划

圆明园遗址面积为352.13公顷，加上遗址外106.85公顷的绿地，圆明园遗址公园的总面积是459公顷。圆明园遗址公园规划强调了以下原则。

第一，以总体规划为依据统一思想。规划中坚持了《北京城市总体规划》确定的"圆明园遗址公园"的性质，划定了园内遗址和园外绿地范围，保证了三园（圆明园是圆明、长春和万春三园的总称）格局的完整性；坚持了"整体保护、科学管理、合理利用"的方针。

第二，明确保护的前提和核心作用。不仅强调了遗址保护和保持三园完整性为核心的规划思想，而且提出了对周边地区的建设控制要求。

第三，合理划分功能分区和景区。根据圆明园的历史格局和作为遗址公园的需要，规划划分了6个功能区和6个景区。

第四，强调整修规划的严谨科学性。整修规划包括对建筑遗址的清理，对山形水系的复原，对园林植被景观的恢复，以及对园路桥涵、园墙、园门和少量古建筑的修复等。整修规划强调依据考古手段，科学地进行研究、设计与恢复，严格控制古建筑的复建量在总量的10%以下。

第五，强调园外绿地的保护与实施。三园外的规划绿地是保证三园整体环境必不可少的一部分。依据《北京市城市总体规划》确定的范围，该绿地按一般公园绿地建设，总面积106.85公顷。

第六，强调规划的可操作性。为充分考虑进一步规划、设计及实施的可能性，提出了近期规划方案，使圆明园遗址的保护、利用初步走上了科学有序的轨道。

该项目获2002年国家级优秀规划设计银奖。

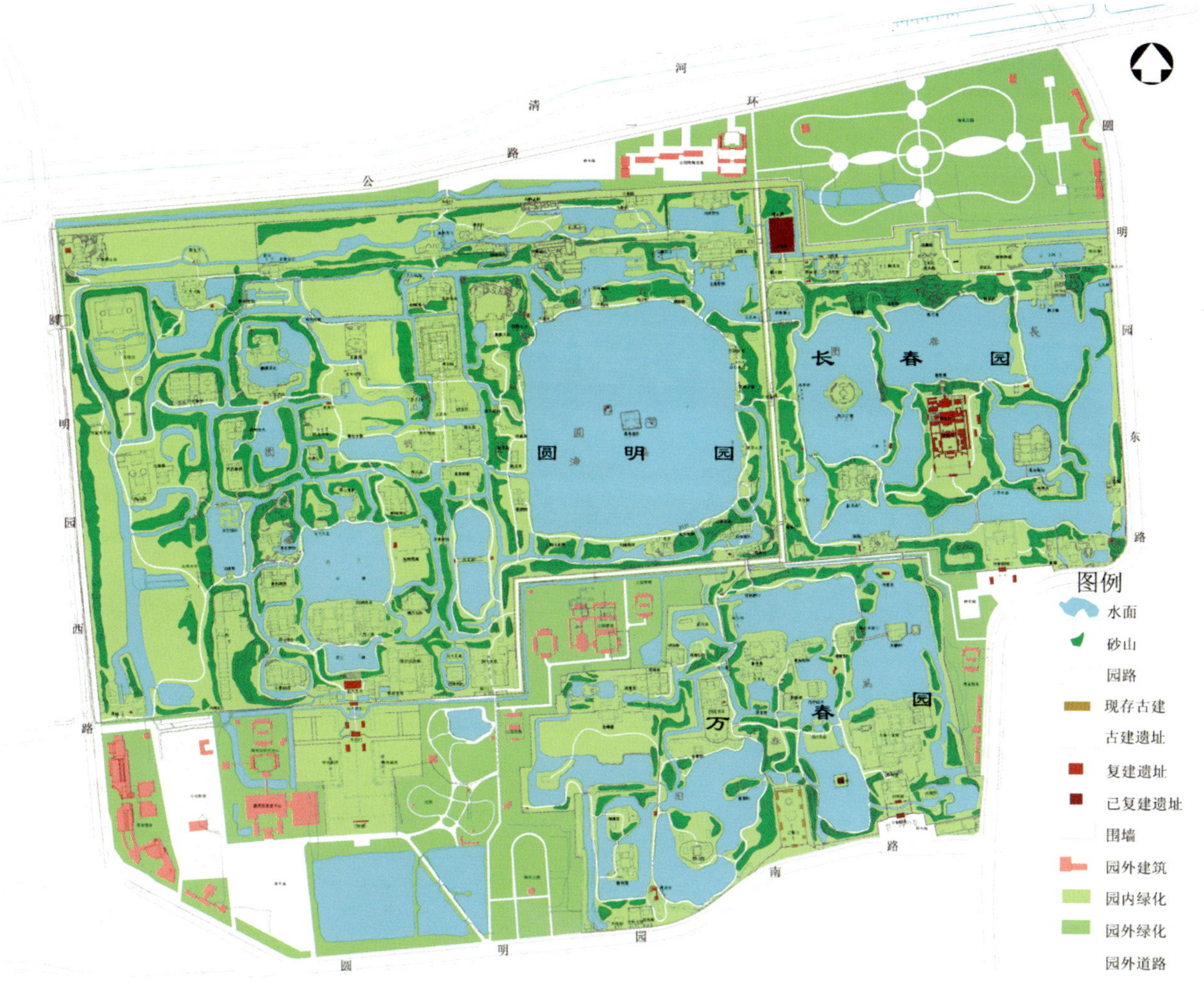

北京市恒艺建筑设计事务所
Beijing Heng Yi Architects & Engineers

法人代表 /President：钱满 /QIAN Man
地址 /Add：北京市西城区西内大街马相胡同五根樓11号 /No.11，Wu Lin Gen，Xi Nei Street，Beijing
邮编 /Zip：100035
电话 /Tel：(+86) 10 62222797 62216989
传真 /Fax：(+86) 10 62222797
电邮 /E－mail：nxadi@public.yc.nx.cn

北京恒艺建筑设计事务所成立于1992年，确立了"敬业、科学、严谨、诚实"的企业精神和"以质量求生存，以服务和信誉求发展，以卓越精品求辉煌"的经营理念。公司立足建筑设计行业，为建设单位提供项目预测、规划、前期服务、法规咨询及销售策划等全方位服务。公司成立6年来，取得了骄人的经营业绩，形成了品牌经营的战略思想，确立了在市场竞争中的优势。

事务所立足于住宅建设及开发领域，本着以人为本的原则，先后设计完成了一批住宅小区，得到了市场的认可和建筑单位的欢迎，从而也形成了一套自己的设计模式，追求纯粹、追求卓越，为规范北京住宅设计市场，提升住宅设计及建筑水平做出了我们的努力。

Beijing Heng Yi Architects & Engineers was founded in 1992, and established the enterprise spirit of ìResponsible for work, Scientific, Strict, Honestî and the operation conception of ìpursuing survival by quality, pursuing development by service and reputation, and pursuing glory by outstanding elaborate worksî. Based on the trade of architecture design, the company provides all-round services of project calculation, planning, service in prophase, law and regulations consultation and sale design for construction units. Since the foundation, the company has obtained satisfactory achievements, formed the strategic idea of trademark operation, and established the superiority in the market competition.

Based on the field of residence construction and development, and on the principle of humanism, the office has accomplished the design of a set of residence sections successively and won the recognition of the market and welcome of construction units, thereby formed its own design pattern, pursued purity and prominence, and made great efforts to improve the level of residence design and construction in order to standardize the residence design market in Beijing.

主要设计作品

京煤四厂综合楼
中盛大厦
同源药业天然药物研究基地
北京快乐洋城住宅小区
官园小区配套楼
清缘小区

1. 北京同源药业公司天然药物研发基地
建设地点：北京市
建筑性质：制药科研
建筑面积：45 000m^2
占地面积：4.08ha
设计时间：2001.3

2/3. 回龙观万润住宅小区
建设地点：北京市
建筑面积：90 000m^2
占地面积：4.1ha
设计时间：2001.11

4. 清缘小区东区
建设地点：北京市
建筑性质：居住
建筑面积：230 000m²
占地面积：7.5ha
设计时间：2001.5

5. 北京快乐洋城真典藏
建设地点：北京市
建筑性质：住宅
建筑面积：81 000m²
占地面积：29 000m²
设计时间：2000.5

6. 中盛大厦
建设地点：北京市
建筑性质：商住
建筑面积：30 000m²
占地面积：3 600m²

7. 西城区大红罗厂危改小区
建设地点：北京市
建筑性质：居住
建筑面积：170 000m²
占地面积：8.5ha

京煤四厂综合楼

建设地点：北京市
建筑面积：25 130m²
建设层数：地上 25 层、地下 2 层

项目主要功能为高档智能化公寓，同时兼顾服务配套功能。

建筑物主体朝向西南，既使房间有好的采光又可纵览上地开发区的壮丽景观，同时也使建筑的主立面朝向上地及中关村方向。

建筑是生动的艺术，带给人最直接的享受。

建筑是艺术，也是技术，它是感性与理性的结合，该方案造型似一艘远航的风帆，象征着业主在新时代的大潮中张帆远航，一帆风顺，建筑的平面造型构图似卵化器，象征着大厦是孕育新生命的摇篮，为业主们提供创业的最佳环境与服务。

建筑的外立面采用无比强力冲劲，再加之钢、铝板、玻璃等材料，使大厦更显现代化高科技风格，在开发区内独领风骚。

北京市建筑设计研究院

Beijing Institute of Architectural Design and Research

地址/Add：北京市南礼士路62号/No.62, South Li Shi Rd, Beijing
邮编/Zip：100045
电话/Tel：(+86) 10 68011155
传真/Fax：(+86) 10 68034041
网址/URL：www.biad.com.cn
电邮/E-mail：biadinfo@263.net

我院前身为永茂建筑公司设计部。现有职工1125人，与日本、美国、菲律宾的一些公司合作成立了合资设计公司。业务范围包括城市设计、小区规划、大型公共与民用建筑设计、室内设计、建筑结构、给水排水、供暖与空调、建筑电气及智能设计等方面的工程设计、工程概预算、建筑招标标底编制、工程监理和总承包、工程质量检测以及工程技术应用研究、新材料与新技术开发、计算机应用开发等，还承接国外建筑设计业务，对外派遣设计，咨询和监理等劳务人员。据不完全统计，50多年来我院已设计各类建筑1.2亿m²；获得各类各级奖励500余项，正式出版的专著、图集过百册，创办大型建筑设计学报《建筑创作》，深受业内好评。1998年12月20日我院正式通过了ISO9001认证。

Beijing Institute of Architectural Design and Research was set up out of Yongmao Architectural Company. It was awarded Certificate of ISO9001 in 1998.The Institute has 1125 employees, shares joint venture companies with those from Japan, the United States, the Philippines. Its business scope includes urban design, planning of city quarters, large public and civil building designs, interior design, building structure, water supply and drainage, heating and ventilation, building electrical design and intelligence design, cost estimation, building document preparation for building project, supervision of construction of construction project, project contracting, development of new materials and technology and usage of computers. It undertakes architectural designs of foreign projects, dispatching design, consultation and supervision personel.

Since 1977, the institute has been awarded many prizes, It has published more than one hundred volumes of books and collections of drawings, architectural design periodical "Architectural Creation", which is popular in the discipline.

主要设计作品

- 国家奥林匹克体育中心总体规划
- 北京动物园熊猫馆
- 北京西客站
- 首都国际机场新航站楼
- 北京西单文化广场
- 首都图书馆新馆
- 孟加拉国际会议中心
- 北大方正科技大厦
- 中国国家大剧院（合作方：法国巴黎机场公司）
- 多哥共和国总统府
- 国际投资大厦
- 北京盈创大厦
- 北京热力集团CBD商务中心
- 河南体育中心体育场

1. 北京现代城
建设地点：北京市
建筑性质：住宅
建筑面积：227 000m²

2. 北京望京A4区住宅
建设地点：北京市
建筑性质：住宅
建筑面积：560 112m²

北京国际会议中心

建设地点：北京市
建筑性质：会议
建筑面积：24 100m^2

中科院物理所凝聚态物理综合楼

建设地点：北京市
建筑性质：科研、办公
建筑面积：16 147m²
建筑高度：41.4
建筑层数：地上 9 层、地下 1 层
绿化率：37.9%

建筑物主体为"O"字形，主体大胆选用中心感极强的圆形主体形象，从而使建筑主体具有了全方位的观赏视角，特别强化了凝聚态物理综合楼的中心地位和对周边环境的辐射控制作用。

为体现庄重性格，建筑采用中轴对称布局，局部自由活泼。西侧月牙状塔楼屋顶上设冷却塔和水箱间，加大了西立面建筑高度。西立面设计严谨对称，采用传统的三段式手法，体现建筑的沉稳与凝重，正对物理所老入口的西门主轴线，与 1950 年代老楼相呼应，传达出浓郁的历史怀旧情结。西侧月牙状塔楼南北两侧的刀刃状建筑角部，打破了圆柱体的单调和乏味，产生出强烈的视觉冲击和心理震撼。

建筑顶部由西向东降低倾斜，进而与东部广场的宏大尺度相对应。环状花架格栅装饰屋顶机房、楼梯间等，仿佛是环抱的手臂，拥揽着图书馆的玻璃方盒体，进而使屋顶形象有传统大屋顶和穹顶的意象联系。叠落状屋顶平台既有高层室外活动、绿化场地的功能性，又使建筑顶部造型避免流于形式。

立面在细部处理上则引进新的材料、技术和施工方案。精心组织砖红色面砖的铺砌方式和设色分层，近人尺度局部采用石材，强调横线条和秩序感。这种装饰手法延伸至室内装修中，模糊了内外的感受，从而使整体建筑传达出浓郁的文化气息。主楼顶层和学术报告厅屋顶的处理增加了铝板包的遮阳板和檐口装饰，体现了建筑物的现代感。

温特莱中心

建设地点：北京市
建筑性质：写字楼、公寓
建筑面积：91 970m^2
建筑层数：地上22层、地下4层
建筑高度：89m

根据该工程的使用功能，并考虑到它与CBD中心区的关系，以及地块周边的城市形态，在设计中努力在用地上建成一种区域控制的空间形态，使之成为与CBD中心区相匹配的城市节点。

方案中将写字楼沿光华路布置，商务公寓则采用L形与之围合，形成安静的中心庭院，中心庭院成为新（拟建的写字楼及公寓）、旧（温特莱酒店）的联系点与核心。

写字楼有1个交通核心筒，有6部客梯，其中3部为观光电梯，设有1部消防电梯。大开间柱网8.0米x8.5米，可提供开敞式的办公空间。在走道尽端设有人性化的空中休闲空间，空间为局部2层通高。

公寓楼的设计体现出时尚流行的商住式公寓户型的特色，可灵活出租出售，厨房厨具采用电灶。南向为大户型，东西向为小户型。公寓楼共有6部客梯，1部消防梯。

从城市设计的角度出发，该地块位于CBD地区，又是城市街道转角的位置，所以在造型设计中，既要考虑到与周边协调，又应将写字楼与公寓及保留的酒店做为一个整体统一起来，形成温特莱中心的特色。为营造出时代感，建筑外装材料主要考虑一些现代建材，如：铝板、不锈钢和丝网印刷玻璃、Low－E玻璃等。

怡海中学

建设地点：北京市
教学楼面积：地上15 641m²、地下5 833m²
宿舍楼面积：地上8 558m²、地下2 948m²

本项目位于北京市怡海花园居住区内，包括30个班中学教学楼、宿舍楼及运动场。

本项目用地比较局促，因此，在方案构思中，合理的功能布局以及对室外地下空间的充分利用成为设计的出发点。教学楼地上5层，地下1层，周边均为下沉庭院，以利于地下层房间采光和通风，同时也为学校创造出优美的环境景观。

在教学楼的东西长轴方向引入通高中庭和宽敞的休息廊。中庭既利于功能分区，又利于各教室和休息廊的采光、通风，同时，也创造出新颖的空间气氛，起到愉悦心情的作用。

北京天际线建筑咨询公司 Skyline Architecture and Plan Design Consultation Co.,Ltd 北京中天建中工程设计有限责任公司（二） Zhong Tian Jian Zhong Architecture Structure and Engineering Design Co.,Ltd

负责人 /Person in duty：李涛 /LI Tao
卞文雁 /BIAN Wenyan
地址 /Add：北京市海淀区中关村南大街 33 号国家图书馆 L 区 /Section L，National Library，No.33 Zhongguancun South St，Haidian District，Beijing
邮编 /Zip：100081
电话 /Tel：（+86） 10 68410735 88416827
传真 /Fax：（+86） 10 68488119 13801210111
电邮 /E-mail：SKY-LINE@163.NET

公司建立于1993年，是建设部勘察设计协会下属设计公司，具有综合甲级设计资质。业务范围包括：工程咨询、工程勘察、建筑设计、城市规划、园林工程设计及建筑工程、市政工程总承包等。近年来，以建筑设计为主业，作品包括大型居住区规划及住宅单体设计、酒店、办公楼、商用建筑、科技建筑、学校、综合体等。

公司秉承"创作时代精品"之宗旨，在众多国际国内招标工程设计中中标、入选；并且多项工程获部级，市级优秀设计奖项。公司注重服务，强调质量，完成一大批时间紧、难度大的重要工程项目，并取得佳绩。

The company was founded in 1993. It is a subordinate design firm direct under the National Construction Ministry with the A-class certifications for design and planning. The businesses involve: project consulting, project reconnaissance, city planning, Garden design and General contracting of architectural project and municipal projects. In recent years, the unit's main operations are constructional design. The practices of the firm including large-scale residential planning and single domicile design, hotel design, office design, commercial building design, school planning and comprehensive architectural design. The company, taking "To create for the times" as the corporate inspiration, has won significant international and domestic biddings and gained scores of ministerial, provincial and municipal awards. The firm, eyeing on providing best services to clients, has successively completed a series of urgent and difficult projects.

主要设计作品

二OO一年世界大学生运动会运动员村
建设部大院规划改造及环境设计
建设部大院北区办公、酒店综合体
大吉都市嘉园－康居示范工程
回龙观文化居住区 A08 西区住宅
回龙观文化居住区 A08 区小学、托幼、商业、办公楼
上地佳园居住区
中加苑
华府景园
华清嘉园 14#－16#
西二旗创业者家园（方案）
中关村软件园起步区（方案）
锦州新城－绿景湾
成都风格雅园
政馨家园
清河万地国际村
呼和浩特市政府前区规划及单体

2001 年大学生运动会运动员村

建设地点：北京市
建筑性质：酒店、办公、综合楼、公寓商业
建筑面积：230 000m²
设计时间：1999.9

"大运村"是为2001年世界大学生运动会而设计的运动员村，"大运村"后作为高校大学生公寓及对外经营的酒店、办公楼。整个园区由15项单体组成。整体规划极具个性地围成一个"鱼"形，取"鱼跃龙门"之意，寄托对运动员、大学生的美好祝愿；同时创造出错落有致的立体空间和极富动感的天际线。（公寓、11#、12# 楼由 ATKINS 公司设计部分方案）

亚星数码科技园

建设地点：河北省燕郊开发区
建筑性质：办公、研发、大学公寓、康乐中心、
国际会议中心及酒店
设计时间：2002.3

本项目规划理念取自中国传统风水之意境，西区以阴阳环抱之势，创造出户户临水的格局，专家楼、酒店、会议中心融入结合规划塑造的“湖、河、溪”的景观之中，开阔、恬静。东区为科技研发区、教学区及服务公寓，以下沉的广场，茂密的科技公园创造出人与自然、科技的合一，总规模86万平方米。

建设部大院北区公建国际竞赛入选方案

建设地点：北京市
建筑性质：办公、酒店、商业
设计时间：2001.1

本项目由3幢写字楼及1栋酒店组成，下设商业街，总建筑规模17余万平方米。设计引入生态办公概念，创造丰富的绿化生态空间，与交通，交往空间相结合，以塑造现代化的酒店、办公综合体。

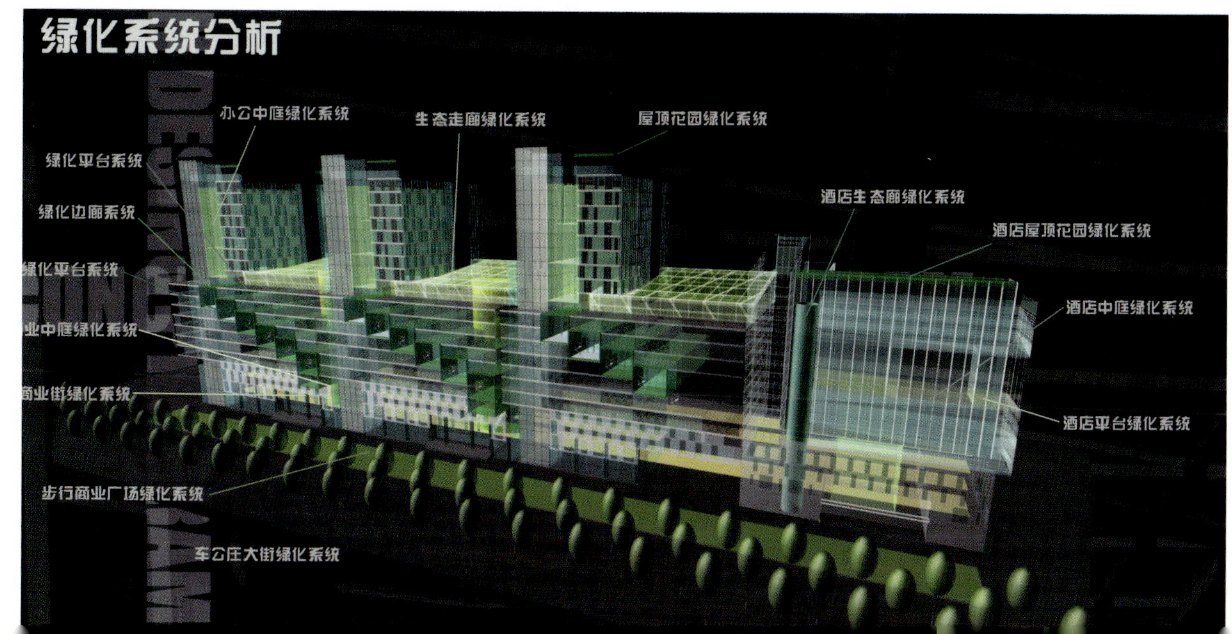

清河万地国际村

建设地点：北京市
建筑性质：居住、办公、商业、文化设施
建筑面积：750 000m^2
占地面积：24ha

创造性地解决大型、城市型危改区的各项问题。重点通过对绿化带、河景、步行平台的利用，创造有活力、有标志性的社区形象，丰富社区景观、服务设施、交往空间，解决城市交通、居住区车流与人的居住、休闲行为的矛盾，并对清河古镇的商业、文化氛围给以尊重并延续。获“2002 年中国住宅创新夺标社区规划示范楼盘”。

上地佳园居住区

建设地点：北京市

建设性质：居住、商业、文化配套设施

建筑面积：248 000m^2

占地面积：10.5ha

建立在对基地、环境充分分析的基础上，利用有特色、有限制的基地条件，创造出有个性的主题空间居住社区。以"半岛"作为空间、景观、居住类型的表达与因借并引入水景，创造出丰富的绿化景观及空间层次，将交通设施、商服设施相结合。使资源、环境、居住品质、空间趣味完美统一。获"第八届首都建筑设计汇报展居住区规划设计方案专家评选奖"和"2002年中国住宅创新夺标社区规划示范楼盘"。

1. 西直门公建
建设地点：北京市
建筑性质：办公、公寓
建筑面积：120 000m^2
建筑高度：80m
设计时间：2000.5

2. 呼和浩特市如意村城市设计方案

3. 中关村软件园－会展中心

4. 树村公建
建设地点：北京市
建筑性质：酒店、办公、公寓
建筑面积：220 000m^2
建筑高度：24m
设计时间：2002.3

1

2

3

4

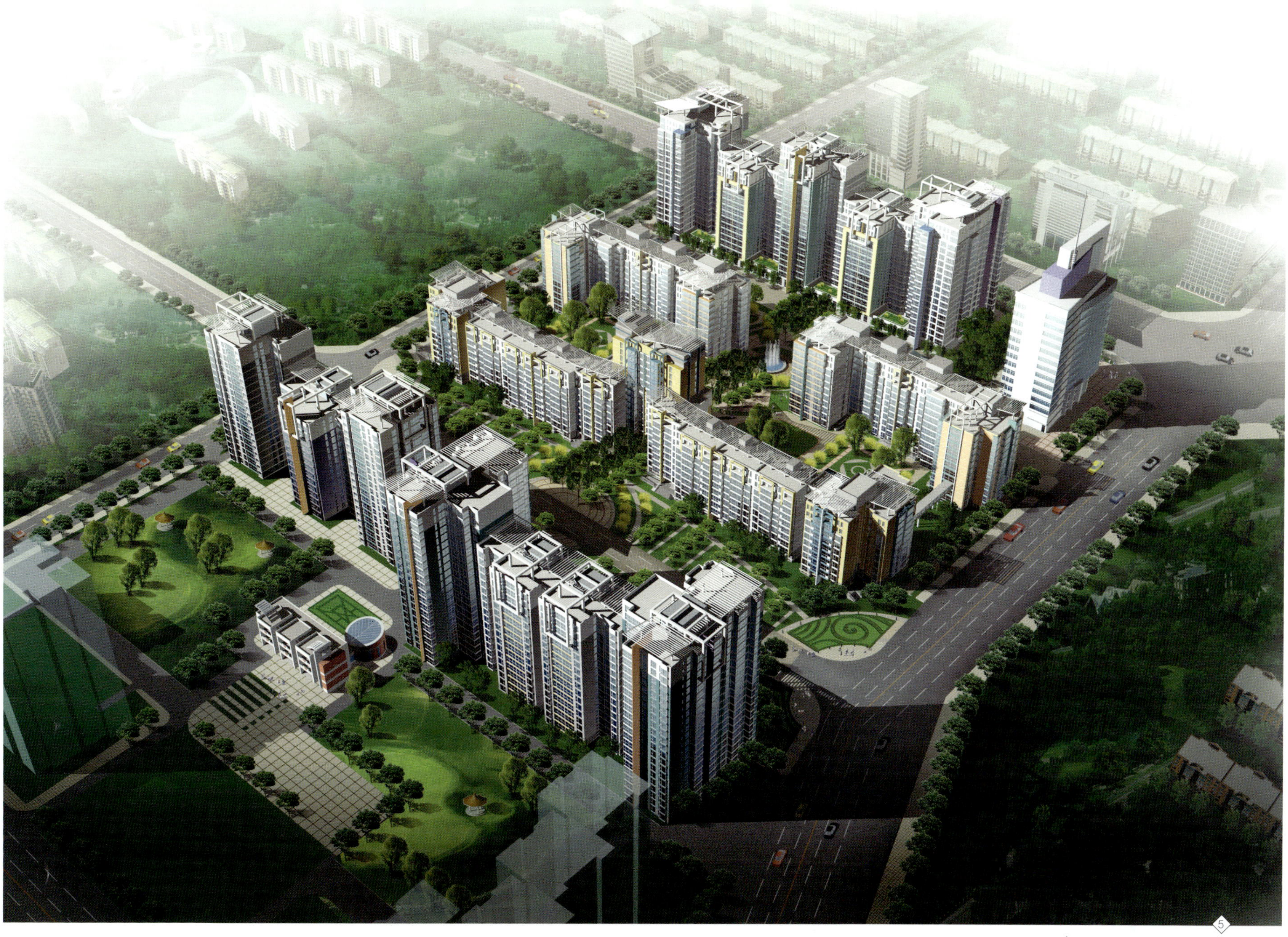

5

5. 政馨家园
建设地点：北京市
建筑性质：居住及配套商业
建筑规模：230 000m²
建筑高度：60m
设计时间：2001.4

6. 中央国家机关党政干部培训中心
国务院机关老干部活动中心
建设地点：北京市
建筑性质：培训及办公
建筑面积：20 000m²
建筑高度：29.1m
设计时间：2002.8

7. 花园东路商厦

8. 白石桥商厦

6

7

8

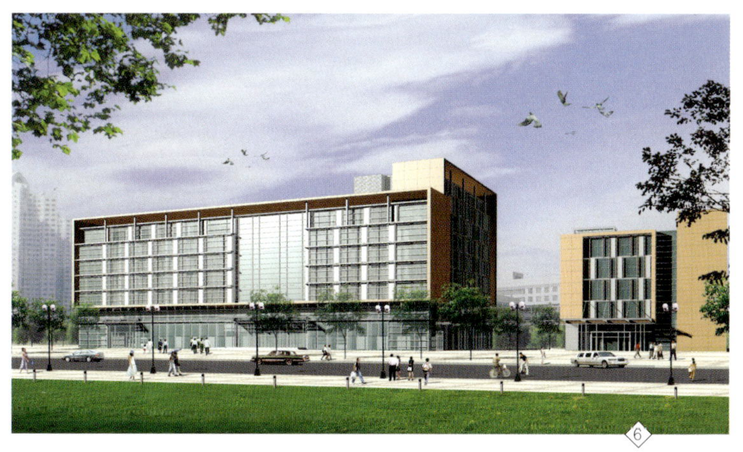

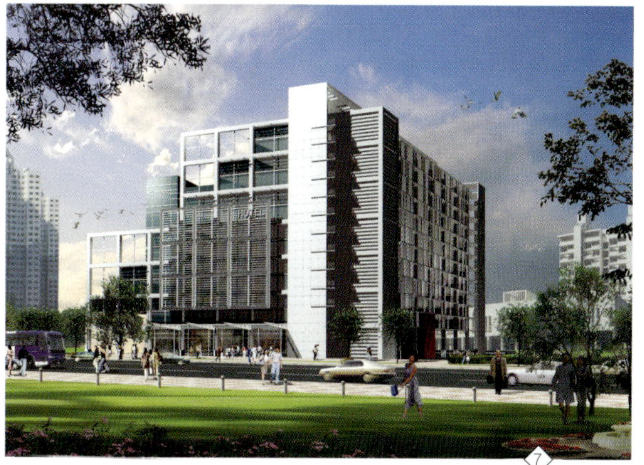

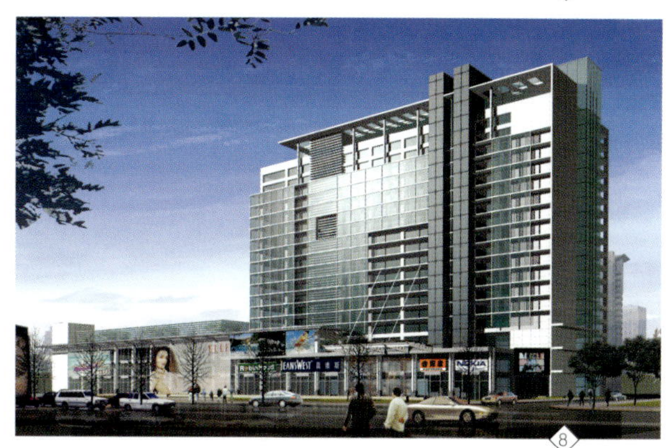

北京维拓时代建筑设计有限公司

Beijing Victory Star Architectural & Civil Engineering Design Co.,Ltd

法人代表 /President：孙祥恕 /SUN Xiangshu
地址 /Add：北京市朝阳区道家村1号
No.1，Daojiacun，Chaoyang District，Beijing
邮编 /Zip：100025
电话 /Tel：(+86) 10 65061133
传真 /Fax：(+86) 10 65015536
网址 /URL：www.VTJZ.com.cn
电邮 /E-mail：VTJZ@VTJZ.com.cn

北京维拓时代建筑设计有限公司始建于1979年，前身是北京市纺织工业设计院，2001年组建股东会、董事会，成立有限责任公司。公司的质量方针是"强化科学管理、追求一流设计、力创维拓品牌、确保质量第一"，并通过了ISO9000质量体系认证。

公司工程设计主体现有正式员工122名，其中工程技术人员占82%。国家一级注册建筑师有16人，国家一级注册结构工程师有13人。

公司还设有可承接咨询、监理、工程总承包、装饰、景观设计等业务的若干分支机构。

境外合作伙伴包括美国HOK、澳大利亚DCM、澳大利亚COX、德国GMP、美国SASAKI、香港贝尔高林等10余家设计公司、事务所。

Beijing Victory Star Architectural & Civil Engineering Design Co.,Ltd was first set up in 1979, it is the former Beijing Textile Industry Design Institute. In 2001, the stockholders and directorate were organized and the company with limited liability was found. The quality guideline of the company is "to intensify scientific management; to pursue first level design; to create the Wei Tuo brand; to ensure quality first". It has passed the ISO9000 quality series certification.

The companyís main design body now employed a formal staff of 122, 82% of which is project technician. It has 16 class-A state-registered architects and 13 class-A state-registered structure engineers.

The company also has several branches which carry out consultancy, construction supervision, general contracting of projects, decoration, landscape design and so on.

The partners overseas include more than ten design company and agency such as the HOK of America, the DCM of Australia, the COX of Australia, the GMP of Germany, the SASAKI of America, and the Bell Gaolin of Hong Kong.

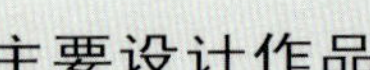

主要设计作品

亮马河高层塔式住宅	麒麟大厦
六里屯居住区规划	金岛外交公寓
纺织总会办公楼改造	方舟苑小区
陕西汉中体育馆	中国人民银行研究生部
秀水园小学、中学	华馨公寓
京港城市大厦	万泉新新家园
昆泰大厦	回龙观居住区
东方花园酒店	通达花园
高校望京花园规划	阳光100国际公寓
国门大酒店	康城花园

1

4

1.北京161中学规划
建设地点：北京市
建筑性质：教学
建筑面积：40000m²
建筑高度：19m
建筑层数：5层
设计时间：2001

2.远洋天地
建设地点：北京市
建筑性质：住宅
建筑面积：120000m²
设计时间：2001

3.唐山市凤凰公寓(方案)
建设地点：河北省唐山市
建筑性质：公寓、会所
建筑面积：28640m²
建筑高度：35m
建筑层数：11层
设计时间：2001

4.海湾大厦(方案)
建设地点：北京市
建筑性质：办公
建筑面积：70000m²
建筑高度：88m
建筑层数：25层
设计时间：2000

②

③

⑤

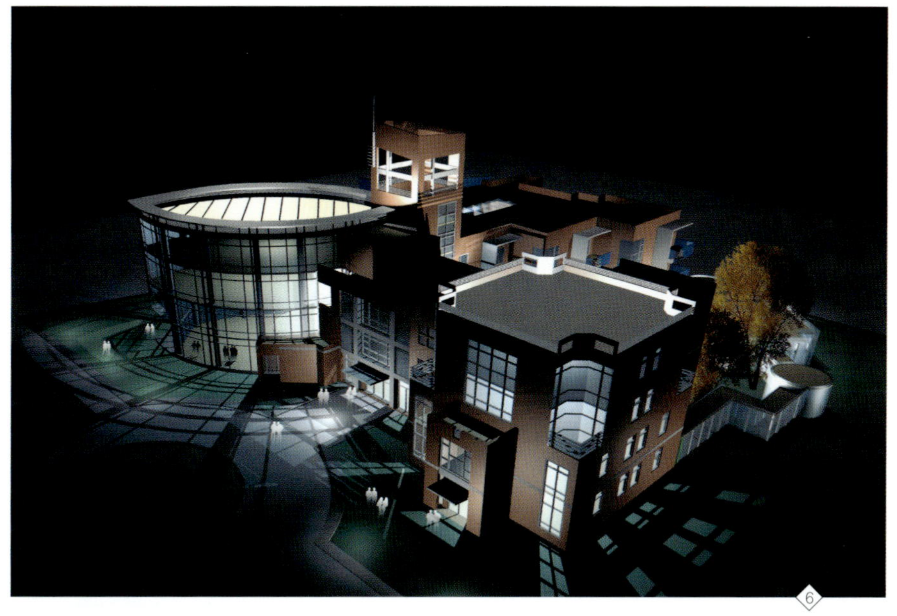

⑥

⑦

⑧

5. 中纺科贸大厦（方案）
建设地点：北京市
建筑性质：办公、公寓
建筑面积：70 000m²
建筑高度：100m
建筑层数：32 层
设计时间：2002

6. 楼梓庄小区会所
建设地点：北京市
建筑性质：社区会所
建筑面积：9 130m²
建筑高度：16m
建筑层数：4 层
设计时间：2000

7. 魏公元鼎大厦二期（方案）
建设地点：北京市
建筑性质：公寓式写字楼
建筑面积：78 820m²
建筑高度：97m
建筑层数：26 层
设计时间：2002

8. 鑫兆佳园
建设地点：北京市
建筑性质：住宅
建筑面积：150 000m²
设计时间：2001

奥体中心运动员公寓(方案)

建设地点：北京市
建筑性质：公寓
规划占地面积：2.365ha
建筑面积：30 118m²(其中地上23 400m²，地下6 718m²，不含地下车库面积2 700m²)
容 积 率：1.27
建筑密度：0.236
建筑高度：23.8m
绿 化 率：48%
停 车 数：47辆

奥体中心运动员公寓地处国家奥林匹克体育中心院内，设计力求体现绿色奥运思想。各功能区中心的"核"为生态大厅，作为建筑群的"心肺"，为运动员提供阳光、绿色、清新空气；大厅内视线开敞，阳光充足，有景观电梯上下穿梭，数道天桥纵横其间，空间线条极具动感。入夜时分，大厅完全沉浸在灿烂的灯光之中。建筑外观造型力求与奥体中心的格调相匹配，共同构成奥运建筑的特殊形象：梭形"核"的楼体弧线，创造出富于动感的光影的效果；简洁流畅的曲线穿插于板楼之间，形成曲与直，光与影的强烈对比。令人振奋的流动性与运动性的建筑表面，形成奥运精神的体现；生动、完美的建筑体态、色彩，也表现着运动员的高尚情感与杰出技能。身处公寓建筑中的运动员们，将获得良好的休养生息的环境条件，也将持续蕴育着必胜的决心和自信，准备着去打破自己的生理极限，努力创造新的世界记录。

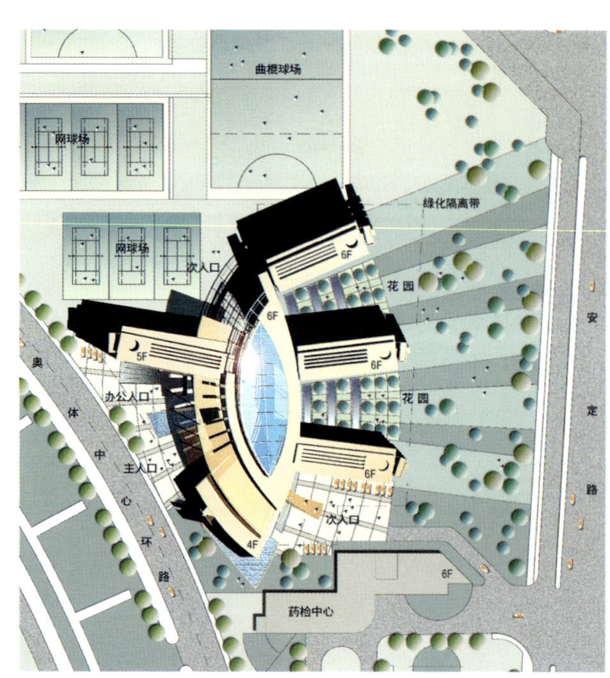

北京通州富河商贸中心（方案）

建设地点：北京市
建筑性质：物流、商贸
规划用地面积：38.24ha
建筑面积：335 900m²（其中花鸟鱼虫展销中心：38 000m²，
Shopping Mall：53 000m²，
中心商务区：211 600m²，
汽车交易市场：33 300m²）
绿化用地：8.74ha
容积率：0.88

通州富河商贸中心位于北京东郊温榆河与通顺公路交汇处，将建成为通州区的物流、商贸中心。总体布局为带状，沿通顺路从南到北依次为花鸟鱼虫展销中心、Shopping Mall（购物市场）、CBD（中心商务区）、汽车交易市场4大功能区。规划中考虑城市定位及空间发展形态的构成：建筑群体高低错落、主从分明、疏密有致、开合多变；设计中突出绿色、生态、环保概念，满足可持续发展要求。

望京花园东区

建设地点：北京市
规划用地面积：9.603ha
建筑面积：310 000m²
配套公建面积：67 000m²
非配套公建面积：25 000m²
绿 地 率：30%
容 积 率：3.2
设计时间：2001

望京花园东区是北京市政府确定的为解决高校教师居住用房的重点工程。该区北临五环路，南靠北小河，东西居住区已建成，地段狭长、紧促，并设有一规模配套中学。为弥补总体规划上的不足，小区布局以塔楼为主，水平交错展开，努力从空间形态上突出塔群的整体性，加强建筑的气势；并以明快鲜艳的对比色彩，突出建筑单体的个性。在细部设计上，强调人情化，把握宜人尺度，创造娱人景观。公建设计在材料、色彩、造型手法上，既突出各自特点，又服从整体要求；与住宅主体相互呼应，协调统一，形成富有现代生活气息的温馨社区。

锦秋知春花园住宅小区

建设地点：北京市
居住用地面积：3.437ha
非配套公建用地面积：0.87ha
配套公建用地面积：0.028ha
公共绿地面积：1.758ha
住宅建筑面积：159 000m^2
居住总户数：1000 户
绿 化 率：70%
一期总建筑面积：131 000m^2
一期容积率：0.71
设计时间：2001
合 作 方：澳大利亚COX 设计师事务所

锦秋知春花园住宅小区位于海淀区知春路南侧，交通便利，呈南北向狭长地形，是集高科技办公、商住、高级住宅为一体的综合建筑群。本项目追求的总体目标，是在较高的容积率条件下，仍保证有良好的居住环境，形成独特、优雅的社区景观。舒缓曲线形的建筑平面和高低错落的建筑体量，形成有收有放、风格独特的庭院空间，并最大限度地利用了地形。弧形板楼屋顶部分采用叠落设计，增加了空间形态的活力。塔楼的"空中花园"设计，使居住者身在高楼仍能享受其乐融融的邻里交流。建筑底层架空使分散的庭院连通成为共享的绿化空间。用地四周设置高层塔楼，界定了小区空间。南北区建筑立面采用不同风格，既增强标识性，又体现趣味性。院落空间动感十足、景观独特，外形设计手法细腻、富有个性，为中关村地区增添了一笔亮丽的色彩。

国内贸易工程设计研究院

Internal Trade Engineering Design & Research Institute

法人代表/President：金嘉玮/JIN Jiawei
地址/Add：北京市丰台区右安门外大街99号
No.99，You An Men Wai Ave，Fengtai，Beijing
邮编/Zip：100054
电话/Tel：(+86) 10 63565540
传真/Fax：(+86) 10 63565560
网址/URL：www.itedri.com.cn
电邮/E-mail：bgs@ itedri.com.cn

我院创建于1954年，是建筑、商业、智能建筑设计和工程建设总承包、建设监理、咨询均为甲级资质的综合性设计单位，并具对外经营权、设备进出口自营权。

本院拥有各类技术人员300余人，专业设置配套齐全，特别是在食品加工、冷冻、石油储运等技术领域综合实力处于全国领先地位。主要业务包括：城市规划、建筑设计、商业设计、工业设计。

本院几十年来为国内外设计并建造了共计2000余项工程项目，有40余项获各级优秀工程设计奖。2000年通过了 ISO9001 和ISO9002的认证。受建设部委托，我院是《冷库设计规范》、《石油库设计规范》、《猪屠宰与分割肉车间设计规范》等行业统一规范、标准的主编单位。中国制冷学会秘书处隶属于本院。

Internal Trade Engineering Design & Research Institute was founded in1954. It' s a comprehensive design unit with class-A qualification of architecture, business, intelligence construction design and project construction general contract, construction supervision and consultation, and has foreign operation right and marketing facilities of imports and exports right.

The institute owns over 300 technical personnel of all types and possesses comprehensive specialties, and its comprehensive strength goes into the lead of the state especially in the technical fields of food processing, freeze, petroleum preservation and transportation, etc. Its main business scope includes urban planning, architecture design, business design, industry design.

During the past several decades, the institute has designed and constructed more than 2000 projects for interior and exterior of the country, over 40 of which have been awarded excellent project design prizes of different levels. And it was awarded Certificate of ISO9001 and ISO9002 in 2000. Committed by Ministry of Construction, this institute is the chief compiler unit of the unified criteria and standards of trades such as "freezer design criterion", "petroleum depot design criterion", "pig slaughter and cutting apart meat plant design criterion "etc. And China Refrigeration Academy Secretariat belongs to this institute.

主要设计作品

唐山市南北家园广场
北京郑常庄新村
兰－成－渝输油管道配套工程
北京天发肉类联合开发中心
深圳三鸟批发市场
中央直属天津棉花储备库

①

1.蛇口水产批发市场
建设地点：广东省深圳市
建筑性质：商业
建筑面积：12 279m²
建筑高度：24m
建筑层数：4层
设计时间：2002.5

2.青海省宝羊肉类开发中心项目
建设地点：青海省西宁市
建筑面积：14 000m²
建筑高度：8.3m
建筑层数：1层
设计时间：2002.4

3.家乐福马连道店
建设地点：北京市
建筑性质：商业
建筑面积：26 000m²
建筑高度：9m
建筑层数：2层
设计时间：2001.6

4.深圳三鸟批发市场
建设地点：广东省深圳市
建筑性质：商业
建筑面积：44 000m²
建筑高度：18m
建筑层数：3层
设计时间：2001.6

5.国土资源部十三陵培训中心
建设地点：北京市
建筑性质：商业
建筑面积：12 487m²
建筑高度：24m
建筑层数：5层
设计时间：1999.12

②

③

4

5

6

7

6. 郑常新村鸟瞰
建设地点：北京市
建筑性质：住宅
建筑面积：98 000m²
建筑高度：45m
建筑层数：14 层
设计时间：2001.6

7. 北京商业管理干部学院学员综合楼
建设地点：北京市
建筑性质：教学
建筑面积：5 800m²
建筑高度：31.5m
建筑层数：9 层
设计时间：2001

唐山南北家园广场

建设地点：河北省唐山市
建筑性质：商业
建筑面积：102 213m²
建筑高度：90m
建筑层数：25层
设计时间：2001.6

唐山市南北家园广场位于唐山市高新技术开发区内，南为龙华道，东为建设路，家园广场总用地面积6万平方米。建筑面积10万平方米，有家具城和南北家园大厦组成。

在南北家园广场设计过程中，不断融入了城市设计的理念，从总体布局设计意向以及形象创造上，竭力创造出与城市环境相和谐又独树一帜的建筑群，以求达到建筑与城市相互促进的效果。

该建筑群地处十字路口，为使其和路口融合，协调周围环境，饭店大厦向北移，留出了门前广场空间，并将大厦的南立面做成弧形，面向十字路口，与火炬大厦同指向路口，互相呼应，成为建设路内由南向北的完整统一的布景。同时大厦的直线段部分又照顾到龙华道南侧的唐山师范学院主楼，使3栋大楼围合着十字路口，建筑的适当后退在路口形成1个层次丰富的空间。酒店大厦在建设路侧设计了1个观景电梯，其高度为90米以上，塔尖超过100米，将成为城市的最高点。建设路作为唐山市的城市门户，该大厦成为其标志性建筑，在空间上达到既突兀又和谐的观感。

路口的建筑有分有合，形态各异，风格统一，犹如城市颈项上的一串明珠，为城市带来一抹靓丽。

家乐福青岛新兴店

建设地点：山东省青岛市
建筑性质：商业
建筑面积：29602m²
建筑高度：16.5m
建筑层数：3层
设计时间：2001.6

家乐福青岛新兴店建成于2002年，是我院在青岛设计的第二座大型开采式自选超市，总建筑面积约2.9万平方米。

该超市位于敦化路与山东路交汇处，建筑总平面布局在充分满足规划条件的基础上，尽量结合地形特点进行建筑平面布置，并设有东流的入口，货流的出口位于敦化路上，形成环行东流，无交叉干扰。

在商场的正面布置了大片的绿地，与城市绿地连为一体，绿地和建筑相互衬托，格外清新、典雅，与周围花园般的城市景观相应成趣，创造了优美、温馨、舒适的购物环境。

平面设计根据超市的经营需要，一层平面主要为小汽车停车场，其余部分包括货物接收区、存货仓库、设备用房、食街及数个小型店铺。其中货物接收区布置于后院内部，方便人员集散。在其后侧布置有一条8米宽直通3层屋顶停车场的汽车坡道。2层平面分仓库和卖场两部分。因本工程为开架式自选超市，仓库部分面积所占比例不大，主要为卖场，由经营方根据需要布置生鲜区、面包房、调味品区及日用品区等。3层布局设置管理人员办公室使管理人员方便对经营状况进行调查。

正立面突出部分为蓝色透明玻璃幕墙，顶部设商店店标、1层店铺及商场入口部分为落地透明玻璃，入口上方悬挑门廊处配置海蓝色锥形钢架，使整个正面 造型虚实对比强烈，色彩明快，富有现代气息，给人强烈的视觉影像，这也是家乐福的传统造型。

核工业第二研究设计院

Beijing Institute of Nuclear Engineering

法人代表 /President：皇甫岷 /HUANGFU Min
地址 /Add：北京市海淀区阜成路马神庙 1 号
No.1，Mashenmiao，Fu Cheng Rd，Beijing
邮编 /Zip：100037
电话 /Tel：（+86）10 88022211
传真 /Fax：（+86）10 68418086
网址 /URL：www.bine.com.cn
www.nuclear.cetin.net.cn/bine
电邮 /Email：BINE@public.east.cn.net

我院成立于 1958 年，是我国核工业系统成立最早的大型综合性工程研究设计院，国家批准的可进行工程建设总承包的甲级设计院和甲级资质建设工程监理单位，具有直接对外经营权。建院以来，完成各类大型工程设计项目 700 多项，完成各类科研项目 1 200 项，获各级奖 500 余项。

我院是我国大型商用核电站、放射化工、核三废治理等工程自主设计的开拓者和主力军。改革开放以来，我院相继完成了建筑工程100多项；先后完成了70多个啤酒厂、饮料厂的设计，30多个中小型热电厂和发电厂的工程设计；还完成了辐照加工、制药工程、环境工程等领域的多项设计任务。

Beijing Institute of Nuclear Engineering is founded in 1958, entitled the first comprehensive large-scale engineering research and design institute, and the High-ranking academy engaged in architectural design and management, is the nationally certified unit that has the right for direct foreign transitions. It has completed more than 700 respective big engineering projects and 1200 scientific researches and bear 500 prizes for its accomplishments.

It is the exploiter main force of the planning of the national commercial nuclear plants, radioactive chemistry industry, nuclear disposal controlling. Since the application of Open and Reform policy, it has completed more than 100 architectural programs; design of 70 brew houses and beverage plants, 30 medium-size thermoelectricity plants and power plants as well as programs engaged in pharmacia engineering, environmental engineering, etc.

主要设计作品

- 821 反应堆工程
- 404 动力堆元件后处理中试厂
- 中国实验快堆
- 重庆辐照站
- 深圳东莞东湖花园
- 北京月坛大厦
- 安全部通信指挥中心
- 深圳矿泉水厂
- 广州麦芽厂
- 重庆第二啤酒厂
- 天津石化公司热电厂
- 新疆独山子乙烯工程热电厂
- 深圳环卫综合处理厂
- 天津石化公司热电站供热站及城市热网管线
- 巴基斯坦陆军福利制药厂
- 华中制药厂制剂车间

1

2

3

1．北京理工大学附属中学校园规划

建设地点：北京市

建筑性质：教学

建筑面积：50000m²

2．沈阳化工学院试验楼

建设地点：辽宁省沈阳市

建筑性质：教学

3．江苏田湾核电厂专家村

建设地点：江苏省连云港市

建筑性质：住宅

占地面积：120000m²

4．深圳世界金融中心

建设地点：广东省深圳市

建筑性质：商业、金融

建筑高度：180m

建筑层数：42层

5．新疆石河子市热电厂

6．新疆石河子市东花园

建设地点：新疆维吾尔自治区石河子市

建筑性质：住宅区

建筑面积：150000m²

江苏田湾核电站

田湾核电厂一期工程安装俄供2台百万千瓦级VVER—1000/V428型机组。我院为中方设计和技术服务总体院。我院控股的贝克斯监理公司还承担了核岛土建和安装的监理工作。

广东岭澳核电站

岭澳核电一期工程为两台100万千瓦级PWR型机组（主设备由法国提供），是自主管理、自主建设、自主调试运行的国营独资项目。我院全面参与了业主的工程管理，完成了总体设计，核岛土建及配套工程的设计，是该工程设计和技术服务的主体单位。1号机组已于2002年2月首次并网发电成功。

秦山核电二期工程

秦山核电二期工程项目位于浙江省海盐县。该项工程是我国第一座自主设计、自主建造、自主运营的大型商用核电站。其装机容量为2台600兆瓦压水堆机组，我院是该项目的工程设计与技术服务总包院。它的建造将为我国千兆瓦级商用核电机组的建设提供有益的经验。

建研建筑设计研究院有限公司

（原中国建筑科学研究院建筑设计院）

CABR Building Design Institute

法人代表 /President：修龙 /XIU Long
地址 /Add：北京市北三环东路 30 号
No.30，Beishanhuandong Rd，Beijing
邮编 /Zip：100013
电话 /Tel：(+86) 10 84284895 84281360
传真 /Fax：(+86) 10 84281371
网址 /URL：www.CABR-DESIGN.com
电邮 /E-mail：CABRDEN@public.bta.net.cn

建研建筑设计研究院有限公司(原中国建筑科学研究院建筑设计院)是建设部系统甲级设计单位。主要从事各种类型的大中型民用与工业建筑设计。队伍梯队构成包括院士、国家级设计大师、教授级建筑师、工程师等。建设部甲级设计单位中首家通过 ISO9001 质量体系认证。国际著名合作伙伴包括贝聿铭、丹下健三等世界级建筑大师以及其他美国、德国、香港、新加坡等国际著名建筑设计事务所。

我院一贯的工作宗旨是信誉、质量和效益。

The CABR Building Design Institute (CABR-BDI) is an A-class design institute pertained to the Ministry of Construction P.R.China.CABR-BDI mainly engages in the large and medium civil and industrial building design. The team consists of a group of academicians, national design masters, professional architects and engineers, etc. CABR-BDI has been certified by the ISO9001 Quality System. The international partners include I.-M.Pei and a number of design firms in the USA, Germany, Hong Kong and Singapore. The principle of CABR-BDI is "Credibility, Quality and Efficiency".

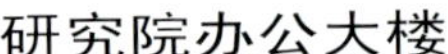

研究院办公大楼

北京航华科贸中心

建设地点：北京市
占地面积：42 566m^2
建筑面积：300 000m^2

由4幢高层办公和2幢高层公寓及附属建筑组成，是北京CBD区域内继国贸后又一现代化高智能的建筑群体。

MOTOROLA
hp

中国银行总部大厦

建设地点：北京市
建筑性质：办公
建筑面积：170 000m^2
建筑层数：地上 15 层、地下 4 层

中国银行总部大厦是大型、高智能现代化的办公大厦，内设 4000 平方米的中庭兼营业厅，地下室深度达 22 米，为金库、机房、餐厅及会议厅。

注：合作单位：世界著名建筑师贝聿铭及贝氏设计事务所

中华世纪坛

建设地点：北京市
建筑面积：43 000m²

中华世纪坛是为迎接21世纪、展现中国五千年的文明而兴建的一个融建筑、园林、雕塑、壁画等多种艺术形式于一体的大型人文景观。

北京中山公园音乐堂

建设地点：北京市
建筑面积：12 000m²

该项目是在原音乐堂基础上改扩建，在主体结构不动，建筑总高度不变的情况下对原有旧设备进行彻底改造、更新。由于成功的使用了基础整体托换的新技术，除了1 500座的专业音乐厅外，还增加了1个200座的小电影院、1个会议厅、1个多功能厅以及贵宾室等。整体基础托换和地下加层技术荣获北京科技进步二等奖。

马建国际建筑设计顾问有限公司
M&A Architects and Consultants International Co.,Ltd

M&A
法人代表/President：徐晓洲/XU Xiaozhou
地址/Add：北京市百万庄建设部北配楼229室/Room 229，North Building，Ministry of Construction，Baiwanzhuang，Beijing
邮编/Zip：100835
电话/Tel：(+86) 10 68433700/2/3/4/5/6
传真/Fax：(+86) 10 68433844
网址/URL：maltd@public3.bta.net.cn

我公司是由中国建筑设计大师戴念慈先生创办的建学建筑与工程设计所与马来西亚著名的MAA建筑设计事务所合资，在中国注册的建筑综合甲级设计单位。公司擅长各类民用建筑设计。公司本着业主至上、质量第一、服务优良的精神面向国内外客户，具有良好业绩和声誉。所作项目均重以人为本，注意生态环境、节约能源、讲究独特创意，具有时代精神和地方特色，能较好的满足现代生活的需要，有较高的学术水平和较好的社会效益、经济效益及环境效益。许多项目还获得了建设部和北京市优秀设计奖，公司经理徐晓洲先生竭诚期待为国内外客户提供设计和咨询服务的机会，并希望与国内外同行合作承担设计业务。

M&A Architects and Consultants International Co.,Ltd is a joint venture founded by the Jianxue Architectural and Engineering Design Institute (originated by the great Chinese Architect Mr. Dainianci) and Malaysian MAA Architectural Design Office. The company is a A-class comprehensive design unit registered in China, which is adept in all kinds of civilian architectural design. Based on the principles of “To put the benefits of clients first and to provide the best quality and services”, the unit has gained a good will among domestic and foreign clients. Of all the projects completed, there is always a presentation of the combination of local culture and Zeitgeist that satisfies all aspects of life and brings about sociality and economic benefits. Many of its design projects have gained them awards from the National Construction ministry and Beijing Vity. Mr. Xuxiaozhou, the manager of the company, applauses the opportunities to cooperate with domestic and foreign clients and share business with design firms.

主要设计作品

- 苏州吴作人艺苑
- 烟台市图书馆
- 山西中阳文化活动中心
- 中关村丰台区星火科技大厦
- 石家庄市植物园
- 中国国际图书贸易总公司国图文化大厦
- 承德商城
- 建设部大院住宅区
- 北京嘉铭园小区（合作方：加拿大B+H）
- 天津保税区商贸服务区标志及周边展示建筑群
- 天津保税区海关南卡口

1

2

3

1. 山西中阳文化活动中心
2. 海口国际交易中心
3. 平渊里商住
4. 石家庄市植物园
5. 烟台市图书馆
6. 第十二届世界建筑师大会中国建筑展室内
7. 北京嘉铭园住宅小区
8. 新疆驻京办事处

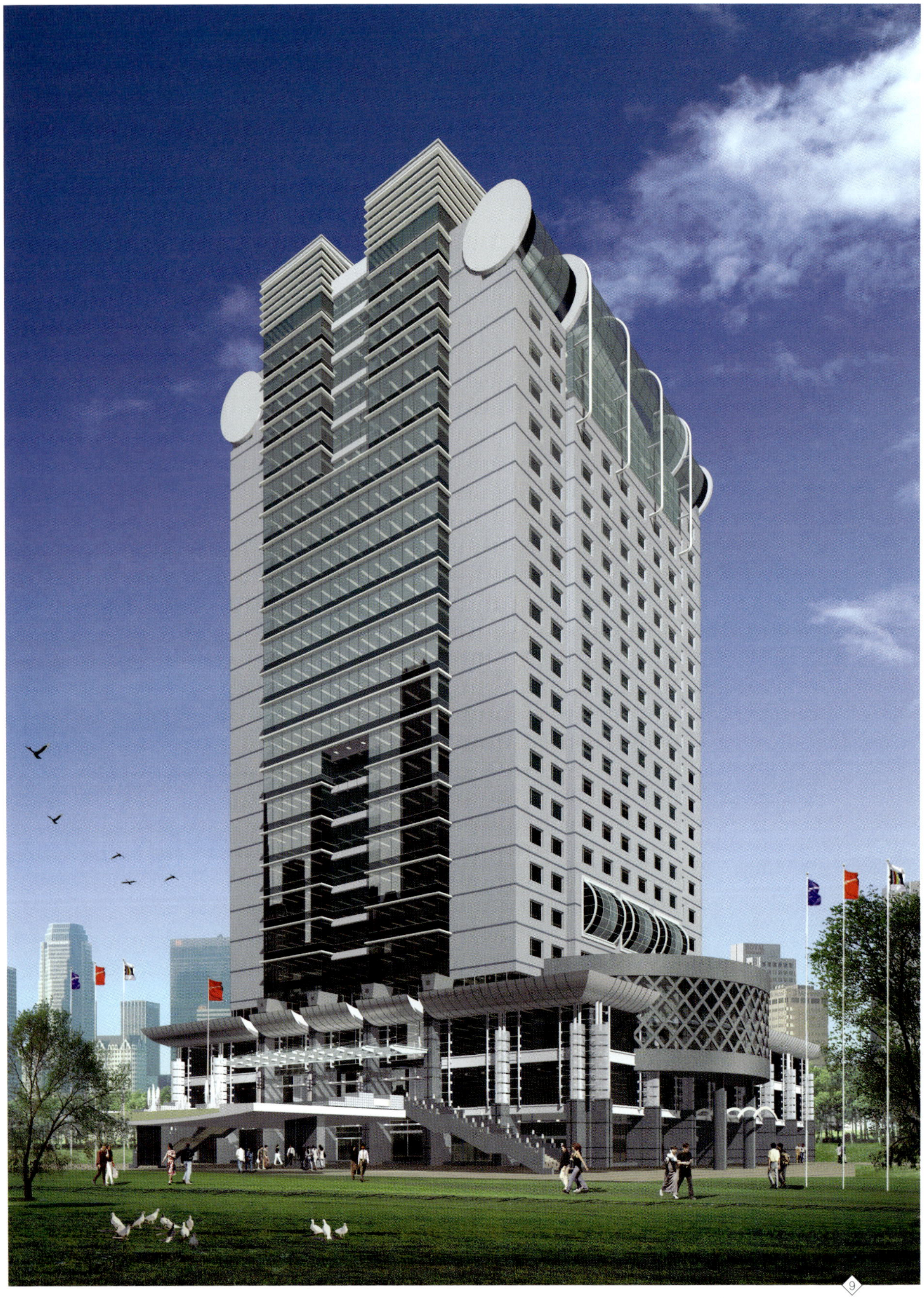

⑨

⑩

⑪

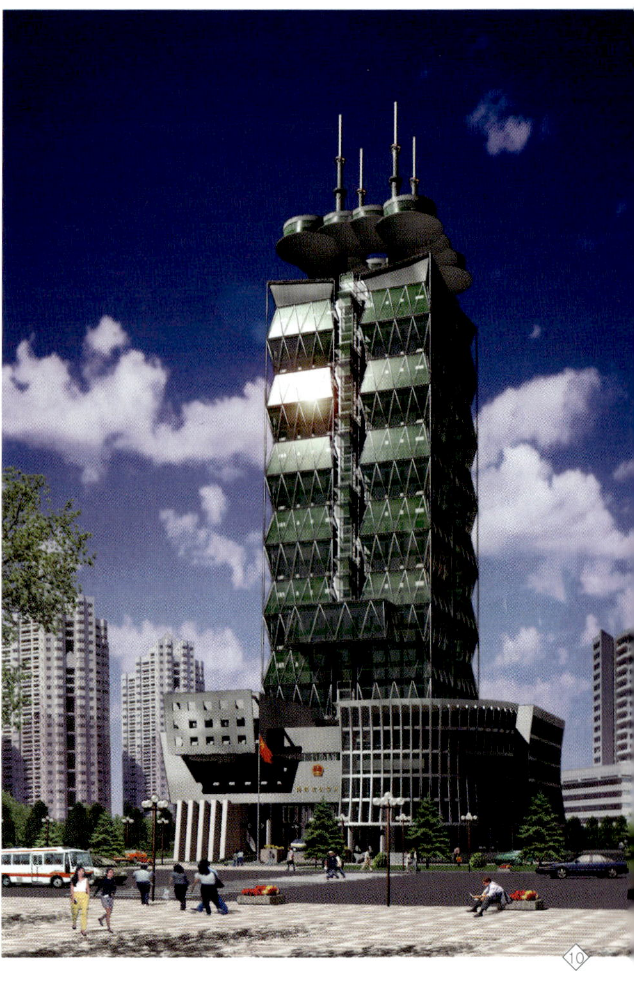

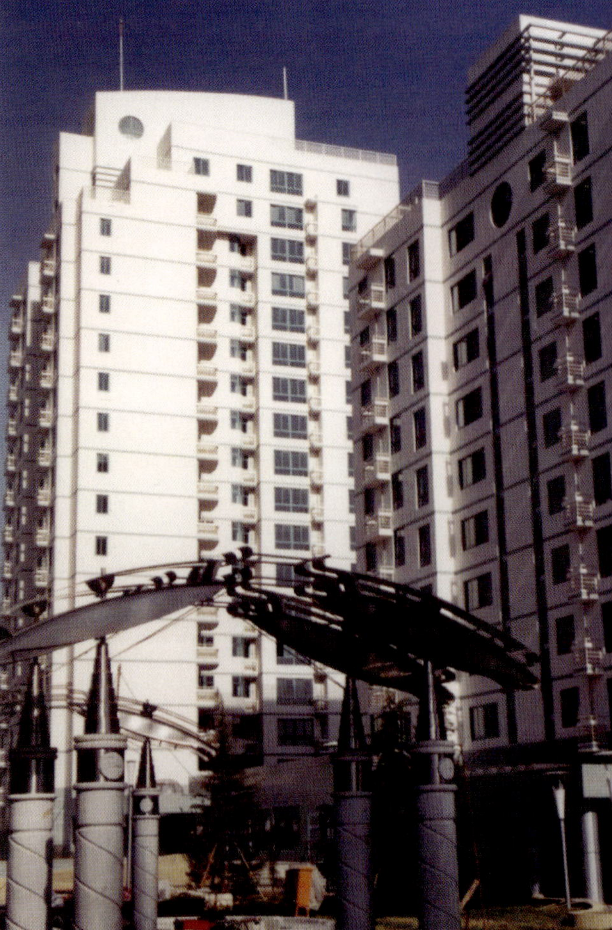

9. 中关村科技园丰台园区星火科技大厦

10. 洛阳公安局

11. 东润枫景

12. TEDA 天桥（天津开发区）

13. 丽水阁小区售楼处

14. 承德商城

15. 山水倾城

16. 北京昌平法院

12

13

14

15

16

天津港保税区商贸区

天津港保税区商贸服务区是进出口商品展示交易中心，以保税区标志为中心，汇集现代商业展示空间，建筑形式为一、二层大空间大跨度。建筑面积9.6万平方米。天津港保税区标志获1998年国际工业膜协会轻型结构奖（美国）；国家优秀设计表扬奖；北京市优秀设计二等奖；国家优秀设计三等奖。

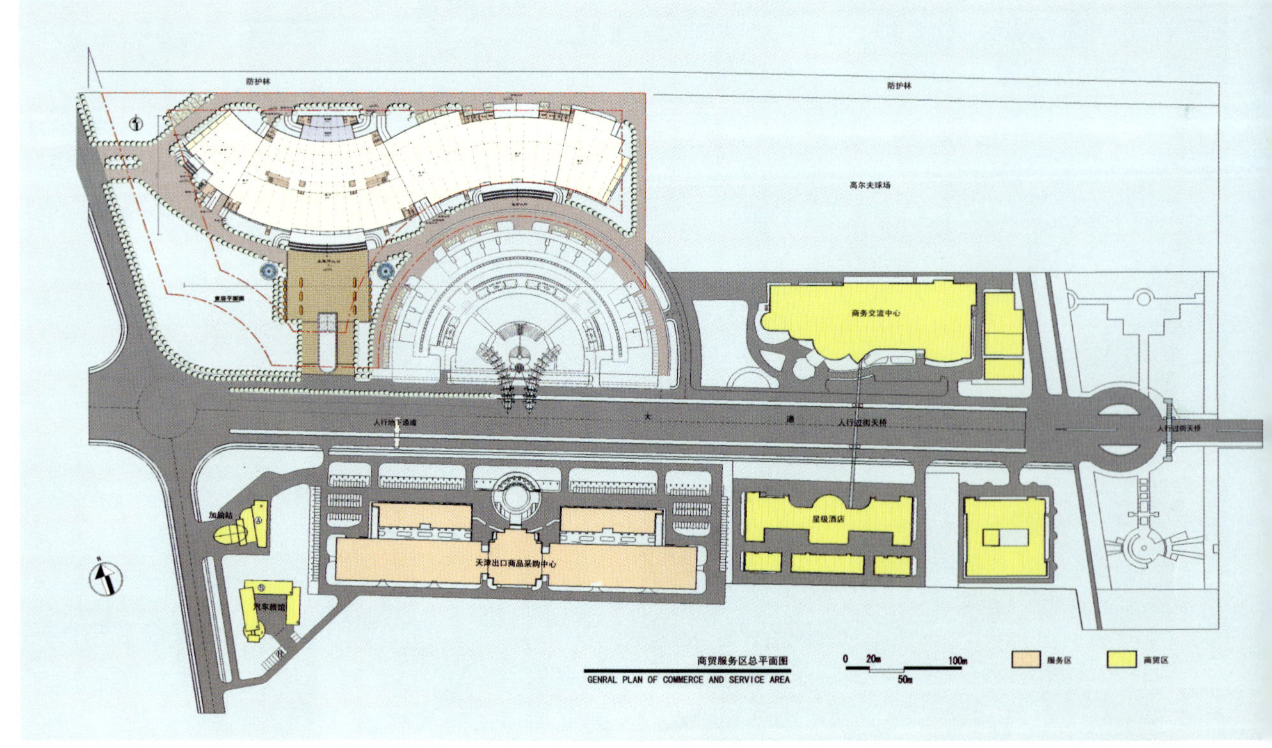

商贸服务区总平面图
GENRAL PLAN OF COMMERCE AND SERVICE AREA

清华大学建筑设计研究院

The Architectural Design and Research Institute of Tsinghua University

法人代表 /President：庄惟敏 /ZHUANG Weimin
地址 /Add：北京海淀区清华大学内
Tsinghua Univ，Haidian District，Beijing
邮编 /Zip：100084
电话 /Tel：(+86) 10 62788579
传真 /Fax：(+86) 10 62784727

我院建于1958年，为国家甲级建筑设计院。现有工程设计人员240余人，4个建筑工程设计所、4个由国家科学院和工程院院士及国家设计大师领衔的工作室、创作工作室、工程软件室和市政工程设计所、水利水电工程设计所及交通工程设计所，主要承担各类公共与民用建筑工程设计、城市设计、居住区规划与住宅设计、古建筑保护及复原、景观园林、室内设计及前期可行性研究和建筑策划研究。近年来我院在生态建筑的设计方面也作了大量的研究工作，我院自主研发了TUS工程设计软件并通过国家鉴定，我院还与建筑学院合作编纂完成了《建筑设计的生态策略》一书。近10年来，由我院设计并建成的工程，已获得国家级、省部级优秀设计奖达40余项，在全国甲级设计院中位居前列。

我院目前与法国、美国、日本、德国、澳大利亚、香港等十几个国家和地区的高等学校、科研机构及设计单位和业主有着良好的合作关系。我院已获得中国（CNACR）和英国（UDAS）质量体系认证书。

Our institute was founded in 1958 and is an A-level national architectural design and research institute. There are more than 240 personnel of engineering designers in the institute; There are now four architectural engineering design sections, four workshops headed by members of national academy of sciences and national academy of engineering and national masters of designs, a creation workshop, a construction software room, a design institute of municipal works, a hydraulic and hydroelectric engineering design institute and a design institute of transport engineering in our institute. Our institute has mainly undertaken various kinds of public and civil architectural projects designs, urban designs, planning of residential areas and dwelling designs, the protection of ancient buildings and their restoration, scenic gardens, indoor designs and the early-stage feasible study and the study of architectural programming. In recent years a large amount of research work has been carried out on the design of ecological buildings in the institute. It have independently developed the TUS engineering design software and it has passed the national appraisal.

We have good cooperation relationships with higher education institutes, research institutes, design units and clients in more than ten countries and regions including France, the USA, Japan, Germany, Australia and Hong Kong.Our institute has won the quality system certifications of Chinese CNACR and British UDAS.

主要设计作品

首都国际机场体育中心
清华大学理学院
教育部综合办公楼
台州方远大厦
青岛天悦国际建村城
王府井百货大楼
清华大学国际会议交流中心
北京现代城方案
北京希尔顿饭店

①

②

1．北京大学图书馆新馆
建设地点：北京市
建筑性质：图书馆
建筑面积：27000m²
设计时间：1995

2．首都博物馆
建设地点：北京市
建筑性质：博物馆
建筑面积：63000m²
设计时间：2001

3．徐州博物馆
建设地点：江苏省徐州市
建筑性质：博物馆
建筑面积：8106m²
设计时间：1997
合作单位：清华大学建筑学院

4．温州市行政管理中心
建设地点：浙江省温州市
建筑性质：办公
建筑面积：140000m²
设计时间：2000

5．清华大学游泳跳水馆
建设地点：北京市
建筑性质：体育设施
建筑面积：9700m²
设计时间：1999

③

4

5

6．海淀区社区中心
建设地点：北京市
建筑性质：办公
建筑面积：12 500m²
设计时间：2001

7．清华附中操场看台
建设地点：北京市
设计时间：2000

8．中国戏曲学院主楼
建设地点：北京市
建筑性质：教学、办公
建筑面积：12 000m²
设计时间：1998

9．清华大学博物馆
建设地点：北京市
建筑性质：博物馆
建筑面积：6 000m²
设计时间：2001
合作单位：清华大学建筑学院

7

8

6

9

10．北京国际展览体育中心规划设计方案
建设地点：北京市
建筑面积：1 627 200m²
设计时间：2000
合作单位：清华大学城市规划设计研究院

11．福建广播电视中心
建设地点：福建省福州市
建筑性质：文化
建筑面积：108 000m²
设计时间：1999

12．山东美术馆
建设地点：山东省济南市
建筑性质：展览
建筑面积：8 000m²
设计时间：2001
合作单位：清华大学建筑学院

12

10

13

14

11

13．上海两湾城住宅区规划
建设地点：上海市
建筑性质：住宅
建筑面积：172 500m²
设计时间：2001

14．山东曲阜孔子研究院
建设地点：山东省曲阜
建筑性质：研究、展览
建筑面积：23 000m²
设计时间：1997
合作单位：清华大学建筑学院

15．中国国家大剧院方案一
建设地点：北京市
建筑性质：文化
建筑面积：110000m²
设计时间：1998

16．中国国家大剧院方案五
建设地点：北京市
建筑性质：文化
建筑面积：100000m²
设计时间：1999
合作单位：清华大学建筑学院

17．中国国家大剧院方案六
建设地点：北京市
建筑性质：文化
建筑面积：100000m²
设计时间：1999
合作单位：清华大学建筑学院

18．中国国家大剧院方案三
建设地点：北京市
建筑性质：文化
建筑面积：110000m²
设计时间：1998

19．翠微综合楼
建设地点：北京市
建筑性质：综合
建筑面积：52 700m^2
设计时间：1999

20．珠海圆明新园
建设地点：广东省珠海市
建筑面积：35 000m^2
设计时间：1992
合作单位：清华大学建筑学院

21．清华大学综合体育中心
建设地点：北京市
建筑性质：体育设施
建筑面积：12 600m^2
设计时间：1999

19

20

21

22．哈尔滨国际会议展览体育中心方案
建设地点：黑龙江省哈尔滨市
建筑性质：会议、展览、酒店、体育设施
建筑面积：254 000m²
设计时间：2001
合作单位：佐藤综合设计事务所

23．云南省自然博物馆
建设地点：云南省昆明市
建筑性质：博物馆
建筑面积：32 500m²
设计时间：1997

24．天桥剧场
建设地点：北京市
建筑性质：观演
建筑面积：22 000m²
设计时间：1993—1997

25．自然科学基金委办公楼
建设地点：北京市
建筑性质：办公
建筑面积：14 700m²
设计时间：1997
合作单位：清华大学建筑学院

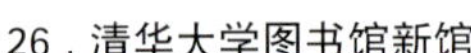

26．清华大学图书馆新馆
建设地点：北京市
建筑性质：图书馆
建筑面积：20120m²
设计时间：1987
合作单位：清华大学建筑学院

27．中国戏曲学院排演场
建设地点：北京市
建筑性质：观演
建筑面积：9000m²
设计时间：1998

28．雷锋新塔
建设地点：浙江省杭州市
建筑面积：8000m²
设计时间：2001
合作单位：清华大学建筑学院

29．清华大学设计中心
建设地点：北京市
建筑性质：教学、科研、办公
建筑面积：6880m²
设计时间：1999

30．烟台海滨规划
建设地点：山东省烟台市
建筑面积：400 000m²
规划面积：32km²
设计时间：2002

31．上海锦绣江南住宅小区
建设地点：上海市
建筑性质：住宅
建筑面积：400 000m²
设计时间：1999—2001

32．烟台张裕葡萄酒集团酒文化博物馆
建设地点：山东省烟台市
建筑性质：博物馆
建筑面积：6 300m²
设计时间：1999

全国农展馆会展中心方案

建设地点：北京市
建筑性质：会议、展览
建筑面积：240 000m²
设计时间：2000

紧邻1950年代的首都10大建筑之——农展馆的农展会展中心，处在北京两大商业圈——燕莎商圈与国贸商圈的中央，与即将崛起的CBD中心比邻而居，将成为集展览、会议、办公、酒店服务于一身的现代化大型城市交流场所。

通过建立多层次的交流空间体系，解决会展中心的核心矛盾——交通问题。

以可持续发展的建设理念满足不断发展的城市需要，产生单元化的、可有机生长的建筑体系。

与城市空间融为一体，与既有城市空间保持连续，并体现交流开放的空间个性，为整个城市街区建设做出贡献。

通过建筑整体生态系统规划及引入最新的生态技术展厅的结构形式，借鉴了中国古建筑“抹角梁”的做法，钢结构主梁沿45度方向布置，减小了跨度，实现了独特的屋顶侧采光窗，经济性很强，并与中国古建筑在神韵上相呼应。

消防系统借鉴了大量国内外处理大空间消防问题的成功经验与成熟实例，在有效保证安全的前提下，达到最大的使用效率。

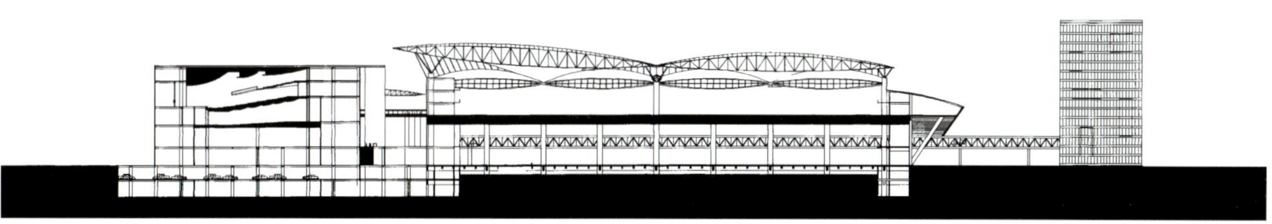

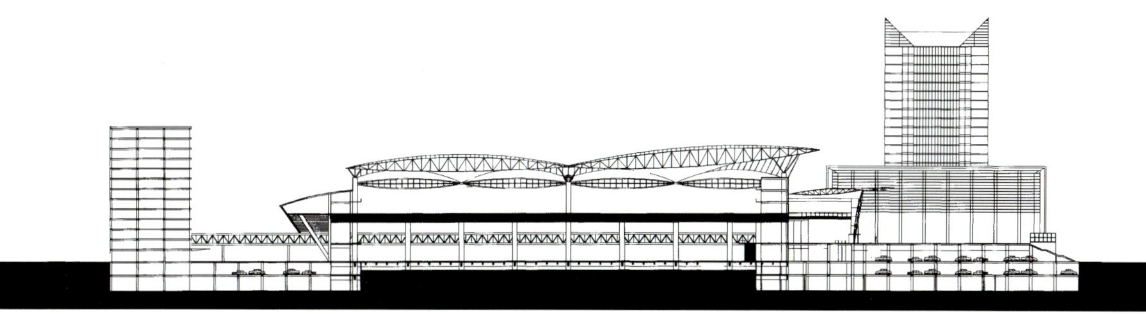

中广电广播电影电视设计研究院

CRFTG Radio, Film and Television Design and Research Institute

法人代表 /President：徐家奇 /XU Jiaqi
地址 /Add：北京市西城区南礼士路13号
No.13，South Li Shi Rd，Xicheng，Beijing
邮编 /Zip：100045
电话 /Tel：(+86) 10 68020086
传真 /Fax：(+86) 10 68020094
网址 /URL：www.dsarft.com
电邮 /E-mail：gdy@dsarft.com

本院成立于1952年，资质为广播电影电视工程设计和建筑工程设计甲级，工程总承包甲级，工程测量（本行业）、工程监理、工程咨询和工程造价咨询甲级，智能建筑系统工程设计甲级，部分电子通信工程设计甲级。具有进出口企业及对外承包工程及劳务合作资格证书，于1999年通过ISO9001国际标准质量体系认证。

建院50年来，我院完成了2 000多项广播电影电视工程和民用建筑工程设计，有数10项工程获各级设计奖。近两年来，本院不但完成各项中央和省市级广播电视建筑工程设计，还积极向民用建筑设计领域拓展。"严谨、创新、团结、奉献"是本院的院风，我们将以一贯之，持之以恒。

The institute was founded in1952. It is qualified as class-A broadcast movie television engineering design and construction engineering design, class-A project general contract, project measurement (this trade), project supervision, project consultation and project cost consultation, class-A intelligence construction system engineering design, class-A part electronic communication engineering design. Besides, it has the qualified certificate of imports and exports enterprise, foreign contract and labor cooperation, and was awarded Certificate of ISO9001 International Standard Quality Series in 1999.

In the past 50 years, the institute has successfully fulfilled over 2000 broadcast movie television engineering and civil construction engineering designs, several decade of which have been awarded design prizes of different levels. In recent two years, the institute has not only completed each design of central authorities, provincial and municipal broadcast television construction project, but also made expansion in the field of civil construction design. We will uphold and persevere the institute custom of ìstrictness, innovation, unity, contributionî forever.

主要设计作品

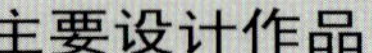

山东省广播电视综合业务楼
四川省电视中心
黑龙江省广播电视中心
中国联通新疆分公司GSM四期铁塔
门头沟广播电视中心
湖南益阳电视塔
胶州市广播电视中心
广电总局武警楼

1

2

1/2.安提瓜和巴布达总理官邸
建设地点：安提瓜和巴布达圣约翰市
建筑面积：1 500m²
建筑层数：2层

3.温岭市广播电视中心
建设地点：浙江省温岭市
建筑面积：24 000m²
建筑高度：84m
建筑层数：21层

4.几内亚比绍人民宫
建设地点：几内亚比绍
建筑面积：6 100m²
建筑高度：23.25m
建筑层数：3层

5.四川省电视中心
建设地点：四川省成都市
建筑面积：80 000m²
建筑高度：80m
建筑层数：19层

3

④

⑤

6. 浙江省广播电视高等专科学校
建设地点：浙江省杭州市
建筑面积：30000m²
建筑高度：95m
建筑层数：22 层

7. 几内亚广播电视中心
建设地点：几内亚科纳克里
建筑面积：5600m²
建筑高度：17m
建筑层数：4 层

8. 黑龙江省广播电视中心
建设地点：黑龙江省哈尔滨市
建筑面积：110000m²
建筑高度：56.4m
建筑层数：13 层

9. 日照市广播电视中心
建设地点：山东省日照市
建筑面积：27300m²
建筑高度：96m
建筑层数：22 层

山东省广播电视综合业务楼

建设地点：山东省济南市
建筑性质：广播电视台、办公综合业务楼
建筑面积：120 000m²
建筑高度：196.2m
建筑层数：44 层
设计时间：2000—2001

建筑主体与周围环境和谐统一。建筑群体中主楼和剧场式演播室沿青年东路“一”字排开，平面由矩形巧妙地变化形成两个半椭圆形，统一中富有变化。整体造型采用群体的形式，既照顾了两个街道的景观和转角效果，又突出了建筑的整体气势，象征着山东广电集团这艘巨轮全速向前。

矩形和曲线的结合给人以稳健轻盈的感觉，两个斜面和曲面交插，自然形成中国传统建筑屋顶和山墙的意象，将历史巧妙地融入现代技术之中。西侧立面采用列柱文化长廊，既保证了广电综合楼的整体感，又增强了整栋楼的文化气息，还为青年东路未来的发展创造了良好的街景。

立面色彩力求简洁大方，以白、灰、红三色为主色调，雅而不俗，具有传统与现代的神韵。装饰面材采用金属板和透明玻璃，配合突出的窗格和线脚，强调了行业特点和现代气派。大面积的花岗石墙面与底层的古典比例分割的立面水乳交融，大大增强了建筑群的亲和力、地方特色和庄重感。

中央大厅、共享大厅、剧场式演播室、观众休息厅，作为建筑的主要入口，为体现广电建筑的现代感和文化气息，装修采用简洁明快的风格，点式透明玻璃幕墙；浅米黄色花岗岩实墙中穿插以深黄色的抽象图案，辅以铝合金构件装饰节点部位，体现出强烈的建筑美、空间美。照明主要采用泛光照明，结合形体的表现和主要的节点布置泛光灯，使得夜晚的大厅别具特点。

剧场式演播室的装修设计主要着眼于创造出完美的声学空间和文化的视觉氛围，而且在满足主功能的前提下，通过可变墙面装饰等手段达到适应多功能的使用要求，以提高剧场式演播室的使用率。

38层的室内观光厅和大型电视直播厅既考虑装修的明快大方，又考虑多功能的使用可能，而且由于其位置很高，在选材上严格采用不燃材料，消除防火隐患，满足安全要求。

中国城市规划设计研究院

China Academy of Urban Planning & Design

法人代表/President 王静霞/WANG Jingxia
地址/Add：北京市三里河路9号
No.9, San Li He Rd,Beijing
邮编/Zip：100037
电话/Tel：(+86) 10 68336975 68343450
传真/Fax：(+86) 10 68343468
电邮/E-mail：caupd@china.com

我院是建设部直属科研机构，是全国城市规划研究、设计和学术信息中心。具有国家城市规划、工程咨询、市政工程设计专业、建筑设计工程、建筑智能化集成甲级资质，具有承包境外市政工程勘测、咨询、设计和监理项目。

我院是建设部指定的全国城市规划标准规范技术的归口单位，建设部的城市交通工程技术中心、地铁和轻轨研究中心、城市水资源中心和城市供水水质监测中心均设在我院。我院也是城市规划与设计专业硕士学位授予单位。

我院现有员工360多人，具有高级技术职称的科技人员140余人。到目前为止已承担了科研、规划设计、行业标准规范、咨询等各类任务2000余项，获国家和部级奖励的科研成果52项，省、部级优秀规划设计奖70项。

China Academy of Urban Planning and Design (CAUPD) is a scientific research institution under the Ministry of Construction (MOC) of the People's Republic of China, as well as a national centre for research, design, and academic information in urban planning field. CAUPD is nationally qualified as a class-A consultancy in the planning-related fields including urban planning, architectural design, civil engineering design, engineering consulting, and intelligent building integration. CAUPD is also a nationally authorized consultancy for undertaking overseas projects on civil engineering survey, design, and inspection.

A number of research bodies of MOC are associated within CAUPD, such as the Urban Transport Centre, Metro and LRT Research Centre, Urban Water Resource Centre and Urban Water Quality Centre. CAUPD is also an authorized institution to confer Master Degree in Urban Planning and Design.

CAUPD has more than 360 staffs among which more than 120 have senior professional titles. Up to date, more than 2000 projects in research, planning, design, professional standards and norms, and technical consultation have been undertaken, in which over 52 research projects and over 70 planning and design projects are prize-awarded at the national or the ministry's level.

主要设计作品

北京25片历史文化保护区保护规划（景山八片）
北京市轨道线网规划
北京市公共电汽车线网系统规划实施方案
湖南省政府新址修建性详细规划
湖州市区城镇群总体规划
嘉兴中心区城市设计
博鳌水城
贵州省风景名胜区体系规划

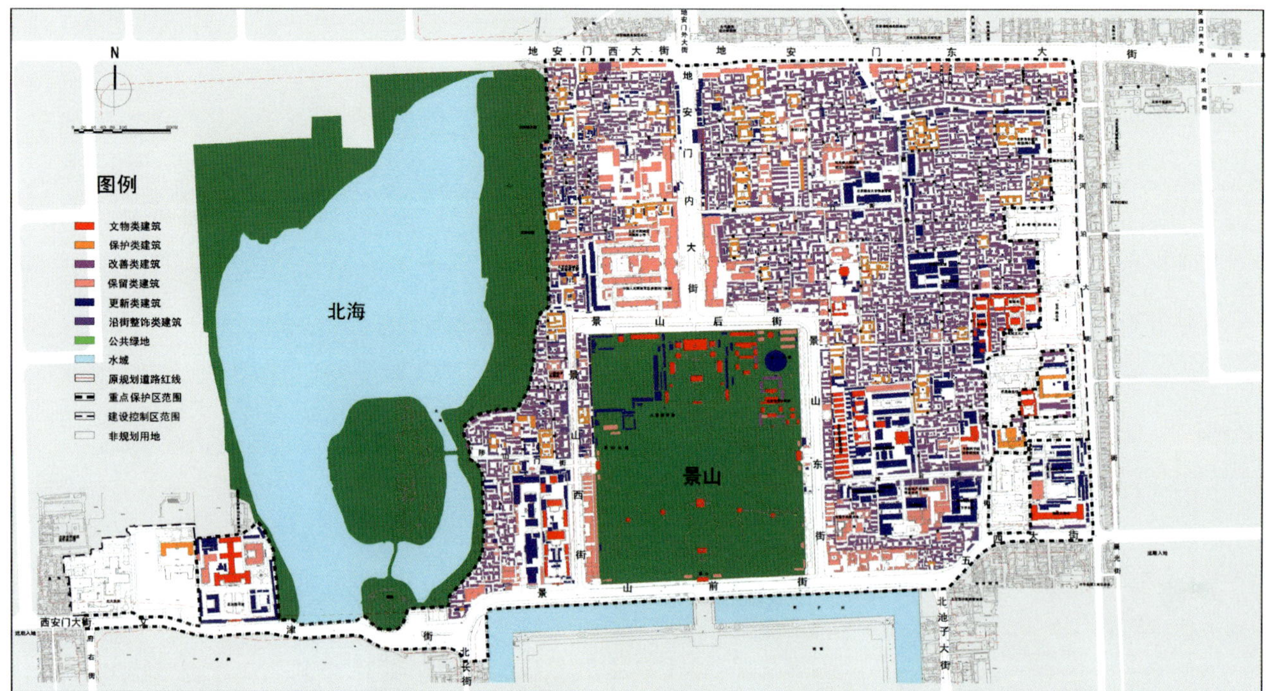

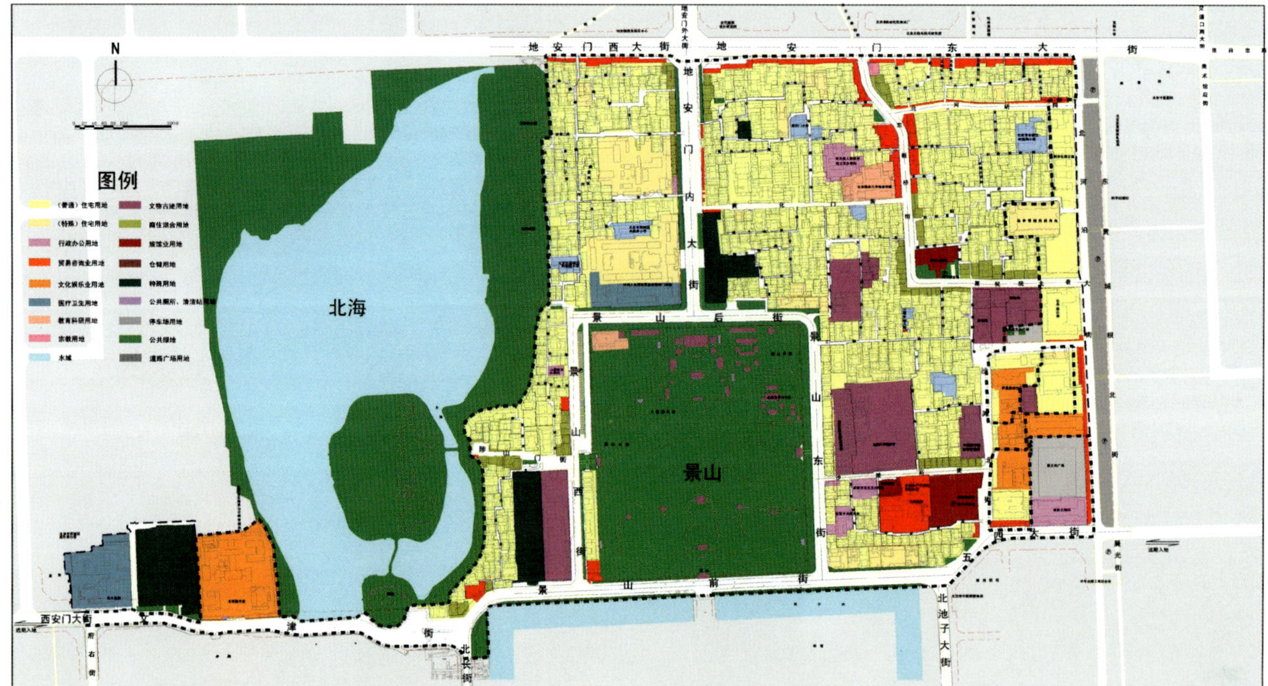

北京25片历史文化保护区保护规划（景山八片）

1．项目概况

景山东街、西街、前街、后街、陟山门街、地安门内大街、文津街、五四大街八片历史文化保护区位于北京皇城北部中轴线上，规划范围总面积140.45公顷，其中重点保护区为127.47公顷，建设控制区12.98公顷。是皇城的重要组成部分，其功能性质由元代的皇家御苑、明代为皇宫服务的后勤供应的衙署厂库，到清代以后逐渐演变为以居住为主的街区。规划街区的功能性质为体现古都北京历史风貌的重要组成部分，以居住、旅游为主的历史文化保护区。

2．保护规划的原则

规划原则：①保护历史的真实性、完整性和历史延续性；②重点突出整体风貌特色的保护；③保护与合理使用相结合，完善设施，保持街区活力；④居民参与；⑤循序渐进原则。

3．创新与特色

规划在对保护区的历史变迁和现状深入全面的调查分析基础上，确定保护的内容和原则，并对每一幢建筑提出具体的保护整治要求。将建筑分为文物类建筑、保护类建筑、改善类建筑、保留类建筑、更新类建筑和沿街整饰类建筑六类，采取不同的规划措施。

保护真实的历史遗存和传统街区特色与改善街区环境、提高居民生活质量紧密结合。如在保护胡同传统空间环境前提下，以解决交通"可达性"而非"通畅性"为目标组织保护区的内外交通；对于较窄的街道，规划建议采用综合管沟或套管浅埋等方式综合解决市政设施；按照每家每户都有厨房、厕所、客房及卧室分开的原则改造房屋内部，外部修缮。

以院落为单位进行人口、建筑和局部构件、古树名木的详细调查，根据院内居民需要可以逐院实施规划，便于操作和管理。

针对保护区人口过密，房屋失修的困境，通过人、房调查和产权调查，规划提出公房私有、房租上调和建立基金等政策措施，以鼓励人口外迁，提高居民主动参与保护修缮房屋的积极性。

规划与实施紧密结合。规划对陟山门街北侧院落和沿街建筑立面的保护整治进行了详细设计，为具体实施探索道路。

公众参与在本次规划的前期、中期和后期均有效落实，规划师与当地的居民、规划管理部门和新闻媒体建立了沟通联系的渠道，并直接参与保护区的日常建设和管理事务。

远景轨道线网规划图

未来市区主要交通走廊

北京市轨道线网规划

2001年10月，我院在北京市政府组织《北京市公共电汽车线网系统规划实施方案》境内外设计咨询单位公开招标中，我院作为中标单位承担该项目规划设计。本规划对城市未来空间发展和城市交通发展趋势把握的基础上，以适应发展中城市空间和时间的出行需求变化为目的，确定北京城市轨道交通的地位、目标、功能、轨道系统服务技术标准。为了未来实现分区域交通需求管理、历史名城的保护，明确提出轨道交通在不同区域的定位不同；为了保证线路对城市远景发展的适应弹性，提出"米"字状与"网络状"相结合的网络构架，使所有线路均通过城市的中心和主要发展极的中心。并以城市的重点开发地区为核心布局枢纽，支持和引导城市主导发展方向的开发与发展。

本次规划以枢纽为核心，进行线网编织。规划在对原有规划线路继承与优化的基础上，按照线网功能等级划分编织不同等级的网络系统。快线主要服务于长距离交通的走廊，满足地区间联系的要求，速度和直达性为主要考虑的因素。市区干线主要考虑线路覆盖区域的可达性，方便为重要的因素，尽量提供不同线路之间直接换乘，不同特征线路的客流交换通过换乘枢纽进行。通过枢纽整合城市客运枢纽和不同等级的轨道网络系统，实现轨道与其他公共交通系统、私人交通和城市对外交通系统的衔接，实现轨道网络与城市道路网络拟合而互补的城市交通系统。

为了保证规划方案的必要性和可行性，规划对北京城市发展前景、北京城市交通发展前景、国铁利用、既有轨道网络、城市交通走廊进行了分析、网络的规模进行了论证。对方案进行了客流分析与技术评价。对系统选型、线路敷设方式、运营可行性与管理、换乘枢纽与工程可行性、车场基地规划、联络线分布、环境保护、投融资模式等进行了深化与研究，并对北京轨道交通发展提出政策和建议。

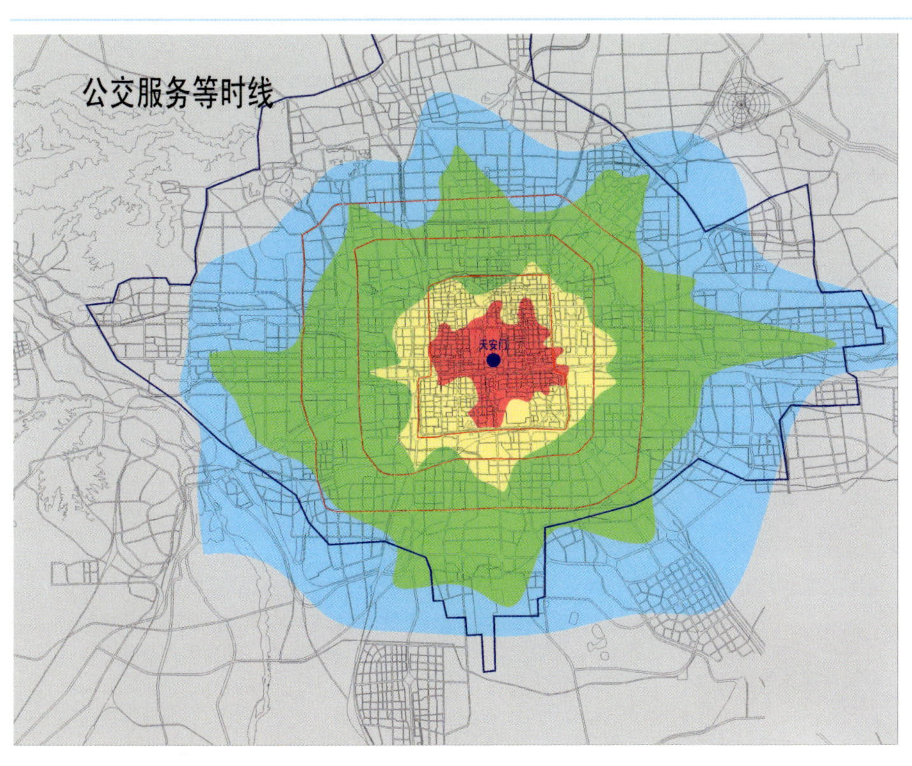

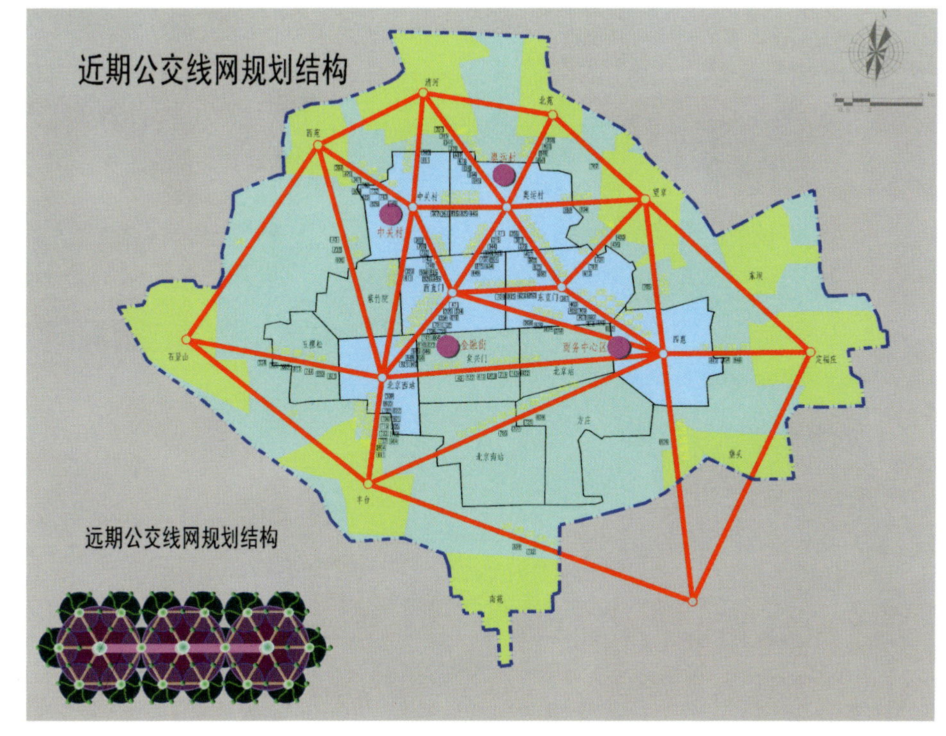

北京市公共电汽车线网系统规划实施方案

2001年6月，北京市政府委托市规划院组织境内外八家设计咨询单位进行公开招标活动，中国城市规划设计研究院作为境内中标单位承担该项目。该项目设计贯彻公交线网"以人为本，服务至上"的原则，以全面提高公共交通服务水平、增强公交吸引力、引导城市合理交通发展模式为目标。针对北京国际化大都市的特点，综合研究对乘客服务水平标准和公交客运量运营保障两方面因素的平衡关系，提出"分区分级"的公共汽车交通线网系统规划模式。以公交服务区作为分析的基础，从"面"的层次考虑服务人口、客流需求和服务标准的确定，从乘客换乘角度考虑，提出以不同服务等级的客流集散中心作为核心"点"，构造不同功能等级的公共汽车线路——快速干线、普通干线、支线，进而形成城市公共汽车交通网络和换乘枢纽。为了保证网络规划的实现，规划提出优先保障条件——北京公交优先专用道规划方案。为近期实现公交服务水平的提高，提出公交线网近期改善实施计划和相应的政策保障措施。规划还依据招标文件的要求，对重要换乘枢纽、运营场站设施、运营模式与管理、奥运公交组织、省际长途客运枢纽、卫星城镇公交线网等进行了研究与概念规划。

湖南省政府新址修建性详细规划

湖南省政府搬迁是实现“长株潭”一体化战略的重要举措之一。该项目的规划设计在满足功能技术要求的同时，也要与其重要的地位相称。

山水架构、办公区的横向直线组织以及办公建筑的庭院模块式布局是规划方案的三大显著特色，该方案的特色源自对新省政府项目所遇到问题的创造性解决。

第一，方案以“山水”理念解决如何对待丘陵地形的问题，最大限度地保留了基地内的水面、山体、植被等自然生态资源，营造出生态型的办公及生活环境。

第二，以直线展开的布局解决在限高、建筑面积等限制条件下如何突出及展现省政府的形象问题。通过近700米的连续界面以及南部大水面的倒影效果突出及强化了省政府的形象。

第三，以庭院模块的建筑组合方式解决办公区持续发展的问题。以可生长、可组合的“庭院模块”适应了入驻职能部门的不确定性。

该项目的后续设计工作，包括单体设计、环境景观设计等均严格按照规划意图展开。目前，办公区部分（包括水广场）正在实施中，已初具规模，预计将在2003年年底完成。

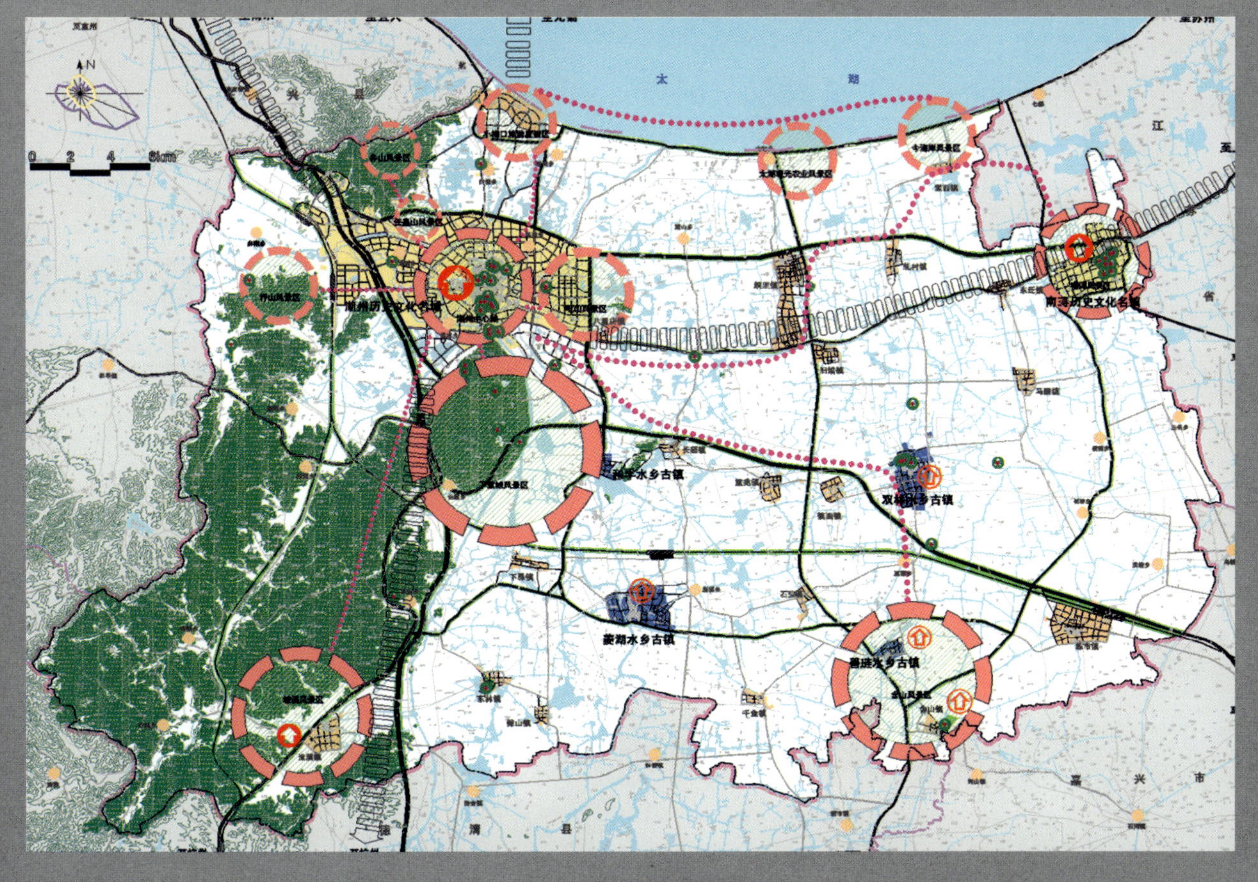

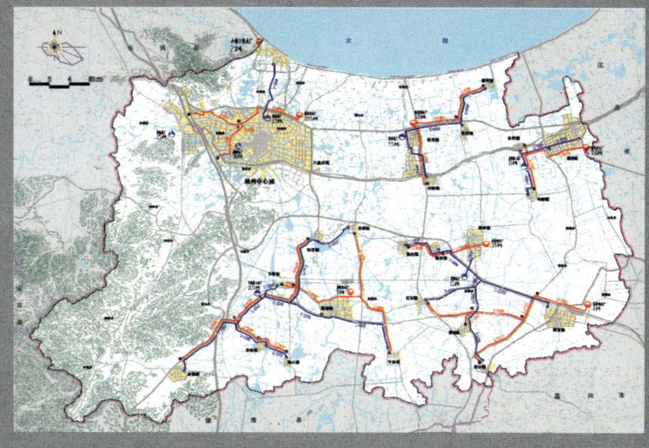

湖州市区城镇群总体规划

《湖州市区城镇群总体规划》是我院1996年编制的项目。该规划将市区范围，包括中心城在内的共44个乡（镇），总面积1566.8km²作为一个整体，深化、完善体系规划内容，协调区内重大基础设施建设，统筹安排区内各项建设活动，在整体目标一致的基础上同步编制、调整各建制镇的总体规划，协调解决上下之间、点面之间的矛盾，在区域内落实了城镇发展的建设指导和空间管制，加速了城镇群整体优势的形成，不仅确保了社会效益和环境效益，更重要的是还创造了巨大的经济效益。例如市区的24个镇（21万人）原有及计划建设18个水厂，由于规模过小、水源难以保护，出厂水质不能达标，规划采取"相对集中、分片供水"的布局方案，使水厂数量减少到7个，可减少投资近2亿。由于该项目对城镇密集地区规划理论、技术与方法进行的探索，既有创新又具有现实指导意义，获得了2000年度建设部优秀城市规划设计二等奖。

嘉兴中心区城市设计

嘉兴中心区城市设计是针对嘉兴3.5平方公里的老城区进行的中观层次的城市设计。规划分宏观把握、中观控制、微观指导三个层次展开，运用了"6S"设计程序，展开了三个层次的公众参与，形成了完整的城市设计导则和片区设计指导。同时，规划进行了开发范例的跟踪指导与服务，在实施过程中已经初显成效。

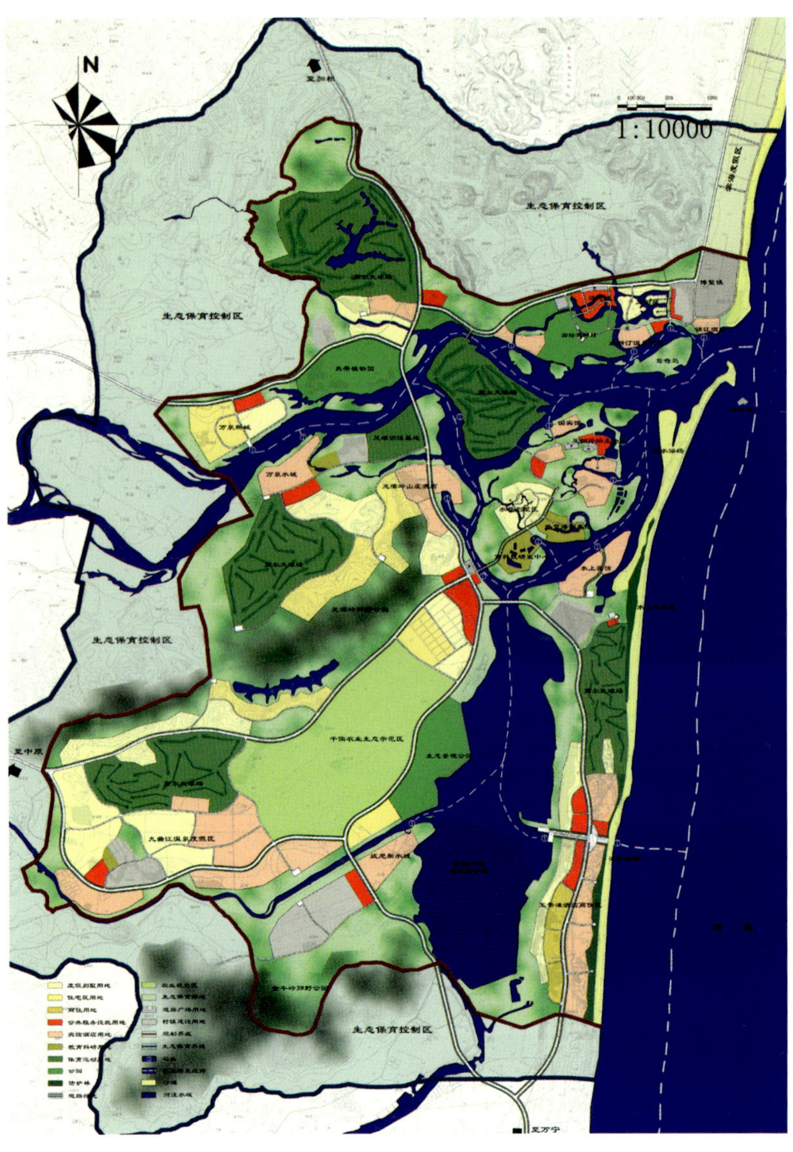

海南博鳌水城总体规划

大灵湖湖滨度假区

东屿岛国际会议中心区

博鳌水城

博鳌水城位于海南省琼海市万泉河河口，东临浩瀚的南海，北为博鳌镇，南至万宁与琼海市的交界地带，是正在开发建设中的万泉河风景旅游区的重点滨海发展区域之一，是亚洲论坛会议永久场所。

项目一：博鳌水城总体规划

总体规划根据博鳌水城功能定位，充分利用自身优越的旅游资源、区位优势和市场优势，建立完整的旅游接待系统和服务保证系统，突出国际会议接待、"水城"观光（海滨河口景观、生态环境享受和娱乐）、体育运动（高尔夫球场、水上运动等）、温泉健身度假、信息设施配套等特色服务。建成能够满足举办国际会议、观光度假、娱乐、体育健身、疗养康复等功能的热带海滨旅游综合区域。

项目二：博鳌东屿岛详细规划

东屿岛国际会议中心区，用地总面积为172公顷。规划总目标为：建成具有国际会议接待、产品展览、休闲度假等多种功能的世界一流的海滨生态旅游区。为亚太地区的政治、经济、文化界高层人士研讨与交流提供场所，并争取为亚太经济合作组织（APEC）、太平洋盆地经济委员会（PBEC）等组织的国际会议及国内外各种大型国际和地区会议提供会议场所和接待设施。

项目三：博鳌大灵湖详细规划

大灵湖滨度假区，用地总面积为5.36平方公里。规划充分利用"亚洲论坛"带来的发展机遇，将大灵湖建设成为以"体育运动、休闲度假、康复疗养、影视娱乐"为主题的度假区，以接待国内游客为主，并建立相应项目和配套设施。

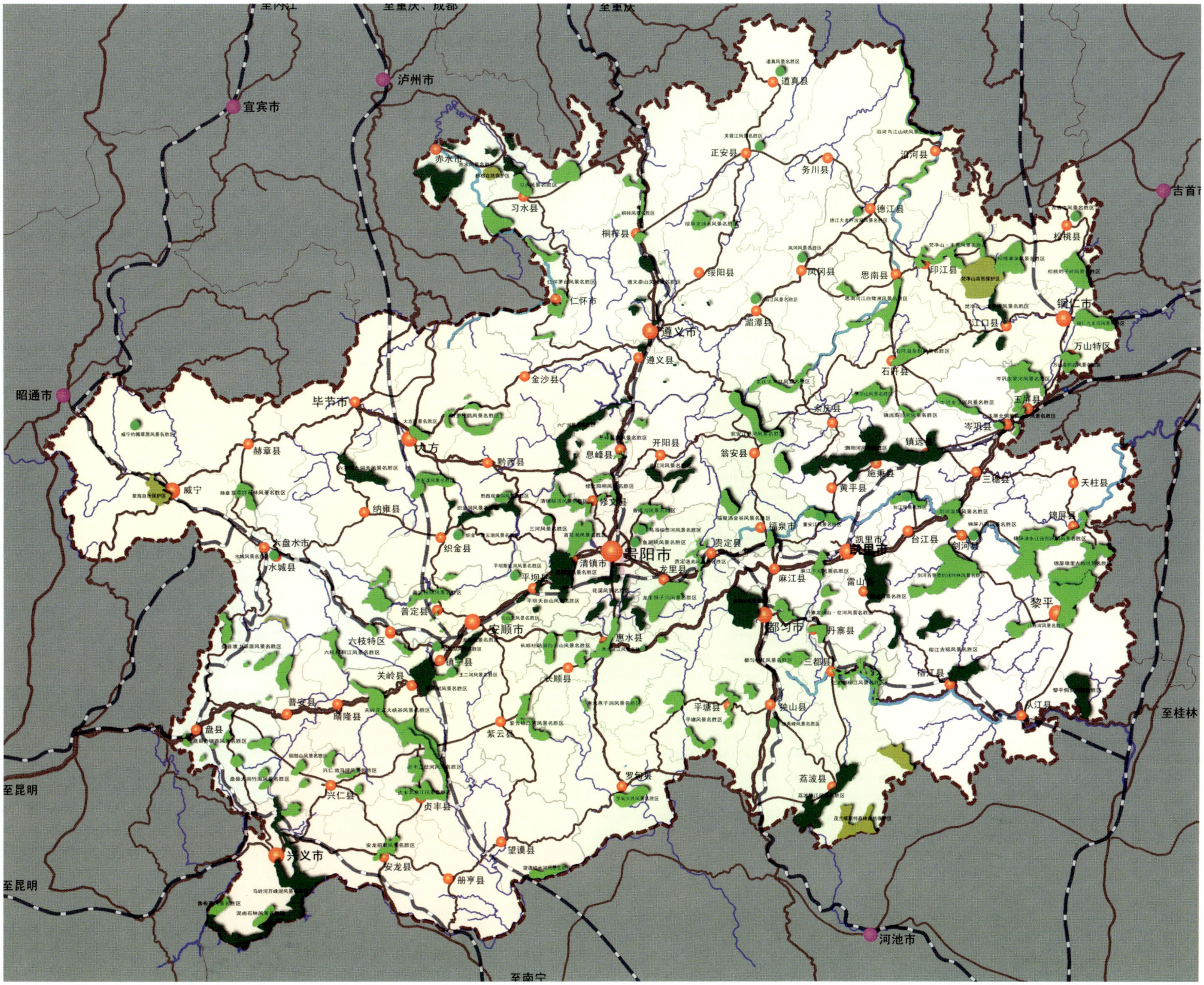

贵州省风景名胜区体系规划

"贵州省风景名胜区体系规划"是在建设部支持下，全国首先开展的对省域范围内风景名胜区发展进行的宏观性、政策性规划，具有一定的创新性和探索性。

规划在全面调查和科学评价省域风景名胜资源的基础上，提出了全省风景名胜体系发展的四大战略，建立了以等级结构、功能结构、类型结构、规模结构和市场结构为内容的体系框架，使全省风景名胜区总数达到100处，并提出了"一心二环四带十二区域二十四重点"的全省风景旅游空间布局结构网络，以及适合贵州省情的风景名胜区保护、开发模式和相关政策建议。

中国电子工程设计院

China Electronics Engineering Design Institute

法人代表 /President：胡萍 /HU Ping
地址 /Add：北京市海淀区万寿路 27 号
No.27，Wanshou Rd，Haidian，Beijing
邮编 /Zip：100840
电话 /Tel：(+86) 10 68207392
传真 /Fax：(+86) 10 68217842
网址 /URL：www.ceedi.com.cn
电邮 /E-mail：ceedi@ceedi.com.cn

中国电子工程设计院始建于1953年。具有国家认证的工程咨询、工程设计、工程承包、建设监理、造价咨询及建筑智能专项甲级资质。1997 年通过ISO9001 标准质量体系认证，2001 年又通过 2000 版质量管理体系认证。

我院从业人数 1400 人。50 年来，完成国家重点工程和大中型工程项目2000多个。30余项工程设计和设备设计创国内第一。近20年来，获全国最佳工程设计特奖一项，国家优秀设计金质奖 6 项，银质奖 5 项，省、部级以上发明奖、科技进步奖、科技成果奖及优秀工程设计奖 200 余项。

设计院坚持"敬人、敬业、敬科学，求质、求效、求卓越"的质量方针，竭诚为客户提供全方位、多领域的技术性、管理性服务。

China Electronics Engineering Design Institute was first set up in 1953. It is one of the ten design units which are administrated by the central government. It has state-certified project consultancy, project design, project contract, construction supervision, assessment consultancy and expertise of specialized class-A in architectural intelligence. It has passed the ISO9001 quality standard series certification in 1997 and the 2000 version of that in 2001.

We have a staff of 1400 people. Over the 50 years, it has completed more than 2000 projects of national importance and projects of large or medium scale. More than 30 project designs and facility designs have won the first place within the country. During the latest 20 years, it received one award of top grade for the nationís best project design, six awards of gold grade and five of silver grade for the nationís excellent design, more than 200 awards above the level of state and ministry of creation and technology progress as well as awards of technology achievement and of excellent project design.

The institute believes in the quality guideline of ìrespecting people; respecting work; respecting science; pursuing quality; pursuing efficiency; pursuing excellenceî, providing technical and administrative services of full-aspect and multi-discipline.

主要设计作品

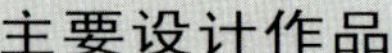

陕西彩色显像管总厂厂区
中国华录电子有限公司
深圳电子科技大厦（一、二期）
北京海淀体育馆
北京多伦多医院
安阳彩色显像管玻壳厂（四期）
海口海瑞广场（海南省政府办公楼）
北京新世界中心
海南三亚山海天大酒店
北京拜耳医药保健品有限公司
上海宏力半导体有限公司超大规模集成电路
长春彩色液晶（TFT）显示器件有限公司
内蒙古稀奥科储氢合金有限公司镍氢动力电池

1

1.北京新世界中心
建设地点：北京市
建筑性质：酒店、写字楼、公寓、商场
建筑面积：190000m²
建筑高度：58.40m
建筑层数：地上 17 层、地下 3 层

2

2.广州风华高新科技有限公司
建筑性质：电子材料及片式多层陶瓷电容厂房
建筑面积：13854m²
建筑高度：15.90m
建筑层数：3 层

3

3.深圳赛格日立
建设地点：广东省深圳市
建筑性质：彩色显像管生产厂房
建筑面积：32130m²
建筑层数：3 层

4

4.北京拜耳医药保健品有限公司
建设地点：北京市
建筑性质：医药工业厂房
建筑面积：10000m²
建筑高度：29.5m
建筑层数：8 层

浦东软件园

建设地点：上海市
建筑性质：软件开发
用地面积：120 000m²
占地面积：28 823m²
建筑面积：125 949m²
绿化面积：38 903m²
容 积 率：0.95
设计时间：1997—2001

环境设计充分体现出以人为本的设计思想，总平面设计充分考虑与后期开发的衔接。外部环境和内部空间丰富，相互交融，通过立体化的绿化设计和具有良好通风、采光的平面布局，塑造以人为本的高质量的生态化的室内外环境。流线及功能按软件开发及管理的行为模式进行布局，使用便捷，平面布局灵活，既利于水平划分又便于竖向分隔，便于各种规模软件公司租用。建筑造型和建筑装饰材料质感和颜色的选用贴切地反映了软件园这一特殊高科技建筑的性格特征和返朴归真的人文主义的内涵。

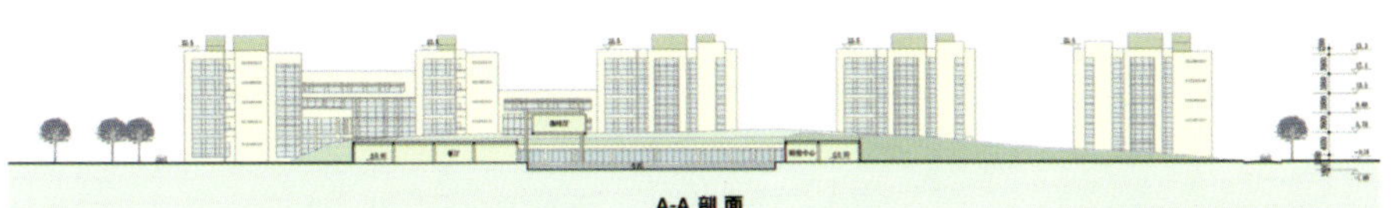

A-A 剖面

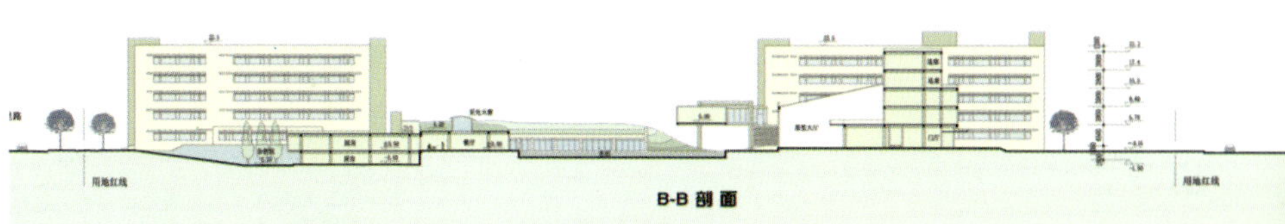

B-B 剖面

长春光机所

建设地点：吉林省长春市
建筑性质：科学研究
占地面积：11 796.21m²
建筑面积：71 107.08m²
绿 化 率：55.2%
容 积 率：0.88
设计时间：2001

研发大厦为中国科学院长春光学精密机械与物理研究所光电子产业园区主体建筑，由主楼和东西配楼组成，主要用途为科学研究的研究实验室、检测室以及科研开发组织管理办公室，并为科研配套的图书馆、阅览室、报告厅等。

主楼功能分区为：地下室主要用做主楼的配套设施，1至2层为裙房，为公共服务系统，设有报告厅、图书阅览室、模型展室、展厅、各种信息服务中心等，并设有上下贯通的中庭，增强空间的联系与变化；3至6层为管理机关和外企对外办公用房，并设室内花园1处，营造人与自然和谐统一的环境；7层以上为研究室和科研开发办公用房。

东、西配楼平面为对称设计。1至4层主要安排有特殊工艺要求的研究室和实验室，顶层为多功能活动室。

研发大厦建筑立面设计力求简洁大方，协调统一。主楼及西、东配楼外墙面均以暖灰色调花岗岩为主，配以浅灰蓝色镀膜玻璃，材质高雅，色泽干净而庄重。各楼均在沿街主立面采用玻璃幕墙，虚实对比，突出重点。主楼轻盈镂空壳型屋顶为其远观标志，主入口雨篷造型动感强烈，为其近看亮点，并与屋顶弧线遥相呼应。

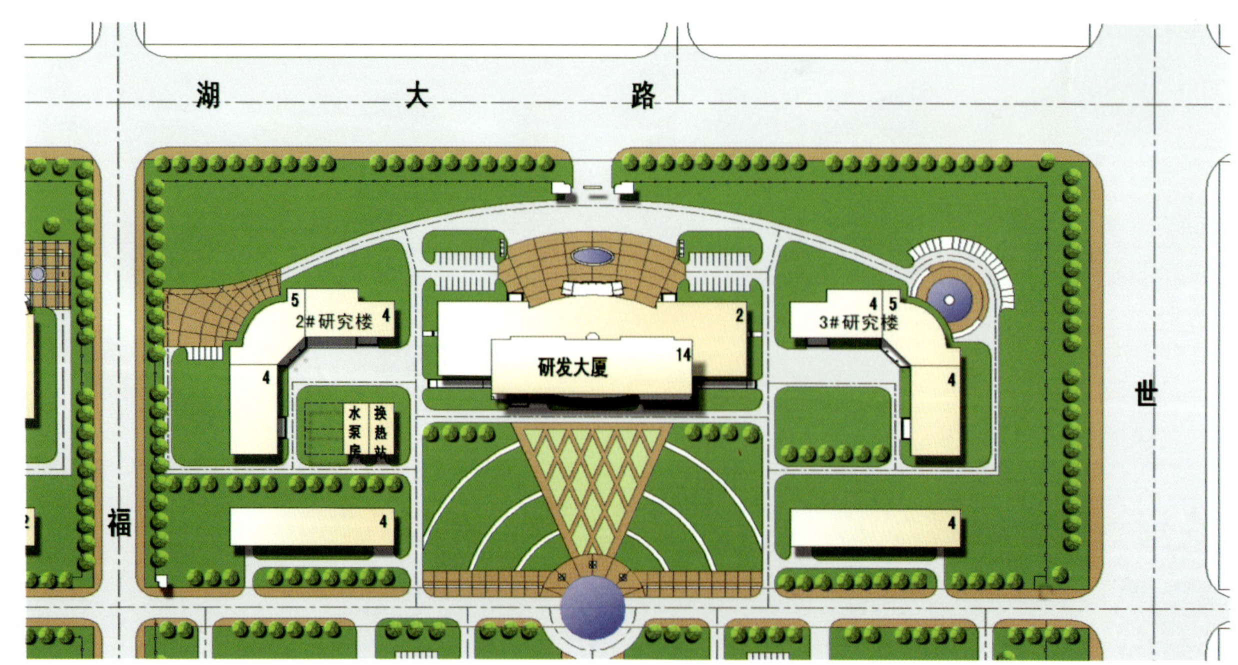

中关村西区公共通讯机房及写字楼

建设地点：北京市
建筑性质：公共通讯机房和商务写字楼
用地面积：7900m²
占地面积：2523m²
建筑面积：54441.5m²
绿化面积：3141m²
容 积 率：3.94%
设计时间：2001

该建筑位于北京海淀区中关村西区8号地块，功能分区1层为大堂，2至13层为办公空间，地下1层为4个通讯机房及设备间，地下2、3层为机动车库。其中地下3层兼六级人防，夹层为餐厅及自行车库。

充分利用中关村地区环境优势，与西区建筑规划相协调，把良好的地理、交通、市政配套设施和该建筑的使用功能结合起来，迅速发挥积极作用。

本建筑是融合公共通讯机房和商务写字楼为一体的综合性建筑，公共通讯机房做到三网合一，将语言、数据及移动通讯、有线电视综合设于一个建筑空间。尽量做到功能完备，布局合理，各种线路简捷。办公空间部分，充分考虑不同公司客户需求上的差异性，办公室均为大空间，确保使用灵活，分隔方便，布局紧凑，使用系数高，提供了更大的可变性和经济效益。

充分表现现代办公建筑简约、明快、不张扬的性格特征，使它独具特色和较强的识别性。

充分利用自然采光和自然通风，强调建筑空间与自然环境的融合，以四季厅大空间为中心向周边环廊小空间流动，阳光和绿色得以延伸。

积极开发地下空间，以满足各种机房、停车及人防需要，以减少地面停车，增加绿地，美化环境。

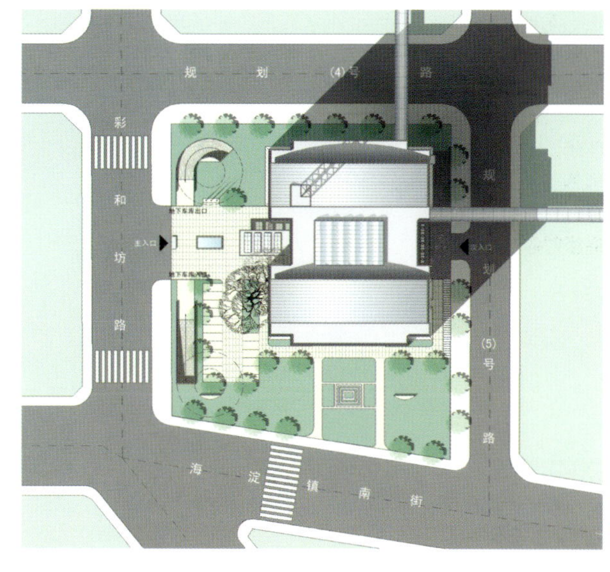

中国纺织工业设计院

China Textile Industrial Engineering Institute

法人代表/President：周华堂/ZHOU Huatang
地址/Add：北京市海淀区增光路21号
No.21，Zeng Guang Rd，Haidian，Beijing
邮编/Zip：100037
电话/Tel：(+86) 10 68395114
传真/Fax：(+86) 10 68395215
网址/URL：www.ctiei.com
电邮/E-mail：ctiei@public.bta.net.cn

本院创建于1952年，是中央企业工委管理的大型勘察设计单位。本院现有职工800多人，持有国家颁发的纺织、印染、化纤、石油化工和建筑行业工程设计、咨询、总承包、监理、勘察甲级证书，一、二、三类压力容器设计资格证书。1997年通过ISO9001质量体系认证。

建院50年来，已完成国内大中型工程上千项，国外工程60多项。自1980年以来，荣获全国最佳工程设计特奖1项、国家优秀勘察设计金质奖11项；荣获国家科技进步奖9项，优秀计算机软件奖3项，省部级科技进步奖36项。1993年以来，一直被评为中国勘察设计综合实力百强单位。

China Textile Industry Engineering Institute has 800 staff members in work, and holds class-A certificates of textile, printing and dyeing, chemical fiber, petroleum and chemical engineering, and design/consultation/general contract/supervision/survey of construction projects, and qualified certificate of class-1, class-2 and class-3 pressure container design awarded by the state. And it was awarded Certificate of ISO9001 Quality Series in 1997.

In the past over 50 years since the foundation, the institute has fulfilled over one thousand domestic large and medium projects and over 60 overseas projects. Since 1980, it has been awarded one special prize for the best project design of the state, 11 golden prizes for the excellent survey designs of the state, 9 S&T advance prizes of the state, 36 provincial and ministerial S&T advance prizes, the golden prize for the state excellent project design in the year of 2000.

1

1.洛阳石油化工总厂
建设地点：河南省洛阳市
建筑面积：91 326m²

2.叙利亚杰布莱棉纺厂
建设地点：叙利亚杰布莱
占地面积：300 000m²
建筑面积：137 000m²

3.巴斯夫－华源尼龙有限公司
建设地点：上海市青浦县
建筑面积：35 582m²（一、二期）

4.常州华源－雷迪斯
建设地点：江苏省常州市
占地面积：60 718m²
建筑面积：14 982m²

5.仪征化纤公司
建设地点：江苏省仪征市
占地面积：7 950 000m²
建筑面积：700 000m²

仪征化纤公司是中国最大的化纤和化纤原料生产基地。目前是世界第五大聚酯生产供应商。1982年建设。我院为仪征化纤工程的建设作出了重大的贡献，先后荣获国家和部级奖励10多项，其中总体设计获1989年国家优秀工程设计金奖，聚酯装置增容改造工程荣获1999年国家优秀工程设计金质奖，仪化公司三期工程（国内部分）获1999年国家优秀工程设计银质奖，25万吨/年精对苯二甲酸装置增容改造工程获2000年国家优秀工程设计金质奖。最令人鼓舞的是1994年建设部从建国以来全国各行业的优秀工程设计中评出全国最佳工程设计特奖20项，该工程为其中之一．

全国最佳工程设计
特奖奖杯

③

②

④

⑤

6. 天津石油化工公司
建设地点：天津市
建筑面积：94 804m²

7. 辽阳石油化纤公司
建设地点：辽宁省辽阳市
占地面积：5500 000m²
建筑面积：200 000m²

8. 中国神马集团有限责任公司
建设地点：河南省平顶山市
建筑面积：280 810m²

9. 浙江某化纤有限公司
建设地点：浙江省
占地面积：68 000m²
建筑面积：41 000m²

盈科中心

建筑地点:北京市
建筑性质:商业、娱乐、餐饮、公寓、写字楼综合体
建筑面积:219 700m^2
建筑高度:96.12m
建筑层数:5—26层

本工程位于北京市使馆区,是一个特大型综合性建筑,整体设计手法使该高层建筑群成为城市干道上的一组宏伟、壮观、高品质的标志性景观建筑。

裙房中内部公共空间丰富多彩,大小形式不同的中庭,由多组跨层自动扶梯组合起来,变幻无穷。

建筑外立面采用进口花岗岩和镀膜玻璃组成的外挂式幕墙,配以不锈刚装饰线,美观,庄重,极富时代感,而2层通高的全玻幕墙,又给沿街立面带来繁荣的商业气氛。

隆福寺综合楼

建设地点：北京市
建筑性质：地上商业 、地下区域变电站
建筑面积：15 343.44m^2
建筑高度：23m
建筑层数：6层
设计时间：2000.5

地理位置优越，处于繁华的商业街区内。

本工程地下和地上功能截然不同，二者不能有相互联系，设计中使地上、地下两部分虽同在一幢建筑内，但各自有独立的出入口，互不干扰。

建筑风格与商业区原有面貌相协调，既蕴现代气息又含民族风范。

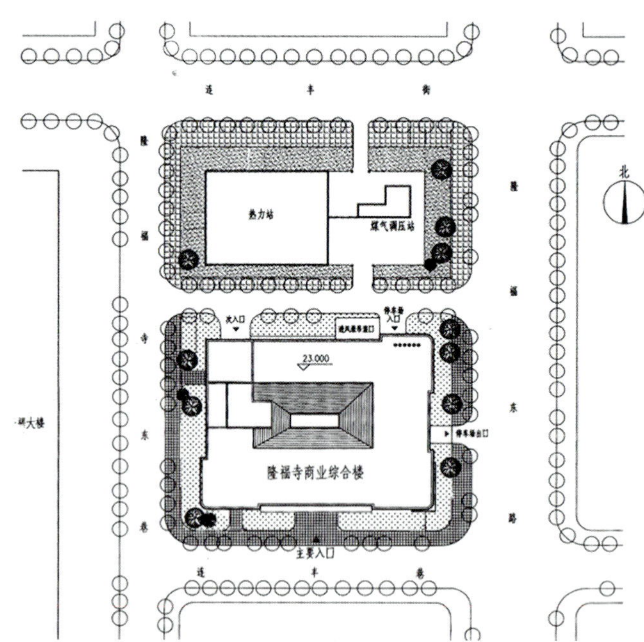

威可多制衣中心

建设地点：北京市
建筑性质：制衣厂
建筑面积：10329m²（已建）15636m²（二期）
建筑高度：21.4m
建筑层数：生产中心：5层 、宿舍：4层
设计时间：2000.1

厂区设计安静优美，大面积绿化草坪使生产车间沉着文雅。

整体色彩为深红色，长条面砖错缝拼贴，风格含蓄端庄，隐现经典风采。

天津工业大学教学实验楼

建设地点：天津市
建筑性质：教学、实验
建筑面积：8274m²
建筑高度：35.6m
建筑层数：8层
设计时间：2001.3

与周围建筑完美结合，从功能上紧密相连，而风格又独立完整。

立面丰富、色彩柔和、富有时代气息。

中国航空工业规划设计研究院

China Aeronautical Project & Design Institute

法人代表 /President：周凯 /ZHOU Kai
地址 /Add：北京市德外大街 12 号
No.12，De Wai Ave，Beijing
邮编 /Zip：100011
电话 /Tel：(+86) 10 62038288　62038484
传真 /Fax：(+86) 10 62039042
网址 /URL：www.capdi.com.cn
电邮 /Email：capdxxb@public.bta.net.cn

我院成立于1951年，是国家甲级设计院，中国勘察设计单位综合实力百强之一。1984年获得硕士学位授予权，1992年首批获得对外经营权，后又获得对外工程承包权。1996年通过ISO9001质量认证。

我院现有工程技术人员1100人，与国际上著名设计公司建立有业务关系。业务范围包括航空工业和民用项目两大部分。其中民用工程设计包括城市规划、居住区规划设计、大型公共与民用建筑设计、室内设计、建筑结构、给排水、供暖与空调、建筑电气及建筑智能化设计、制药、轻工等行业的设计以及工程咨询、总承包、监理、概预算、环境影响评价、环境污染防治、房地产开发等业务。

China Aeronautical Project & Design Institute is established in1951 and is one of the national 100 Research units. In 1984 it was authorized to grant master's degrees and in 1992, the right for direct foreign transactions, and subsequently the right to contract with foreign units in 1992. In 1996, it got the ISO9001 quality certification.

The institution currently has a faculty of 1100 engineers and technicians and has established business connections with international design companies. The operations include two sections: Aviation Industry and civilian programs. The civilian programs involves public and civilian construction planning, interior decoration, construction structure, water supply and drainage, air-conditioning, medicine, light industry, architectural electric, architectural intelligence etc. It also provides engineering consultation, general contracting, management, gross budget, assessment and prevention of environmental influence, real estates development and more.

主要设计作品

- 中国计量院实验基地
- 北京航空航天大学新校区
- 西宁机场候机楼
- 嘉峪关科技馆
- 北京太阳城总体规划
- 北京麓鸣花园
- 中国科技馆
- 芜湖奥林匹克体育中心
- 黑龙江省科技馆

1

2

1.嘉峪关科技馆
建设地点：甘肃省嘉峪关
建筑性质：科技展览
建筑面积：10 000m²

2.中国科技馆
建设地点：北京市
建筑性质：科技展览
建筑面积：20 000m²
获奖：国家优质工程银奖

科技馆建筑造型寓喻未来世纪科技领域的生命科学中的DNA螺旋，设计切中中国科技馆面向未来，注重前瞻性、导向性的科技前沿的深刻内涵，达到了形式和内容完美结合，是科技馆建筑造型设计中难得的珍品，成为首都一景。

3.北京航空航天大学新校区
建设地点：北京市
建筑性质：教育
占地面积：733 700m²
建筑面积：385 500m²

4.中国计量院实验基地

建设地点：北京市

建筑性质：科研、精密实验

占地面积：550000m²

建筑面积：42000m²

5.西宁机场候机楼

建设地点：青海省西宁市

建筑性质：交通设施

建筑面积：10000m²

3

4

5

6.北京太阳城总体规划
建设地点：北京市
建筑性质：住宅、商业、医疗保健
占地面积：42ha
建筑面积：300 000m²

7.芜湖奥林匹克体育中心
建设地点：安徽省芜湖市
建筑性质：体育
占地面积：30ha
建筑面积：121 306m²

8.北京麓鸣花园
建设地点：北京市
建筑性质：住宅
占地面积：68.43ha
建筑面积：320 000m²

黑龙江省科技馆

建设地点：黑龙江省哈尔滨市
建筑性质：科技展览
占地面积：50000m²
建筑面积：24750m²

黑龙江省科技馆临近著名的太阳岛公园、虎园等游乐场所。基地东南方向距松花江公路大桥约600余米，东北方向与原有的省科学会堂相隔约一个街区。

黑龙江省科技馆的区域位置恰好介于哈黑公路与太阳岛公园之间。在该区域内存在着从大尺度的哈黑公路等城市尺度空间向太阳岛公园等小尺度建筑空间过渡的趋势。结合不同城市尺度，采用双重语汇的设计手法，在面向哈黑公路一侧，以一片巨大的弧形墙面为背景，衬托出球形天象厅完整的形象，以大尺度、大形体的变化与城市尺度空间相适应。在面对小尺度休闲空间的另一侧，将较为整体的建筑体量打破，以相对较小尺度的5片形似风帆的曲墙与之相对应，使建筑自身成为自大尺度城市空间到小尺度建筑空间的过渡。

建筑自身将用地划分为3个部分。主入口设在外部交通干扰相对较小的银杏路与警备路上。主体建筑位于场地中稍偏向银杏路一侧。靠哈黑公路一侧以大面积的绿化与室外展场在公路与建筑之间形成一个过渡性空间，为科技馆的展现提供良好的视野环境。场地北部的三角形空间用作停车场，与两个出入口紧密相连，避免车流贯穿整个场区。

平面设计的中心是弧形大厅，建筑各功能空间均围绕弧形大厅展开。弧形大厅3层通高，上覆天窗，是展馆内人流交通组织的中心。主展厅部分为一近似椭圆的形体，地上3层，地下1层。除必要的设备用房外均为大开间科普展厅，局部利用7米的层高形成夹层空间，组成休息厅等服务空间。

中国建筑设计研究院

China Architecture Design & Research Group

法人代表／President：张文成／ZHANG Wencheng
地址／Add：北京市车公庄大街19号／No.19 Che Gong Zhuang St．Beijing
邮编／Zip：100044
电话／Tel：(+86) 10 68393613 68353289
传真／Fax：(+86) 10 68347374 68348832
网址／URL：www.cadreg.com.cn
电邮／E-mail：ybgs@china.com

中国建筑设计研究院是以原建设部建筑设计院、中国建筑技术研究院为母体，吸纳中国市政工程华北设计研究院、建设部城市建设研究院为所属单位，于2000年4月组建的国家大型科技型企业。我院具有建筑工程设计、人防、智能建筑（系统工程设计）、工程总承包、市政公用工程综合设计、冶金（炼焦）、环境影响评价、工程监理、工程招标、城市规划设计、工程咨询、建筑装饰设计、风景园林、施工图设计审查等业务甲级资质，以及对外经营权和进出口经营资质，是国家建筑行业中综合实力强、科技含量高、辐射范围广、具有全国影响力和国际竞争力的建筑设计与科研企业。

The China Architecture Design & Research Group, a merger of the Architecture Design Institute Ministry of Construction and the China Building Technology Development Center, is a large high-tech state enterprise created in April 2000. The North China Municipal Engineering Design & Research Institute and the China Urban Construction & Research Institute are wholly owned subsidiaries. Our institute has the class-A expertise in the architecture engineering design, aerial defense facility, intelligent architecture (systems engineering design), project general contract, integrate design for municipal public project, metallurgy (coking), environmental affection evaluation, project management, project bidding, urban planning and design, project consultancy, architecture decoration design, landscape and gardening, shop drawing design and checkup, and so on, as well as the operation right outside China and the import and export operation aptitude. It is an architectural design and research enterprise among the nationís architecture industry with powerful comprehensive strength, high technology content and wide business range which have influence across the whole country and the ability for international competition.

北京科技会展中心二期

建设地点：北京市
建筑性质：展览、会议
建筑面积：68000m²
用地面积：35000m²
设计时间：1999

主要设计作品

恒华国际商务中心
清华科技园创新中心
民航总局办公楼改造
山东出版总社图书编辑业务楼
吉林城建大厦
武警北京总队指挥中心大楼
北京亚讯中心
航空医院科技开发综合楼
北京富凯大厦
宁波国际会议展览中心
北京万寿路老干部中心
首都博物馆（合作方：法国AREP公司）
北京西直门综合交通枢纽（合作方：法国AREP公司）
福建广播电视中心
北京大学附属中学教学楼
龙岩学院
北京雅昌彩印大厦
北京华联彩印中心

北京外国语大学逸夫教学楼

建设地点：北京市
建筑性质：教学
用地面积：3585m²
建筑面积：11300m²
设计时间：1999

北京外国语大学逸夫楼是建筑师针对教学建筑的特点，以完好的室内外环境、丰富的空间处理、低廉的建筑造价完成的一座新颖别致的"另类教学建筑"。建筑整合了校园建筑之间的关系，引入了生态观念，运用理性的建筑表达方式，以简约风格创造了一种新的教学建筑设计思路。

天津泰达小学

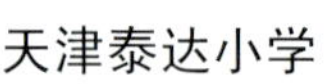

建设地点：天津市
建筑性质：学校
用地面积：17 100m²
建筑面积：15 300m²
设计时间：2000

中国建筑设计研究院办公楼改建

办公楼由3栋组合而成。一号楼建于1958年，二号楼建成于1988年，三号楼建成于1999年。2001年值建设部建筑设计院和中国建筑技术研究院合并改制之机对办公环境进行了整体改造，室外架连桥、通门廊、铺广场、扩绿地、布照明；室内加中庭，改门厅及设计室、会议室和报告厅等。风格简约，色彩明快，强调设计的感觉。

中国轻工国际工程设计院

（中国轻工业北京设计院）

China International Engineering Institute for Light Industry

法人代表/President：杨志海/YANG Zhihai
地址/Add：北京市朝阳区团结湖 Tuanjiehu，Chaoyang District，Beijing
邮编/Zip：100026
电话/Tel：(+86) 10 65826367
传真/Fax：(+86) 10 65823590
网址/URL：www.bcel-cn.com
电邮/E-mail：Qxbcelf@public.bta.net.cn

我院成立于1953年，是以工程设计为主体的国际性大型设计院，具有对工程项目的规划、咨询、评估、设计、造价咨询、监理、总承包等功能，是全国百强甲级设计单位。我院提供工程设计、工程咨询、环境影响评价、厂址选择、工程总承包、工程建设监理、工程造价、智能建筑（系统工程设计）、室内外装饰装修设计、技术开发、技术服务等；专业包括建筑、结构、室内装饰、给水排水、防火、暖通、空调、自控仪表、电气照明、弱电电讯、动力锅炉、地下建筑、园林绿化、小区规划、建筑声学设计、建筑模型及建筑经济、CAD开发等。

The China Internatioal Engineering Institute for Light Industry, founded in 1953, is a comprehensive international institute of planning and designs with project design as its principal business. It is one of the top 100 institutes in China, which business involves project planning, consultation, assessment, design, cost consulting, general contracting and surveillance. The institute provides engineering design, engineering consultation, assessment and prevention of environmental influence, site-choosing advisory, project contracting, cost assessments, intelligent architecture (systematic project design), interior/exterior decoration design, technology development, water supply and drainage, fireproofing, warming system, air-conditioning, auto-control parameters, electronic illumination, feeble telecom, dynamic boiler, underground construction, gardening & virescene, residential section programming, architectural acoustic design, architectural model and architectural economy, CAD development and more.

主要设计作品

- 中国人民抗日战争纪念馆
- 中国印刷博物馆
- 北京月坛大厦
- 北京联合大厦
- 北京泛利大厦
- 中央工艺美术学院综合教学楼
- 北京石油管理干部学院扩建工程（综合教学楼）
- 轻工部干部管理学院教学楼

1

2

1．北京三露厂生产科研培训综合楼
建设地点：北京市
建筑性质：生产、科研、办公及培训
用地面积：41926m²（地下5410m²）
建筑高度：31.6m（地上4层、局部6层、地下1层）
容 积 率：1.48
绿 化 率：30.5%
设计时间：1999.6

3

5

6

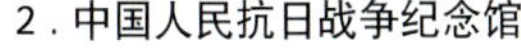

2．中国人民抗日战争纪念馆

建设地点：北京市

占地面积：2.6ha

建筑面积：5265m²

设计时间：1986.7

3．北京联合大厦

建设地点：北京市

建筑面积：71000m²

建筑层数：地上19层、地下3层

结构形式：钢混框架

建筑高度：96m

4．北京青年路居住小区

建设地点：北京市

建筑性质：居住

设计时间：1998

5．北京印钞厂工人俱乐部

建设地点：北京市

建筑性质：影剧院、健身、娱乐

占地面积：3080m²

建筑高度：18.3m

设计时间：1997

6．北京石油管理干部学院扩建工程（综合教学楼）

建设地点：北京市

用地面积：59730m²

建筑面积：16230m²

建筑高度：32.1m

设计时间：1995

4

7

7．颐方园体育健康城

建设地点：北京市

建筑性质：综合性体育建筑

建筑面积：30100m²

建筑高度：16.8m

设计时间：1997

北京泛利大厦

建设地点：北京市
建筑面积：86000m²
建筑高度：95m
建筑层数：地上20层、地下3层
结构形式：现浇钢筋混凝土框架剪力墙

泛利大厦位于朝外大街以南、日坛路西侧，大厦西临联合大厦，北为世界金融中心。大厦内设有大型商场、餐饮、写字间、大型地下停车库。地上20层地下3层，结构形式为现浇钢筋混凝土框架，平面采用10.5m×10.5m柱网，建筑首层设有柱廊。大厦外装修为红色花岗岩板幕墙，局部为玻璃幕墙。外窗采用青蓝色喷涂铝合金中空玻璃窗。建筑造型简捷大方，室内外设计协调，高贵典雅，立面与周围建筑既呼应又不失其个性，与规划区其他建筑形成具有鲜明商业建筑特色现代化的建筑群。该工程曾获国家轻工业局优秀设计二等奖。

北京月坛大厦

建设地点：北京市
建筑面积：130 900m²
建筑层数：南座 12 层、北座 26 层
建筑高度：南座 50m、北座 99m

月坛大厦分为北座和南座两部分。主体结构设计由核工业部二院完成，后由中国轻工国际工程设计院对大厦除主体结构以外各专业设计进行全面修改，含建筑立面、建筑平面修改，设备、电气系统修改，结构补强加固和涉及建筑修改配合设计。建筑由原写字楼及商场两部分功能改为综合性大型商业写字楼和国家专业银行办公楼，增加包括银行营业厅、大型计算机房、金库、代保管库、大会议室、多功能厅、职工餐厅、快餐厅、中餐厅、保龄球馆、舞厅、超级市场设计，修改写字间、大型地下停车库、电气、设备机房设计等。

大厦外形借鉴传统建筑风格，结合现代建筑材料进行设计。为使较大体量建筑减少对古建筑的影响，建筑外装饰设计成灰白色调。三层以下采用石材干挂，三层以上为铝板饰面，建筑外观错落有致，简捷明快，在与古建筑形式和现代建筑风格结合上进行了探索和尝试。该工程建成后获国家轻工业局优秀设计一等奖，其中南座获北京市优质工程奖和国家工程建设银质奖。

中国人民解放军总参工程兵第四设计研究院
The 4th Engineering Design & Research Academy of General Staff, P.L.A

法人代表/President：窦万和/DOU Wanhe
地址/Add：北京市太平路24号
No.24, Tai Ping Road, Beijing
邮编/Zip：100850
电话/Tel：(+86) 10 68223496 66860049
传真/Fax：(+86) 10 68274346

我院成立于1952年，是甲级工程勘察设计单位。全院拥有各类专业技术干部近300名，设有建筑、结构、暖通空调、给排水、供配电、自动控制、地下建筑及内部环境与设备、工程地质、概预算、计算机软件和科技情报等专业。

50多年来，我院先后完成了数千项大中型民用建筑、地下建筑、规划设计以及工程可行性论证等项目，积累了丰富的经验，造就了大批专业技术人才和学科带头人，取得了丰硕的成果。2002年按照ISO9001标准建立了质量体系。

我院将发扬"团结、奋进、求实、创新"的院风，奉行"质量第一、信誉第一、服务第一、效率第一"的宗旨，把先进的科学技术、军人特有的作风和严格的科学管理有机地结合起来，竭诚为社会各界提供更优质的服务。

Our institute was founded in1952 and is an A-class national project reconnaissance design institute. The institute has a group of 300 professional technical workers and has emplaced sectors for construction, structuring, warming and air-conditioning, water supply and drainage, power supply and allocation, auto-control, defense work, defense equipment and internal equipment, engineering geology, approximate budgeting, computer software design and technical information, etc. For the past 50 years, the institute has completed thousands of large-scale and medium-scale projects of civilian construction, underground construction, programming design and project feasibility study, through the course it has gained ample experiences and trained a group of professional elites that enable the unit to achieve more. The Institute will carry forward the institute's culture as "To be united, pushing, realistic, innovative" and the tenet of "Best quality, credibility, services and efficiency". The institute is eager to provide to the community with best quality services by combining advanced technology and the unique legionary scientific management.

主要设计作品

八一大楼
北京京城大厦
西安金花大厦
北京京民大厦
北京王府井全聚德烤鸭店
北京大成广场
北京麦子店高级公寓
北京银轮宾馆
协和医科大学教学科研综合楼
天津中铁十八局办公楼
沧洲电信大楼
北京杰宝大厦
北京顺义八中
长峰宾馆

1

2

1. 八一大楼
建筑地点：北京市
建筑性质：办公
建筑面积：90 255m²
建筑高度：60m
建筑层数：12层
设计时间：1998.12

2. 北京王府井全聚德烤鸭店
建筑地点：北京市
建筑性质：餐饮
建筑面积：6 764m²
建筑高度：21.6m
建筑层数：5层
设计时间：1992.10

3. 北京麦子店高级公寓

建筑地点：北京市

建筑性质：公寓

建筑面积：27000m²

建筑高度：62m

建筑层数：24层

设计时间：1995.5

4. 北京杰宝大厦

建筑地点：北京市

建筑性质：商住

建筑面积：84500m²

建筑高度：61.60m

建筑层数：21层

设计时间：1998.10

5. 北京大成广场

建筑地点：北京市

建筑性质：办公

建筑面积：97064m²

建筑高度：86.75m

建筑层数：28层

设计时间：1995.5

6. 北京顺义八中
建筑地点：北京市
建筑性质：教学
建筑面积：10500m²
建筑高度：16.1m
建筑层数：4层
设计时间：1994.11

7. 天津中铁十八局办公楼
建筑地点：天津市
建筑性质：办公
建筑面积：24200m²
建筑高度：49.8m
建筑层数：12层
设计时间：2000.9

8. 北京京民大厦
建筑地点：北京市
建筑性质：宾馆
建筑面积：31000m²
建筑高度：67.8m
建筑层数：21层
设计时间：1986

9. 北京京城大厦
建筑地点：北京市
建筑性质：办公、公寓
建筑面积：134098m²
建筑高度：183.5m
建筑层数：52层
设计时间：1986.10

10

10. 北京银轮宾馆
建筑地点：北京市
建筑性质：宾馆
建筑面积：15 773m²
建筑高度：24m
建筑层数：4 层
设计时间：1991.1

11. 协和医科大学教科研综合楼
建筑地点：北京市
建筑性质：教学
建筑面积：17 800m²
建筑高度：36.96m
建筑层数：10 层
设计时间：2001.3

11

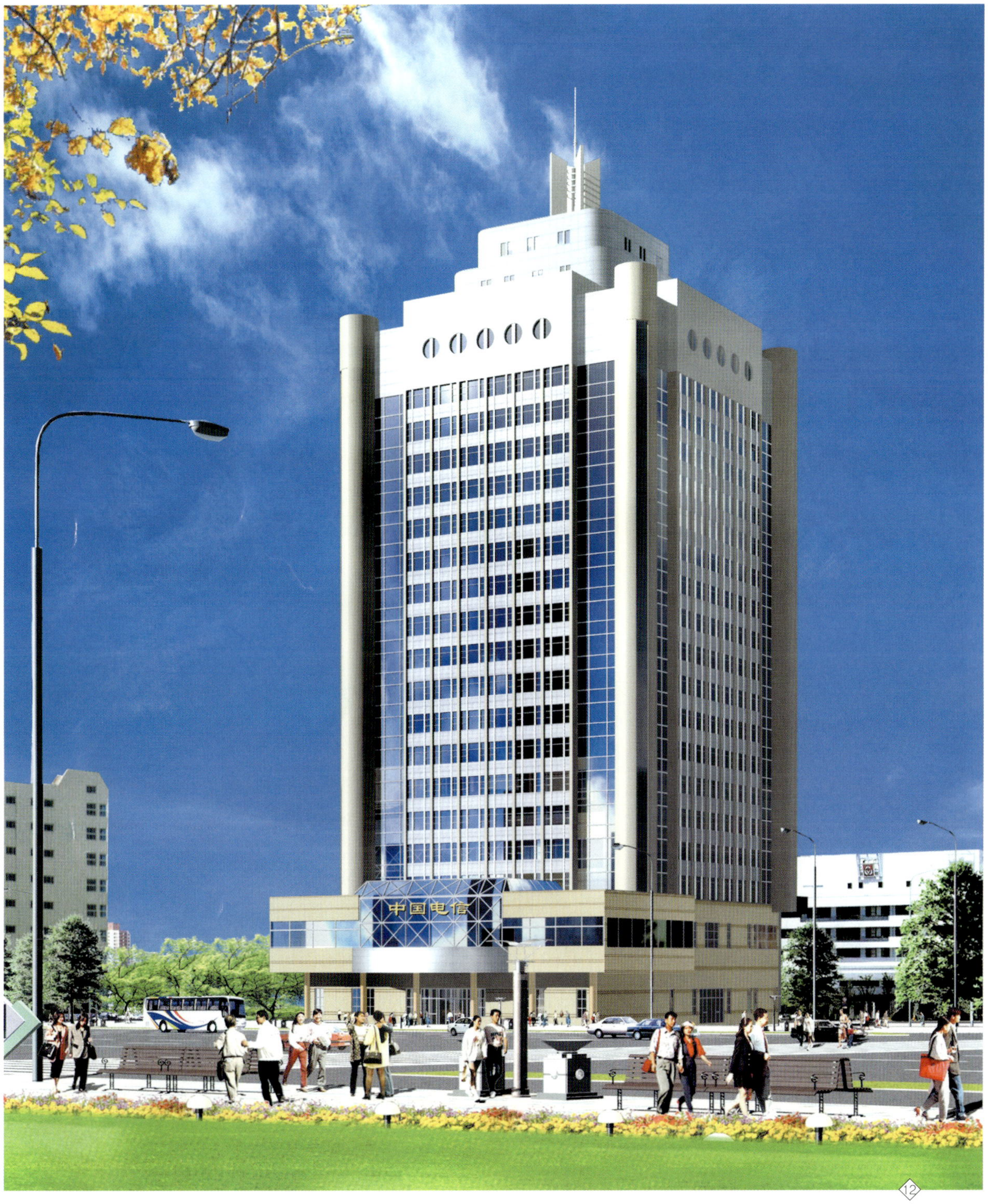

12

13

14

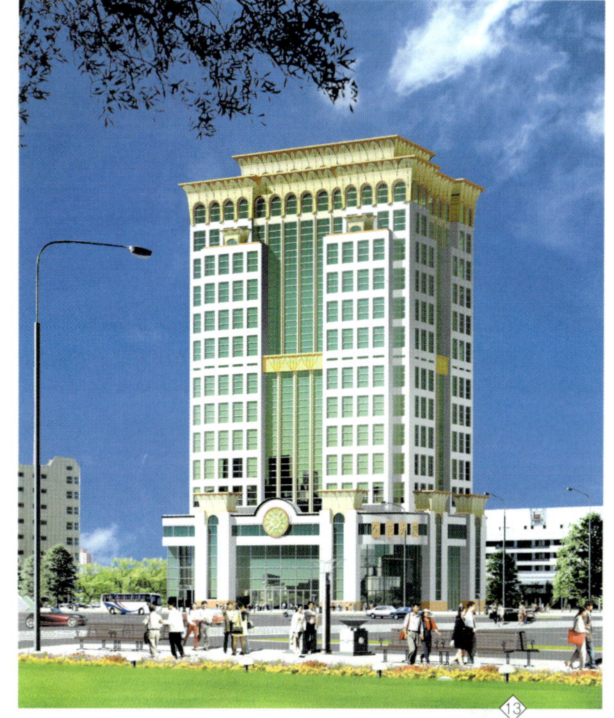

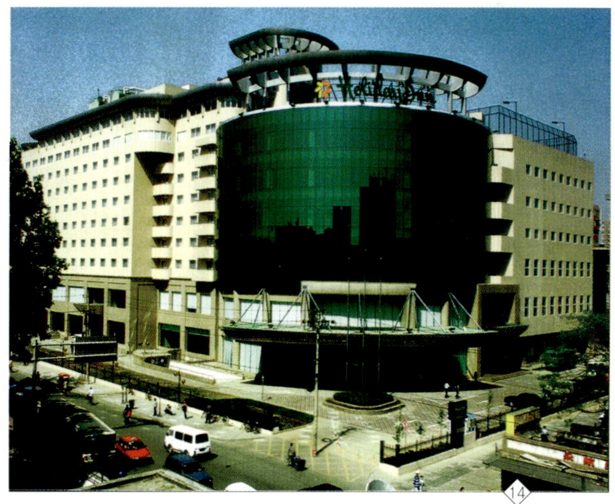

12. 沧州电信大楼

建筑地点：河北省沧州市
建筑性质：办公
建筑面积：23 000m²
建筑高度：89m
建筑层数：16 层
设计时间：2000.3

13. 西安金花大厦

建筑地点：陕西省西安市
建筑性质：商住
建筑面积：52 030m²
建筑高度：106m
建筑层数：26 层
设计时间：2000.9

14. 长峰宾馆

建筑地点：北京市
建筑性质：宾馆
建筑面积：32 000m²
建筑高度：45m
建筑层数：14 层
设计时间：1996

中国人民解放军

总后勤部建筑设计研究院

Building Design & Research Institute of the General Logistics Department of P.L.A

法人代表/President：陈廷宪/CHEN Tingxian
地址/Add：北京市太平路22号
No.22 Taiping，Road，Beijing
邮编/Zip：100036
电话/Tel：(+86) 10 66887551
传真/Fax：(+86) 10 68221322
电邮/E-mail：gliad@cgw.net.cn

我院为甲级勘察、设计和科研单位。业务范围包括民用与工业及军队专用建筑的勘察、设计、建筑结构、地下工程、给排水、暖通空调、电气、动力等工程设计、油库及输油管设计；建筑装饰设计与施工；概预算及标底编制与审核；工程总承包、工程监理及技术经济咨询等。

全院专业人员高级职称有62人，1950年建院以来已完成5000多项大中型工程的勘察、设计和科研项目，多项工程获国家、军队优秀工程勘察设计奖和科技进步奖；主持或参与编制国家、军队技术标准、规范21部。2001年通过ISO9001质量体系认证，是军内首家通过贯标认证的勘察设计单位。

The Institute is a professional unit engaged in the first-class reconnaissance, design and scientific research units. Its operation ranges from civilian and martial construction reconnaissance, design, architectural structure, underground engineering, water supply and drainage, warming system, air-conditioning, electronic, dynamic engineering, oil tank & oil-transportation tube design; architectural decoration planning and construction; gross budget and auditing; project contracting, project surveillance and technology consultation. The faculty consists of 62 senior experts. Since 1950 the Institute has accomplished more than 5000 big projects and has been ranted multiple prizes for reconnaissance and technological progress. The institute participated in the composition of 21 regulations and standards for the state and army. In 2001, it was certified by the ISO-001 Quality System. The institute is the First reconnaissance and design unit to be certified by the Army.

主要设计作品

- 格尔木至拉萨输油管线
- 军委通信楼
- 京西宾馆
- 军事医学图书馆
- 军事医学科学院生命科学研究大楼
- 第四军医大学科技综合楼
- 国防大学教学楼
- 解放军档案馆

1

2

1/2.烟台某机关办公楼城市广场

建设地点：山东省烟台市
建筑性质：办公
建筑面积：50000m²
建筑层数：7
建筑高度：28m
设计时间：2001.11

3.301医院“明日家园”

建设地点：北京市
建筑性质：住宅小区
建筑面积：194500m²
建筑高度：45m
建筑层数：15层
设计时间：2001.2

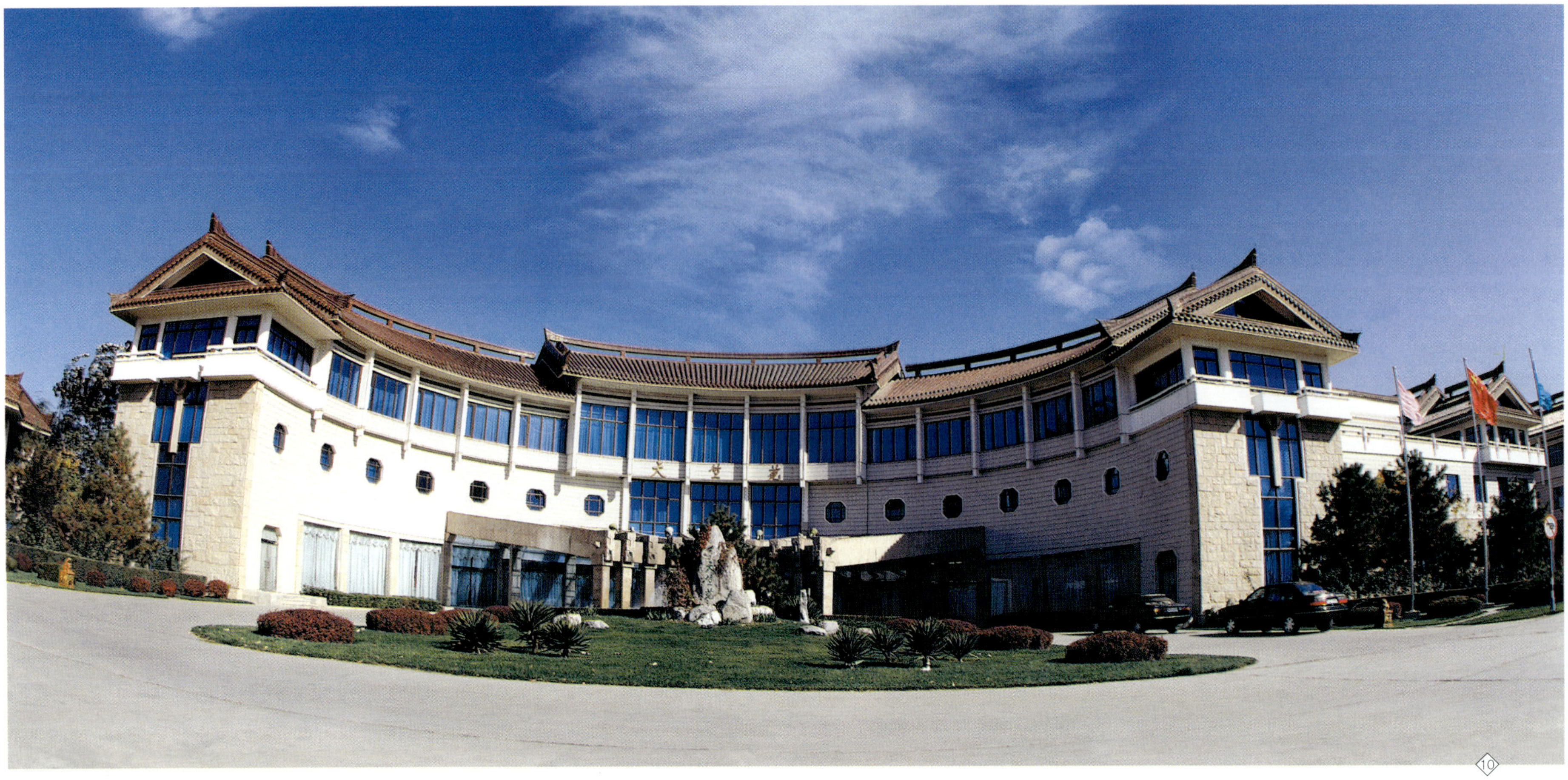

10

10. 北京银轮宾馆
建筑地点：北京市
建筑性质：宾馆
建筑面积：15773m^2
建筑高度：24m
建筑层数：4层
设计时间：1991.1

11. 协和医科大学教科研综合楼
建筑地点：北京市
建筑性质：教学
建筑面积：17800m^2
建筑高度：36.96m
建筑层数：10层
设计时间：2001.3

11

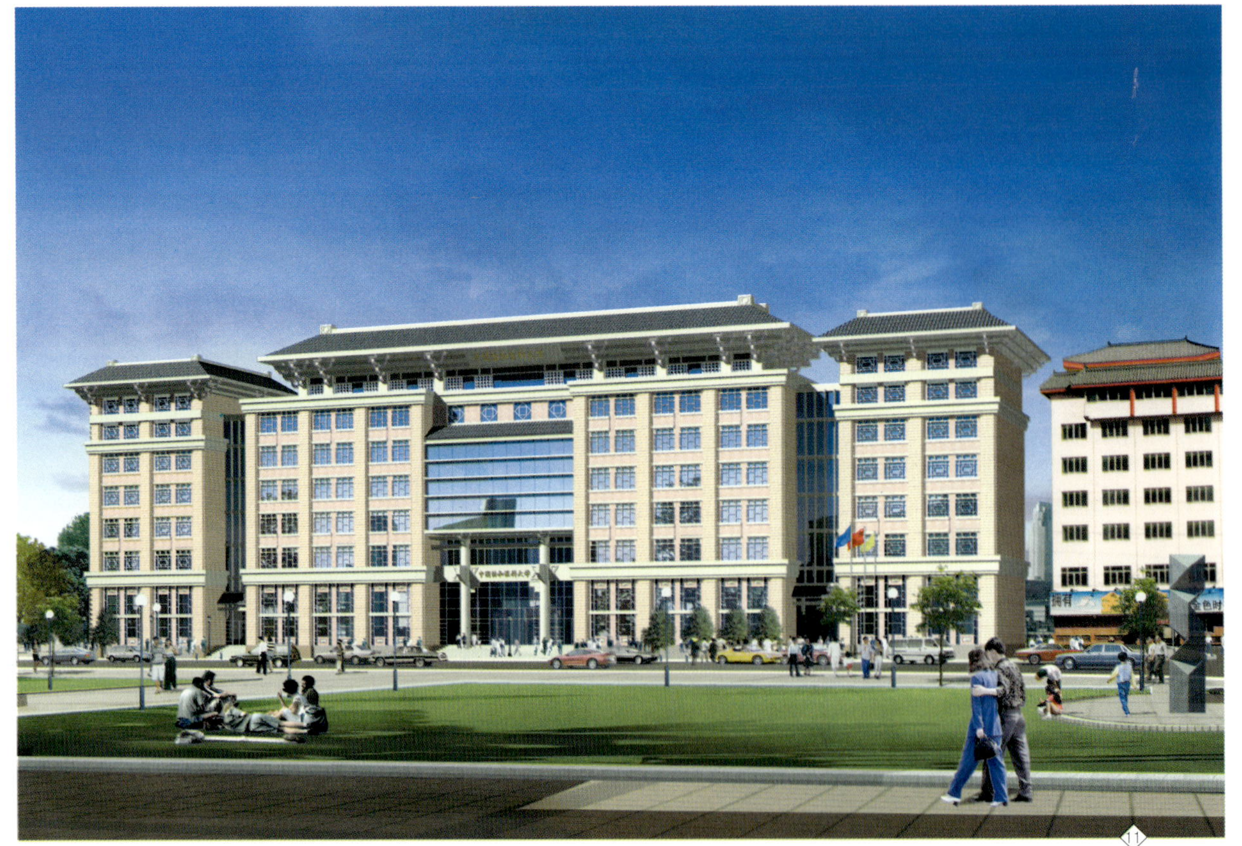

12

13

14

12. 沧州电信大楼

建筑地点：河北省沧州市

建筑性质：办公

建筑面积：23000m^2

建筑高度：89m

建筑层数：16层

设计时间：2000.3

13. 西安金花大厦

建筑地点：陕西省西安市

建筑性质：商住

建筑面积：52030m^2

建筑高度：106m

建筑层数：26层

设计时间：2000.9

14. 长峰宾馆

建筑地点：北京市

建筑性质：宾馆

建筑面积：32000m^2

建筑高度：45m

建筑层数：14层

设计时间：1996

中国人民解放军 总后勤部建筑设计研究院

Building Design & Research Institute of the General Logistics Department of P.L.A

法人代表/President：陈廷宪/CHEN Tingxian
地址/Add：北京市太平路22号
No.22 Taiping, Road, Beijing
邮编/Zip：100036
电话/Tel：(+86) 10 66887551
传真/Fax：(+86) 10 68221322
电邮/E-mail：gliad@cgw.net.cn

我院为甲级勘察、设计和科研单位。业务范围包括民用与工业及军队专用建筑的勘察、设计、建筑结构、地下工程、给排水、暖通空调、电气、动力等工程设计、油库及输油管设计；建筑装饰设计与施工；概预算及标底编制与审核；工程总承包、工程监理及技术经济咨询等。

全院专业人员高级职称有62人，1950年建院以来已完成5000多项大中型工程的勘察、设计和科研项目，多项工程获国家、军队优秀工程勘察设计奖和科技进步奖；主持或参与编制国家、军队技术标准、规范21部。2001年通过ISO9001质量体系认证，是军内首家通过贯标认证的勘察设计单位。

The Institute is a professional unit engaged in the first-class reconnaissance, design and scientific research units. Its operation ranges from civilian and martial construction reconnaissance, design, architectural structure, underground engineering, water supply and drainage, warming system, air-conditioning, electronic, dynamic engineering, oil tank & oil-transportation tube design; architectural decoration planning and construction; gross budget and auditing; project contracting, project surveillance and technology consultation. The faculty consists of 62 senior experts. Since 1950 the Institute has accomplished more than 5000 big projects and has been ranted multiple prizes for reconnaissance and technological progress. The institute participated in the composition of 21 regulations and standards for the state and army. In 2001, it was certified by the ISO-001 Quality System. The institute is the First reconnaissance and design unit to be certified by the Army.

主要设计作品

格尔木至拉萨输油管线
军委通信楼
京西宾馆
军事医学图书馆
军事医学科学院生命科学研究大楼
第四军医大学科技综合楼
国防大学教学楼
解放军档案馆

1

2

1/2.烟台某机关办公楼城市广场

建设地点：山东省烟台市
建筑性质：办公
建筑面积：50 000m²
建筑层数：7
建筑高度：28m
设计时间：2001.11

3．301医院“明日家园”

建设地点：北京市
建筑性质：住宅小区
建筑面积：194 500m²
建筑高度：45m
建筑层数：15层
设计时间：2001.2

10. 北京银轮宾馆
建筑地点：北京市
建筑性质：宾馆
建筑面积：15773m²
建筑高度：24m
建筑层数：4层
设计时间：1991.1

11. 协和医科大学教科研综合楼
建筑地点：北京市
建筑性质：教学
建筑面积：17800m²
建筑高度：36.96m
建筑层数：10层
设计时间：2001.3

11

白求恩国际和平医院病房楼

建设地点：河北省石家庄市
建筑性质：医疗
建筑面积：30000m²
建筑层数：13层
建筑高度：60m
设计时间：2000.7

白求恩国际和平医院前身是抗日战争时期的八路军医疗所，具有光荣革命传统。新建病房可布置700张床位，建筑沿医院北大门中轴对称布局，北立面宛如一只展翅的和平鸽，环抱着广场上的白求恩塑像，烘托出国际和平的主题，反映革命的人道主义精神。

中京邮电通信设计院
Sino-king P&T Design Institute

法人代表 /President：孙鸿志 /SUN Hongzhi
地址 /Add：北京市西城区西直门内大街 126 号
No.126, Xizhimen Nei Street, Beijing
邮编 /Zip：100035
电话 /Tel：(+86) 10 66118326 66118300
传真 /Fax：(+86) 10 66118355
网址 /URL：www.sino-king.com.cn
电邮 /E-mail：bdimii@public3.bta.net.cn

中京邮电通信设计院创建于 1952 年，2001 年划入中国移动通信集团。我院具有承担各种规模信息通信工程和通信局建筑及民用建筑工程的规划、可行性研究、评估、勘察、设计、咨询、项目总承包和工程监理任务的资质，并享有对外经营权，通过了 ISO9001 国际质量体系认证。

我院是信息通信建设领域最主要的技术支撑单位之一。多年来先后完成了一大批全国性的通信骨干网工程和新技术首例工程的设计任务，获得百余项各类奖项；还承担和完成《数字移动电话工程设计暂行规定》、《城市建筑及小区规划内通信设施设计标准》、《邮电建筑防火设计标准》等国家和行业有关通信工程设计标准规范的编制修订和管理工作。

Sino-king P&T Design Institute founded in 1952, is turned over to China mobile in 2001 and was authorized to deal with foreign firms and institutions. DICM is authorized to take on large-scale information telecommunication projects, construction of telecom buildings, civilian construction planning, feasibility study, assessment, reconnaissance, design, consulting, general project contracting and engineering supervision and management. It has passed the ISO9001 Quality Certification System.

DICM is one of the technical mainstays of the field of Information Telecommunication. For the years that past DICM has completed a series of national significant designing tasks concerning telecom networking and initial new technological project and has won hundreds of awards. Moreover, the unit participated in editing, emending and managing the regulations for telecom industry such as "Temporary Digital Mobile phone Engineering Design Regulations", "City Construction and Villages Telecom Facility Design Standards", "Posts and Telecommunication Construction Fire-proof Standards", etc.

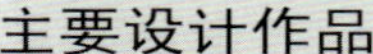

主要设计作品

- 合肥第二长途通信枢纽工程
- 北京西站邮件处理中心
- 青岛市经济技术开发区邮电综合楼工程
- 太原长途通信枢纽工程
- 南昌邮政信件处理中心土建工程
- 第十一届亚运会通信工程
- 南宁长途通信枢纽楼
- 马鞍山电信楼
- 呼和浩特电信枢纽楼
- 北京国际电信局工程设计
- 新华社新闻大厦通信工程

1

2

1. 南昌第二长途通信枢纽大楼
建设地点：江西省南昌市
建筑性质：电信枢纽
建筑面积：32 000m²
建筑层数：16 层
设计时间：1999

2. 成都邮政指挥调度中心大楼
建设地点：四川省成都市
建筑性质：邮政指挥中心
建筑面积：48 000m²
建筑高度：138m
建筑层数：32 层
设计时间：1999

3. 南京第二长途电信枢纽大楼
建设地点：江苏省南京市
建筑性质：电信枢纽
建筑面积：90 000m²
建筑高度：248m
建筑层数：55 层
设计时间：1996

4

4. 天津邮件处理中心
建设地点：天津市
建筑性质：综合邮件处理
建筑面积：57 000m²
建筑高度：35m
建筑层数：8 层
设计时间：1997

5. 南宁第二长途通信枢纽大楼
建设地点：广西壮族自治区南宁市
建筑性质：电信枢纽
建筑面积：68 000m²
建筑高度：168m
建筑层数：38 层
设计时间：1996

5

长沙第二通信枢纽大楼

建设地点：湖南省长沙市
建筑面积：96 000m²
建筑层数：地上 40 层、地下 2 层
建筑高度：200m
设计时间：1999

长沙第二通信枢纽大楼用地位于城市新建环线一侧，西向面对新规划的火车站后广场。主楼与附楼平面为一规则矩形，在造型上浑然一体，主楼层层拔起，形成几个段落，使整个建筑物具有一定的韵律感。主楼与道路间为5层高的营业厅，营业厅从2 层起为一个顶部采光的共享空间，从营业厅可以仰望主楼顶部，标准层平面为一典型的筒中筒结构，外筒跨度10.8 米，为通信工艺布置提供了较好的灵活空间。

建筑物按照超高层防火设计。设有两层避难层，顶部设有直升飞机停机坪。建筑物采用浅红色的铝板幕墙、紫色玻璃，5层裙房为干挂暖色调的花岗岩饰面。

中科建筑设计研究院有限责任公司

（中国科学院北京建筑设计研究院）

Institute of Architecture Design & Research, Chinese Academia Sinica

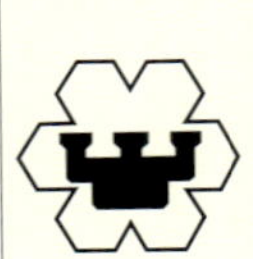

董事长、院长／Chairman：徐茂禄／XU Maolu
董事、副院长、总建筑师／Gerneral Architects：
高林／GAO Lin、崔彤／CUI Tong
董事、副院长／Director：张凤玲／ZHANG Fengling
副总建筑师／Vice-Gerneral Architect：
华夫荣／HUA Furong
顾问总建筑师／Consultant Architect：
文业清／WEN Yeqing、金伟晋／JIN Weijin、
顾国瑞／GU Guorui
地址／Add：北京市海淀区中关村北一街4号
No.4,North First Road,ZhongGuanCun，Beijing
邮编／Zip：100080
电话／Tel：（+86）10 62551244 62552059
传真／Fax：（+86）10 62561186
电邮／E-mail：Liucs@263.net.cn

我院成立于1962年，拥有民用建筑设计、智能设计、市政供热工程设计、市政排水设计、工程总承包等五项甲级资质和工程监理一项乙级资质。全院现有员工150余人。

我院以科研基地规划、科研办公建筑设计为特长，先后完成了多项国家级大型科学实验建筑，涵盖了数理化、天地生等多门类、全方位的科研、办公建筑。主编或参编了多项国家的建筑设计规范，如《科学实验建筑设计规范》、《电子计算机房设计规范》等等。我院也进行项目策划、工程造价咨询，能够从事多种类型的规划设计工作。多年来频繁获奖、频繁中标。

20世纪80年代至今，我院曾先后与欧美、日本、澳大利亚、港台等国家或地区的有关专家或机构进行了广泛的学术交流或合作设计，具有丰富的国际合作经验，并赢得了良好的信誉。

Founded in 1962, the institute is a multi-disciplinary practice with 5 Class A Licenses, including architecture design, intelligence design, municipal heating supply engineering design, municipal drainage engineering design and general project contracting, also possessing 1 Class B License of construction supervision.

The institute has a staff of 150, We are specialised at scientific research institutional planning design. The institute was also involved in drafting many national architectural design standards.

The institute can also undertake master planning, urban design, design of culture buildings, office buildings, commercial buildings, sports facilities and historical preservations planning &design.The institute has won 8 national prizes and more than 40 ministerial prizes from 1998 to 2001.

Since 1980's, the institute has successfully cooperated with specialists and overseas firms from Europe, America, Japan, Australia, Hong Kong and Taiwan. The institute wins good international reputation.

1

1．北京欧陆精典小区
建设地点：北京市
建筑性质：住宅
占地面积：6.09ha
建筑面积：278100m²

2．北京将府家园住宅区
建设地点：北京市
建筑性质：住宅
占地面积：74.13ha
建筑面积：1640000m²

3．清华同方工业园科研楼
建设地点：北京市
建筑性质：科研、办公
占地面积：2.2ha
建筑面积：23700m²

4．北京将台工业园
建设地点：北京市
建筑性质：高科技研发基地
占地面积：11.53ha
建筑面积：148000m²

5．上海同步辐射中心
建设地点：上海市
建筑性质：科研实验
占地面积：19.8ha
建筑面积：61500m²

6．中国科学院研究生院教学楼
建设地点：北京市
建筑性质：教育
占地面积：2.3ha
建筑面积：12000m²

7．中科院 LAMOST 天文望远镜
建设地点：北京市
建筑性质：天文观测
占地面积：3ha
建筑面积：4000m²

2

3

8．门头沟财政局培训中心

建设地点：北京市

建筑性质：办公、教学

占地面积：2.5ha

建筑面积：21 000m²

9．中关村软件园首期软件研发中心

建设地点：北京市

建筑性质：国家级软件研究开发基地

占地面积：2.958ha

建筑面积：28 600m²

10．上海建平美国费城中央中学
建设地点：上海市
建筑性质：教育
占地面积：17.16ha
建筑面积：101 600m^2

11．上地科实信息城
建设地点：北京市
建筑性质：科研、办公
占地面积：1.68ha
建筑面积：86 500m^2

12．北京东直门交通枢纽及东华广场
建设地点：北京市
建筑性质：交通枢纽、综合办公
占地面积：9.7ha
建筑面积：800 000m^2

13．中国科学院 IT 创新楼
建设地点：北京市
建筑性质：科研、办公
占地面积：1.6ha
建筑面积：91 000m^2

14．兰州安宁区高科技创业园区规划设计
建设地点：甘肃省兰州市
建筑性质：商务、居住
占地面积：25ha
建筑面积：263 300m^2

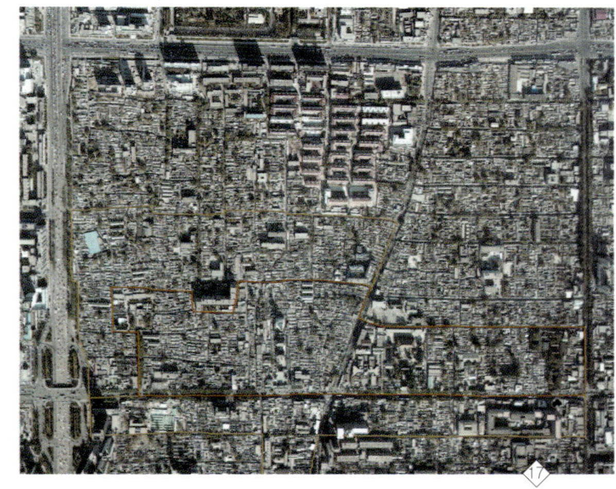

15．中国科学院微电子中心科研楼
建设地点：北京市
建筑性质：科研、办公
建筑面积：19 000m²

16．北京密云体育文化中心
建设地点：北京市
建筑性质：体育
占地面积：4.34ha
建筑面积：14 900m²

17/18．北京历史文化保护区保护规划－阜成门内大街
建设地点：北京市
建筑性质：历史街区
占地面积：70.38ha

19．中国科学院动物所科研办公楼
建设地点：北京市
建筑性质：科研、办公
建筑面积：45 000m²

20

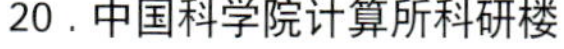

20．中国科学院计算所科研楼
建设地点：北京市
建筑性质：科研、办公
建筑面积：23000m²

21．中国科学院生态中心科研楼
建设地点：北京市
建筑性质：科研
占地面积：0.13ha
建筑面积：8100m²

22．北京海淀医院门诊科研楼
建设地点：北京市
建筑性质：医疗、科研、办公
占地面积：3.8ha
建筑面积：53000m²

21

22

中国科学院图书馆

建设地点：北京市
建筑性质：图书馆
占地面积：1.8ha
建筑面积：41 000m²

建筑反映出的多样性与矛盾性会让人无所适从，解决问题的基本策略应该是将复杂问题简单化。中科院图书馆的多样性表现在对传统图书馆复杂性基础上所增加的对网络化、数字化等的要求，而在设计方法上则依据简单化，即，“还原建筑本质”的原则，对场所、空间、建造等问题作出回答。

作为中国科学院的图书馆，不仅仅因包含天、地、人的物质世界，也包容着对世界的认识，作为特定场所的单元空间应该最大限度地保留“宇宙”的结构信息。设计抽取了“院落”这一最本质的要素来作为建筑的原型，在“智能”和“生态”的统筹和优化的基础上，推导生成“类合院”的原型，最后形成兼有集中与分散的优点，密集性、整体式的图书馆。空间始终围绕中心内院展开，为功能的复杂性提供灵活组织的可能。中心内院也成为阅览室、交流中心、档案馆等多种功能的组织形态。

建筑与环境关系微妙，一方面体现在与广场融合，另一方面体现在对广场的控制。这种驾驭力量是由于“院落”的“能量”源自于天地，扩散给建筑并辐射到广场，而天人合一的境界被集中表现在“银河”（壁画）伴随人流贯穿于圆塔楼梯中，并不断延伸成为开放体系，最终以变化的“透视门”向外无限扩展，体现文化的辐射和信息的传播。

中元国际工程设计研究院

(原机械工业部设计研究院)

IPPR Engineering International

法人代表/President：丁建/DING Jian
地址/Add：北京市西三环北路5号/No.5,Xisanhuanbei Rd.Beijing
邮编/Zip：100089
电话/Tel：(+86) 10 68428811
传真/Fax：(+86) 10 68458354
网址/URL：www.ippr.com.cn
电邮/E-mail：ippro@public3.bta.net.cn

本院始建于1953年，是主要从事国内外大中型工程项目的建设规划、咨询、设计、承包、监理、资产评估和具有对外经营权的大型科技型企业。工程项目遍布全国20多个省市，与20多个国家有业务往来，是全国勘察设计综合实力百强单位之一。1996年通过ISO9000质量体系认证。现有员工709人。近20年来，完成了近千项大中型工程项目，获国家和省部级科技成果奖175项，专利16项，自行开发技术转让项目280多项。建设部自2000年要求对建筑工程施工图设计文件由认定的审图机构进行审查。本院已获得建筑工程施工图审查机构甲级资质。本院将发展成为符合现代企业制度要求的，宽领域服务、资本结构多元化、市场国际化的国际型工程公司。

Early established in 1953, the institute is an engineering design organization with state-level certificate of grade A and one of the "comprehensive strength 100 powers" of project survey and design institutes in China. In 1996 the unit gained certification for ISO9001 Quality System. For the past 20 years the unit has completed more than 1000 projects that has gained them 175 awards and has patented 16 items and made 280 independently developed technology transfer. The unit aims at building itself as a modern firm that meets the demands of the times and the diversified international market.

主要设计作品

北京财富中心
中央电视台
北京新东安市场
北航体育馆
北京远洋大厦
佛山市第一人民医院
北京经济技术开发区2号共热厂

①

1.北京远洋大厦
建设地点：北京市
建筑性质：办公
建筑面积：110000m²
建筑高度：65m
建筑层数：17层

②

2.北京经济技术开发区汽车广场
建设地点：北京市
建筑性质：汽车专卖、博览
建筑面积：114000m²
建筑高度：36m
建筑层数：2层

③

3.北航体育馆
建设地点：北京市
建筑性质：体育设施
建筑面积：13000m²
建筑高度：23m
建筑层数：2层

4.河北医科大学第四医院
建设地点：河北省石家庄市
建筑性质：办公
建筑面积：42000m²
建筑高度：63m
建筑层数：15层

④

5.金泽大厦
建设地点：北京市
建筑性质：办公
建筑面积：67000m²
建筑高度：45m
设计时间：2001
注：投标方案第一名

6. 北京大学第一医院第二住院部
建设地点：北京市
建筑性质：综合医院
建筑面积：62 000m^2
建筑高度：24m
建筑层数：6 层

7. 北京中海紫金苑
建设地点：北京市
建筑性质：居住
建筑面积：110 000m^2
建筑高度：45m
建筑层数：12 层

8. 广州新白云国际机场南航基地货运站
建设地点：广东省广州市
建筑性质：航空货运
建筑面积：102 000m^2
建筑高度：23.5m
建筑层数：5 层

9. 上海浦东机场配餐楼
建设地点：上海市
建筑性质：航空配餐
建筑面积：26 300m^2
建筑高度：17m
建筑层数：3 层

10

11

12

13

10. 中南大学湘雅二医院
建设地点：湖南省长沙市
建筑性质：医疗
建筑面积：90000m²
建筑高度：86m
建筑层数：22 层

11. 厦门建发钻石海岸
建设地点：福建省厦门市
建筑性质：居住、商业
建筑面积：53000m²
建筑高度：100m
建筑层数：35 层

12. 北京时代之光名苑
建设地点：北京市
建筑性质：居住
建筑面积：128000m²
建筑高度：45m
建筑层数：16 层

13. 北京融科咨询中心
建设地点：北京市
建筑性质：办公
建筑面积：50000m²
建筑高度：45m
建筑层数：11 层

14. 北京金业大厦
建设地点：北京市
建筑性质：居住
建筑面积：65000m²
建筑高度：96m
建筑层数：25 层

15. 北京新东安市场
建设地点：北京市
建筑性质：办公、商业、娱乐、餐饮
建筑面积：220000m²
建筑高度：45m
建筑层数：13 层

16. 北京经济技术开发区体育场
建设地点：北京市
建筑性质：体育设施
建筑面积：9 000m²
建筑高度：13m
建筑层数：1 层

17. 北京海运仓危改小区
建设地点：北京市
建筑性质：居住
建筑面积：350 000m²
建筑高度：45m
建筑层数：16 层

18. 佛山市第一人民医院
建设地点：广东省佛山市
建筑性质：综合医院
建筑面积：140 000m²
建筑高度：78m
建筑层数：19 层

19. 北京中粮广场
建设地点：北京市
建筑性质：办公、商业、餐饮
建筑面积：122 000m²
建筑高度：43m
建筑层数：13 层

中央电视台概念设计

建筑面积：550 000m²
建筑高度：260m
建筑层数：52 层

本概念设计是 2001 年 4 月“中央电视台新台址概念设计竞赛”的方案之一。本方案结合 CBD 这一热点地区的城市形态、环境关系、交通组织、地域文化对中央电视台的使用功能、建筑布局、空间形态、国家传媒主体的形象和可持续发展等进行探索性的规划。

北京财富中心一期工程

建设地点：北京
建筑性质：办公、公寓、配套服务
建筑面积：244000m²
建筑高度：152m
建筑层数：40层
设计时间：2001

北京财富中心位于北京东三环路中段，CBD的核心位置，规划总用地面积9.26公顷，总建筑面积72万平方米，是一个集甲级写字楼、高档公寓、超五星级酒店、会议中心、文化艺术中心、休闲娱乐中心等功能于一体的综合性国际化商务社区。

本工程由1栋40层甲级办公塔楼，1栋40层公寓塔楼和连接两者的服务式公寓（9层）和办公板楼（8层）组成，地下共3层。

北京财富中心旨在CBD的核心地段建造一座从城规角度和建筑角度看均独树一帜的建筑群，通过引入生态概念，努力创造一种生活方式——一种以人为导向的生活方式，一种北京CBD应有的生活方式，以体现场所的亲和独特性。

北京中关村软件园

建设地点：北京
建筑性质：研发、会议、展览、配套服务设施
建筑面积：450 000m²
建筑高度：12m
建筑层数：3层
设计时间：2000

中关村软件园位于北京市海淀区东北角，占地129公顷，建筑面积45万平方米，绿化率61%，是国家级软件研发基地。主要功能为软件研发及相关的配套设施。该规划以“浮岛”为构思将每个研发组团置于森林环境中，创造了适于脑力工作的绿色生态环境。

该规划为国际竞赛第一名。

中关村软件园软件广场

建设地点：北京
建筑性质：办公、会展、酒店、公寓
建筑面积：57000m²
建筑高度：15.6m
建筑层数：4层
设计时间：2002

与德国欧博迈亚公司联合设计的软件广场是中关村软件园标志性建筑，主要功能为会展、酒店、写字楼及公寓。该建筑在太阳能、雨水回收、可自动调节遮阳系统等节能技术上进行了深入的探索。金属与玻璃的外观加以85米直径的巨型“光盘”象征着数码时代的到来。

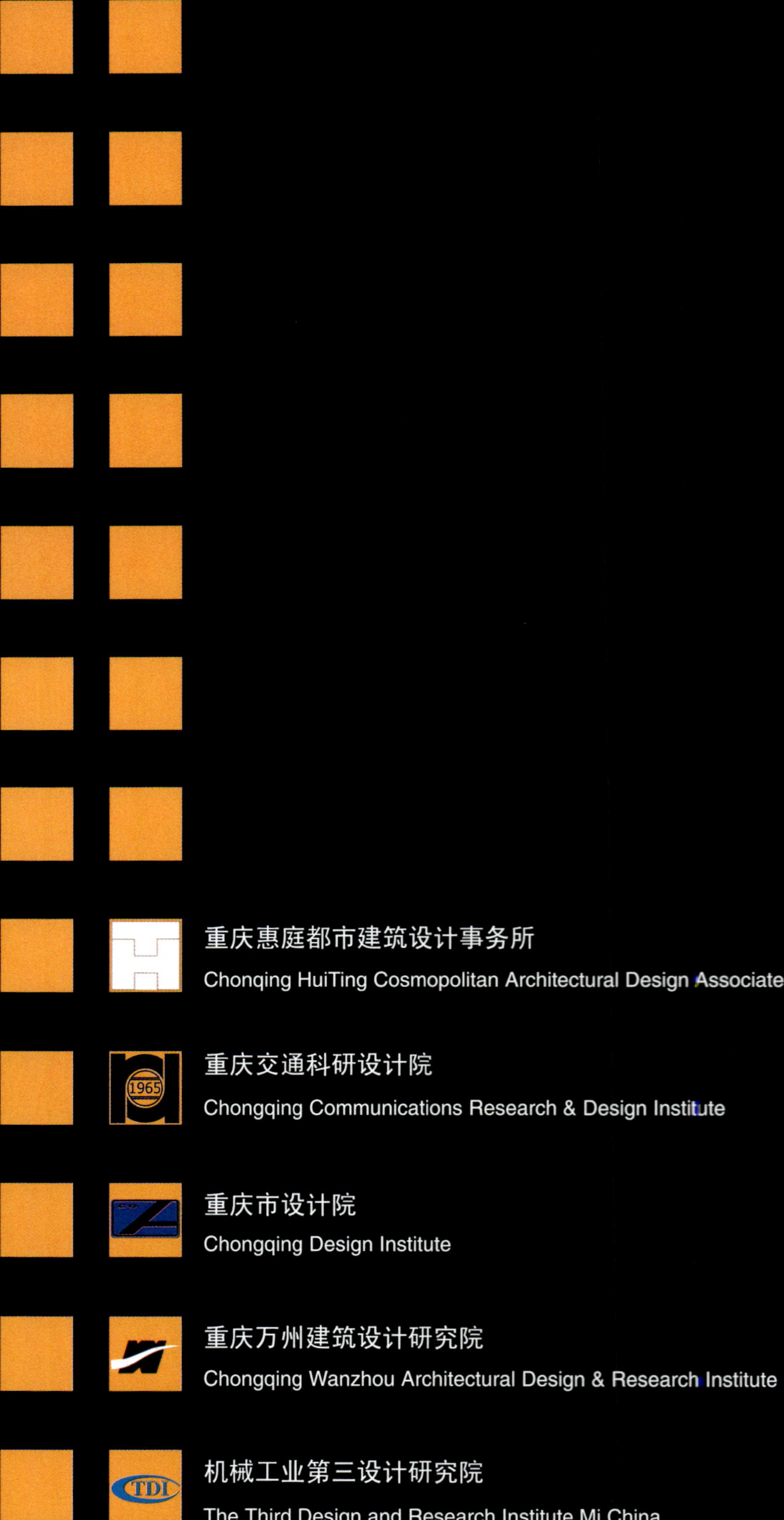

重庆惠庭都市建筑设计事务所
Chonqing HuiTing Cosmopolitan Architectural Design Associate
1965
重庆交通科研设计院
Chongqing Communications Research & Design Institute
重庆市设计院
Chongqing Design Institute
重庆万州建筑设计研究院
Chongqing Wanzhou Architectural Design & Research Institute
TDI
机械工业第三设计研究院
The Third Design and Research Institute.Mi China

重庆市 2001 年勘察设计行业综述

[概况] 2001 年年末，重庆市有勘察设计单位 193 个，按资质等级分，甲级 21 个，占 10.8%；乙级 53 个，占 27.4%；丙级 119 个，占 61.6%。按类别分，勘察 11 个，占 5%；建筑 103 个，占 53.3%；市政 9 个，占 4%；其他 70 个，占 36.2%。按所有制性质分，全民 140 个，占 72.5%；集体 15 个，占 7%；其他 38 个，占 19.6%。

2001 年年末，重庆市勘察设计行业从业人员总数 13588 人，专业技术人员 11713 人，其中，高级职称 3588 人，占总人数的 26.4%；中级职称 4661 人，占总人数的 34.3%；初级职称 3155 人，占总人数的 23.2%。全市有一级注册建筑师 196 人，占总人数的 1.45%；有二级注册建筑师 689 人，占总人数的 5.11%；有一级注册结构工程师 410 人，占总人数的 3.04%；有二级注册结构工程师 104 人，占总人数的 0.77%。

2001 年度工程勘察设计单位完成任务情况，工程勘察完成合同 1051 项，完成合同额 11917.443 万元；工程设计完成合同 3908 项，完成合同额 54180.42 万元（其中境外完成合同 3 项，完成合同额 164.08 万元）；工程咨询完成合同 295 项，完成合同额 5330.34 万元。

2001 年外地勘察设计单位来渝设立分支机构 27 个，完成项目 341 个，完成合同额 3935.84 万元，建筑面积为 2015310 平方米。

[优秀设计项目评选] 重庆市 2001 年度优秀设计项目评选活动，共收到申报评优项目 60 项，由市勘察设计协会组织专家分建筑设计、市政工程设计、工程勘察和区县级设计 4 个评优小组进行初评，再经过复审评出优秀设计项目共 40 项。为了奖励先进，繁荣设计创作，推动技术进步，市建委将对获奖项目的勘察设计单位颁发奖牌，对获奖项目的设计人员颁发荣誉证书，并由获奖项目的勘察设计单位按《关于开展重庆市 2001 年度优秀勘察设计评选活动的通知》（渝建函[2001]191 号）的规定对有关人员进行嘉奖。

重庆市建设委员会设计处
梁汉之

重庆惠庭都市建筑设计事务所
Chonqing HuiTing Cosmopolitan Architectural Design Associate

法人代表/President：张惠庭/ZHANG Huiting
地址/Add：重庆市渝中区学田湾下罗家湾16号6楼
No.6 BLDG, No.16, Xialuojiawan, Chongqing
邮编/Zip：400015
电话/Tel：(+86) 023 63890269 63864125
传真/Fax：(+86) 023 63618026
电邮/E-mail：HTarchitects@cta.cq.cn

本所由著名资深建筑师张惠庭先生于1995年创办，为建设部批准的首批建筑工程甲级民营股份制设计事务所之一。所内有一级注册建筑师6名，一级注册结构工程师3名，各专业技术骨干30人。创办至今已高质量完成一大批工程的设计，如金诚广场、雨田大厦、中兴花园等，其作品得到社会各界的广泛赞同和认可。

Chonqing HuiTing Cosmopolitan Architectural Design Associate, founded in 1995 by the prominent Senior Architect Mr. Zhanghuiting is one of the nongovernmental joint-stock designing offices that have been approved by the National Construction Ministry for architectural construction. The office consists of 6 First-rate Certified Architects, 3 First-rate Certified Structuring Specialists and more than 30 professional technicians.

This design associates has completed a number of high-quality designing tasks including the constructional design of Jincheng Plaza, Yutian Manshion, Zhongxing garden. The achievements has been granted and praised by the community and authorities.

主要设计作品

雨田大厦
中兴花园
金诚国际文化商业中心
龙泉花园（公务员住宅）
富城大厦
中二路旧城改造工程
大渡口新城区22# 安居工程
扬子江假日酒店商务办公楼
重庆日报二期技改工程
圣泉花园二期工程
肖河香榭别墅区
旭东小区一期工程
千帆名都一、二期工程
鼎盛时代大厦
陕西路中学地块旧改工程
金果园F栋
26所职工集资住宅
川北医学院教学实验楼

1

1. 嘉馨花园
建设地点：重庆市
建筑性质：住宅
建筑面积：50 000m²
占地面积：20 000m²
设计时间：2000.3

2. 金诚文化中心
建设地点：重庆市
建筑性质：商业
建筑面积：80 000m²
占地面积：30 000m²
设计时间：1997

3. 航空花园
建设地点：重庆市
建筑性质：住宅
建筑面积：66 895m²
占地面积：45 290m²
设计时间：2002.2

4. 圣泉花园二期
建设地点：重庆市
建筑性质：别墅
建筑面积：30 000m²
占地面积：90 000m²
设计时间：1999

5. 川北医学院教学实验区
建设地点：四川省南充市
建筑性质：教学、实验
建筑面积：35 000m²
占地面积：32 000m²
设计时间：2001.8

②

③

④

⑤

6. 金科花园
建设地点：重庆市
建筑性质：住宅
建筑面积：168 000m²
设计时间：1998

7. 成浩国际广场
建设地点：重庆市
建筑性质：商业
占地面积：9 700m²
设计时间：2001

珠江花园

建设地点：重庆市
建筑性质：商住
建筑面积：39095m²
建筑层数：地上32层、地下1层
设计时间：2001

珠江花园Ⅰ型公寓写字楼位于杨家坪直港大道南侧。本工程是以居住为主，辅以商场的综合型商住楼。在整个珠江花园统一规划的指导思想下，并在已建成的一期工程的基础上，进行二期工程的设计，利用长江作为主要的景观点，做“户户望江”全景观、全开放式的布局。景观作为市场售房的热卖点，总平面布置时充分考虑建筑的朝向，视野的范围，故建筑采用2栋相连的对称的板式“弓形”的平面造型。使公寓每户对长江均有开阔的视野，良好的视线，将长江尽收眼底。为保证商场有开阔的集散广场，商场的平面采用了折线造型。建筑1至2层为商场，出入口均设于主要城市路口上。商场中部设有共享空间的中厅，给商场环境带来生机，自然的气息，改善购物的环境，商场的柱网采用大开间，在塔楼下部，剪力墙一直到基础，形成小开间的店铺增加了商场的适用性、建筑的经济性。商场的交通，中厅的扶梯作为主要人流垂直交通的工具。地下一层为人防及设备用房，人防的有效面积1500平方米，按“平战结合”的方针，人防平时兼作车库。停车72辆，车库出入口与富康阁、富怡阁地下车库相接通，高差由坡道解决。3至32层为住宅，平面为1梯4户，中大型户型，其C型为跃层式住宅，面积137平方米，2室2厅3卫，并设有工人房，做到功能齐全，动静分区，使用方便。A、B、D型均为平层，各户型平面布局合理，室内交通流线设计得宜，使空间层次分明，餐厅、客厅形成的相互流通而又相互独立的空间形式。大客厅、大主卧、大卫为住户提供一个宽敞、舒适的享受居住的条件。每户均有一个共同的特点：开敞的客厅、落地景观大玻璃，开阔的视野，享受长江的天然美景，另外宽敞的电梯厅为住户提供了一个休息、交流的理想的人性化空间。立面为两栋相连的对称的塔楼，造型新颖、美观。退台的处理，竖线条的运用，增加了建筑的延伸感。为使建筑更为生动、活泼，在塔楼中部漏空，更显示了建筑的耸立，形成了长江边一个富有特色的标识性建筑。

重庆交通科研设计院

Chongqing Communications Research & Design Institute

法人代表/President：张力/ZHANG Li
地址/Add：重庆市南岸区五公里
Wugongli，Nan An District，Chongqing
邮编/Zip：400067
电话/Tel：(+86) 23 62653000
传真/Fax：(+86) 23 62653408
网址/URL：www.chinachri.com

我院是国家重点科研机构之一，同时又是全国交通行业的甲级勘察设计大院。经36年的建设，已成为国家西部的公路交通科研开发基地。我院具有公路工程、市政工程勘察设计、公路工程咨询、公路工程监理、公路工程环保等6项甲级证书和交通行业交通工程综合类施工资质，广泛服务于全国各地公路重点工程。多年来为我国公路交通建设作出了重要贡献。

我院拥有全国一流水平的各类试验室。这些先进的技术设施为交通科研和重大工程设计提供了可靠的科学手段，先后荣获国家、部、省级科研成果和优秀设计奖100多项。

我院有职工400多人。我院将一如既往全心全意致力于全国的公路交通建设事业！

Chongqing Communications Research & Design Institute is one of the national pivot scientific institutions and the chief A-class reconnaissance and design institute. With 36 years of experiences in designing, the unit has become the base for the national transportation development research in western regions. The unit owns 6 certifications for road building, designing, consulting, engineering supervision and management, environmental protection and certification approval for transportation engineering and construction. For years it has made great contribution to Chinaís road building.

The unit is furnished with top experimental labs and advanced facilities that guarantee excellent designing and planning works, which leads to hundreds of awards for the institute.

The institute consists of more than 400 elites that are dedicated to contribute to the constructions for the transportation of China.

主要设计作品

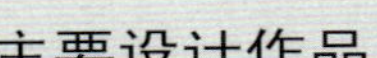

渝合高速公路尖子山隧道
川藏公路迫龙隧道
遵崇高速公路凉风垭隧道
京福高速公路美菰岭隧道
重庆城开公路通渝隧道
重庆轻轨交通一期工程

①

②

1.重庆杨公桥互通式立交
设计时间：1994

2.广东清远107国道清连一级公路星邵段
建设地点：广东省清远市
全　　长：216km
设计时间：1995

3.云南玉元高速
主桥长：225m
设计时间：1997

4.国道210线重庆机场高速公路段
设计时间：1987

5.安徽安庆长江公路大桥（联合设计）
建设地点：安徽省安庆市
设计时间：2001

6.重庆石黄隧道
建设地点：重庆市
设计时间：1997

7.渝黔高速公路（童家院子至界石段）
建设地点：重庆市
设计时间：1997

8.渝黔高速公路真武山隧道
隧道全长：3280m×2
设计时间：1997

9.渝合高速公路北碚隧道
隧道全长：4065m × 2
设计时间：1998